統一のプロセスと戦後の二つの和解

小さな革命・東ドイツ市民の体験

ふくもと まさお 著

言叢社

まえがき

一九九〇年一〇月二日から三日の深夜にかけ、ぼくはベルリンにあるブランデンブルク門にきていた。カウントダウンとともに一〇月三日〇時になると、東西ドイツ統一を祝してたくさんの花火が打ち上げられた。ブランデンブルク門周辺に集まっていたたくさんの人々が、歓喜の歓声を上げる。ブランデンブルク門周辺は、お祭り騒ぎだった。

ぼくは統一の祝典を体験しようと、わざわざ車で二時間ほどかけて東ドイツ中部ライプツィヒ近郊の町からベルリンに出てきていた。周りの人々が統一を謳歌するのとは裏腹に、ぼくは夜空に広がる色とりどりの花火を見ながら、これからドイツ社会、特に東ドイツ社会がどう変わっていくのだろうかと、不安を抱いていた。

一九八九年一一月九日にベルリンの壁が崩壊して、二五年の歳月が経った。ベルリンの壁崩壊は東西ドイツが統一される基点だった。そして、第二次世界大戦後の冷戦は終わった。二五年間がアッという間だった、とはいいたくない。その間、いろいろなことを見てきた。ドイツにきてから体験したたくさんのことが、今だに昨日の出来事のように記憶に残っている。

ぼくがドイツにきたのは、一九八五年の五月だった。三〇年ドイツで生活していることになる。だが、公式にはぼくの在独期間は二四年にしかなっていないと思う。最初の六年近く、ぼくは東ドイツにいた。だが、その滞在期間が統一ドイツでは認知されなかったからだ。

東西ドイツ統一後、ぼくは九一年春に旧東ドイツ中部ライプツィヒ近郊の町から統一されたベルリンに戻ってきた。ベルリンに移る前に、滞在地で滞在ビザの更新を済ませておこうと思った。だがベルリンに引っ越す以上、ベルリンで滞在ビザの更新をしてほしいといわれる。

しかしぼくにとって、はじめての「西側」の当局はつれなかった。滞在ビザの更新は、統一ベルリンの外国人局で申請することになる。元々は西ベルリンの外国人局だった。外国人局はぼくの東ドイツ時代の滞在記録を見ようともせず、一度日本に帰って在日ドイツ領事館で入国ビザを申請して再入国するよう求めた。

すでに六年ドイツに滞在しているぼくが、なぜ一旦帰国しなければならないのか。その理由を聞こうとしても、相手にされない。外国人局の女性係官は役人に対する態度がなっていないというなど、門前払いだった。東ドイツでの滞在期間は一切認めません、ゼロから出直しなさい、はいさようならだった。

元いた東ドイツの滞在地では、役所がぼくの東ドイツ滞在期間を六年近くになると確認して好意的に対応してくれていた。それだけに、人間を物のようにしか扱わないベルリンでの対応には愕然とした。これが「統一」ということだったのかと、ぼくは思い知った。

それから数年経って、ようやくわかった。東西ドイツの統一条約では、東西ドイツの統一日までに六年以上東ドイツに滞在していない限り、東ドイツでの滞在期間を認知しないと規定されていたのだった。でも、ベルリンの外国人局からはそういう説明はまったくなかった。問答無用といわんばかりに、門前払いされたのには納得がいかなかった。

門前払いされた後、外国人法専門の弁護士に外国人局と交渉してもらう。数カ月後、一年間の滞在ビザを取得することができた。だがそれまでは、仮に滞在権だけを認め、働いてはならないという特殊ビザをもらってベルリンで仮の生活をしていた。ベルリンに戻って、共同で会社を設立したばかりだった。ぼくは、こっそり無給で働いた。滞在ビザは出たが、東ドイツでの滞在期間は認知されなかった。ぼくにとって、公式には滞在ビザの出た一九九一年がドイツ最初の年なのだ。

東ドイツが吸収、統一されて消滅したのと同じように、ぼくの東ドイツでの滞在は統一とともに永久に消滅した。今から思うと、わずか六年近くのことでしかない。でもぼくは今も、東西ドイツを分断していた壁の東側に暮らしていた人間だと思っている。これは、イデオロギーがどうのということではない。壁が崩壊するまでの間、体制の違う東ドイツで生活していたという事実。現在、この事実はぼくにとってたいへん大きな重みを持っている。

東ドイツにくるまで、ぼくは資本主義国家であり、消費国家の日本から一歩も足を踏み出したことがなかった。偶然、新聞でドイツ語翻訳者の募集広告を見つけ、日系企業に応募した。勤務先が東ベルリンだということは知らなかった。東ベルリンがどこにあり、ベルリンの壁のことくらいは知っていた。だが、社会主義国家が実際にどういうもので、壁が何を意味するのか、社会主義体制の国で生活するとはどういうことなのか、全く想像もできなかった。

日本から離れるつもりはまったくなかった。だが応募後二週間も経たないうちに、成田からはじめて飛行機に乗って海を超え、全く体制の違う社会主義国家ドイツ民主共和国（東ドイツ）で生活することになる。もちろん、不安だらけだった。日本でしか勉強したことのないドイツ語が、現地で通用するのか。ぼくには、まったく自信がなかった。

当時、欧州行きの便はアラスカにあるアンカレッジ経由で運航されていた。一〇数時間の長旅を終え、翌朝早く西ベルリンのテーゲル空港に到着。すぐに迎えの車で東ベルリンに向かった。

東ドイツに入国するため、東西ベルリンの国境検問所チェックポイント・チャーリーに入った。車が停車すると、検問所のバラックから女性の検査官が出てくる。車に寄ってきて、パスポートを見せろという。はじめて見るブロンドの髪。本人確認をするため、目元のぱっちりした女性検査官がパスポートの写真を見ながら、車の窓越しにぼくの顔を覗き込んだ。検査官とぼくの目が合う。大丈夫だろうか。はじめてのぼくには心配だった。パスポートが返され、あっという間に検問は終わった。

その時は、国境の検問なんてこんなもんかと思った。ブロンドの女性が国境の検査官。また会えたらいいなと思った。それから後、東西ベルリンを行き来する度に国境の検問を受ける。国境検問所では執拗に検査されるなど、何度となくいやな思いをさせられた。

仕事場となる事務所は、検問所からすぐだった。着いてすぐに仕事に就く。最初に、これからはじまる仕事と生活のことについて簡単な説明を受けた。宿舎は郊外だという。自炊することになるので、まず街にいるうちに夕食に食べるものを買っておいたほうがいいといわれた。最寄りのスーパーマーケットの場所を聞いておいて、昼休みの間にいくことにした。

その時、東ドイツではスーパーマーケットのことを「カウフハレ（Kaufhalle）」というのをはじめて知った。直訳すると、「ショッピングホール」。行ってみると、箱形の四角いホール型の店舗だった。中に入ったとたん、カウンターパンチでぶん殴られたかのように、大きなカルチャーショックに見舞われた。

えっ、これがスーパー？

頭がボーとして、思考回路がまともに働こうとしない。

大きな店舗一杯に、品物が並んでいる。でも、品数が少ない。野菜やくだものなど生鮮食料品はほとんどない。あっても、ジャガイモは粒が小さい。人参はしなびている。トマトは腐っているのかと思うくらいに黒い。リンゴは粒が小さく、虫に食われて穴だらけ。牛乳はビニール袋に入っていた。ビールやジュースなどの飲料はすべてビン詰め。ビンは何回も繰り返し使うので、表面が白く摩耗している。ビスケットなど菓子類の包装はお世辞にもきれいだとはいえず、不衛生な感じがして食べる気がしない。

ぼくは、日本のスーパーマーケットに並ぶきれいで、ピカピカの品物しか知らなかった。食べても問題ないのだろうか。一体、何を買っておけばいいのだろうか。どうしていいかわからなかった。ぼくは迷子になった子どものように、あてもなく店内をうろうろしていた。

何か食べることのできるものさえあれば、何とかなる。パンとバター、それにジャムがあればいいと思った。でも、真っ白な食パンがない。たぶん食パンだろうと思われるものは、お世辞にも白いとはいえない。かさかさ乾燥している。どう見てもおいしそうには見えない。

みんなは、どういうパンを買っているのだろうか。店内を見回して見た。ある、ある。茶色い肌の大きな黒パンが、カウンターの後ろに山のように積まれていた。客が次から次に買っていた。でも、困った。カウンターにいって、売り子さんにパンを取ってもらわなければならない。種類の異なるパンがいくつも並んでいるけど、そのパンは何というのだろうか。ぼくは知らない。

ぼくはドキドキしながら、「ダス・ブロート・ビッテ（そのパンをください）」と指差しながら思い切っていってみた。売り子さんがそのパンを手に取って、紙に包んで手渡してくれた。日本で勉強したドイツ語が通じた。しかし何だ、この包装紙は。漂白してない灰色の紙。どう見てもきれいとはいえない。でもパンだけは、焼きたてだぞといわんばかりに、焼きたてのこんがりした香りを漂わせていた。うまそうだ。それだけが、唯一の救いだった。

ぼくは、何というところに来てしまったのか。ショックに打ちのめされた。

仕事が終わると、これから住む宿舎のアパートに行かなければならなかった。アパートにどういけばいいのかは聞いていた。でも、電車のチケットを買うことから、電車に乗ること、バスの乗り方まで、すべてがはじめての体験だった。アパートまでたどり着けるのか、不安に押しつぶされそうだった。

電車とバスを乗り継いで、何事もなくアパートにたどり着くことができた。一時間余りかかった。アパートは家具つきで、必要なものはすべてあった。最初に直面した問題は、おいしそうな黒パンをどのナイフで切ればいいのかということだった。ぼくの頭ほどもある大きなパンを、そのままかじるわけにはいかない。食べごろの厚さに切らなければならない。どれがパン切り用のナイフなのかわからない。刃先がギザギザになっているナイフでパンを切った。そのナイフが一番大きかったからだ。それがパン切り用のナイフであることは、ずっと後になってから知った。

まずは、何もつけずにパンだけを頬張ってみる。

うまい！

これはいける。黒いパンの皮は硬いが、中は柔らかくてふんわり。焼きたての香ばしさが口一杯に広がった。ぼくはホッとした。これで、この異国の地でも生きていけると思った。

これが、ぼくの東ベルリンでのはじめての日だった。それから六年近く、ぼくは東ドイツで暮らすことになる。初日のショックとは裏腹に、月日が経つにつれて、東ドイツがぼくの第二の故郷のように感じられてくるのがわかった。

東ドイツには、物がなかった。たとえばバナナ。バナナは、年に数回スーパーマーケット「カウフハレ」の店頭に並んでいればよかった。それも夏だけだった。オレンジも同じ。いずれもキューバ産だった。オレンジはまだ熟しておらず、緑色をしてこちんこちんに硬い。硬くて皮をむくのもたいへんだった。野菜は秋になると、店頭には傷んだものしか出ていない。晩秋になると、生野菜はほとんどなかった。

「どこかで長い行列ができていたら、一緒に並びなさい。何があるかわからないけど、普段ないものが必ず手に入るよ」と、よくいわれた。長い行列で並んで待っていることを「Sozialistische Wartegemeinschaft」と呼んだ。「社会主義の待ち合い共同体」とでも訳そうか。長い行列をつくってみんなが一緒に待つことを皮肉ったものだ。当時東ドイツでは、レストランに空席があっても、並んで順番がくるのを待っていなければならなかった。

物のないことを皮肉る、こんな小話もあった。

東ドイツの宇宙飛行士が、ソ連の宇宙船ではじめて月に着陸しました。宇宙飛行士は喜びと興奮の余り、祖国に電報を送ってしまったのです。

S GE H E H
S A D M GL
K G K O K E
FUE U W Z H

　さて、これを解読すると、

Sehr geehrter Herr Erich Honecker,
（親愛なるエーリヒ・ホーネッカー（国家評議会議長）閣下）
Sind auf den Mond gelandet
（月に着陸しました）
Kein Gemüse, kein Obst, keine Ersatzteile
（野菜も、果物も、予備品もありません）
Fühlen uns wie zu Hause
（祖国にいるような思いであります）

物資がないということは、確かにたいへんなことだった。友人のレギーナは気に入ったロウソクを見つける毎に、クリスマス用のプレゼントにするといって買いだめをしていた。アパートの壁紙を張り替えるにも、必要なだけの壁紙を一度に手に入れることができない。見つける度に買って、保管しておかなければならなかった。必要な分量が集まるまで、何年もかけて買い集めるのが普通だった。

でも、物資がないことは決して悪いことではなかった。むしろ、いいこともたくさんあった。たとえばトマト。当時、トマトはその季節の時にしか手に入らなかった。温室栽培されたものが流通していなかったからだ。しかしトマトには、昔ながらのトマト臭さがあった。そのうまさは格別だった。東ドイツでトマトの収穫時に食べたトマトのうまさは、今も忘れることができない。

東ドイツでは、いつまた同じ物が手に入るかどうかわからないので、今持っている物を長く、大切に使った。修理しながら、できるだけ長く使わなければならなかった。物のないことを補う一番の手段は、人との絆を強くしておくことだった。お互いに助け合わなくては、生きていけない時代。東ドイツで生きていくにはビタミンBが必要だと、よく聞かされた。Bとは「**Beziehung**」のこと。「縁故」とか「コネ」ということだ。

こういうことは、実際に体験してみなければわからない。物が溢れんばかりの西側の消費社会では、物のないことの良さは実感しようがない。現在の物の多さは、ぼくの小さい時とは比べものにならない。ぼくは東ドイツに生活して、ぼくが小さい時に育った六〇年代、七〇年代の日本にノスタルジーを感じるようになる。お金と物のないことがとても大切であること、そしてそれを補うためにお互いが助け合う社会があることを肌で感じることができた。

東ドイツでは、独裁体制の下で当局に監視されながら生きていかなければならなかった。それは、たいへん息苦しかった。西側社会に自由に移動できないという拘束感、言論の自由がないという硬直感があったのはいうまでもない。市民は、とてつもなく大きな圧迫感を抱いていた。その圧迫感に絶えきれずに国を捨てた人、体制に反抗して迫害された人もたくさんいた。

ただこうした厳しい条件の下でも、東ドイツ社会で体制に媚びることなく、何とか自分の人生を歩んでいこうとした市民がたくさんいたことも忘れてはならない。ぼくは、独裁体制に負けずに東ドイツで地道に人生を歩んできた市民たちに人間の逞しさを感じる。独裁的な政治体制だけを物差しにして社会を見ていては、一般市民の生活が見失われる。人間の生活がないかのように錯覚してしまいがちだ。しかし、いかなる体制の下であれ、市民が生き、生活していることを忘れてはならない。

当時夜遅くなると、東ベルリンは灯りのない暗い町と化した。ネオンサインはほとんどない。灯りが見えるのは、外灯と住宅からこもれ出る光だけだった。住宅から出る灯りは人々の生活の匂いを感じさせ、とても暖かく感じられた。その灯りを見て、心が安らぐのを感じた。

クリスティーンは、東西ベルリンが壁で閉鎖される六一年八月一三日、西ドイツに移住していた実の両親のところにいた。姉の結婚式に出席するためだ。しかし、その日のうちに実の両親のところを離れて養母のいる東ドイツに戻っている。クリスティーンはいう。

「反体制派として公然と体制を批判してきた人たちは、ある意味で「スター」だったのよ。拘束されれば、西ドイツが助けてくれたでしょう。でも、わたしのように一般市民に何ができたというの。反体制的な行動をとって拘束されたところで、一体誰が助けてくれたのかしら。スターでないわたしたちは、独裁体制の弾圧に耐えながらも、自分の人生を歩んでいくしかなかったのよ」

クリスティーンは、東ドイツ市民が手紙を書く時は、当局にわからないように手紙の行間に自分の思いを表現する工夫をしていたと強調した。東ドイツに残った市民がみんな独裁体制にいいなりになっていただけの「イヌ」ではなかった、といいたいかのようだった（クリスティーンのことは、*1*章の「壁の出現」で詳しく述べる）。

独裁体制は悪い。しかしぼくには、東ドイツ社会に日本社会が高度成長とともに失っていった人間の生活にとって大切なものがあったと思えてならない。この大切なものは、東西ドイツを分断していた壁が崩壊して東西ドイツが統一する過程において、どうなっていくのか。ぼくは壁崩壊後、東ドイツ市民と社会がどう変わっていくのか、実際にこの目で見て体験したいと思った。

ベルリンの壁が崩壊して二五年。東西ベルリンの間には、もう壁はない。壁崩壊後、ベルリンはたくさんの問題を抱えながらも、凄まじい勢いで変わってきた。ベルリンでは今、統一が日常化していると思う。しかし、現在も消えることのない「見えない壁」がある。それは、二五年前までの四〇年間、壁のどちら側で生活していたかという過去だ。西側だったのか、東側だったのか。この事実は、東西ドイツ分割を体験せざるを得なかった市民が死に絶えてしまうまで、決して消えることのない現実ではないだろうか。

ちょっとしたことで、誰かと東西ドイツの話になるとしよう。すると、今もこの「見えない壁」に直面する。話し相手が壁のどちら側で生活していたのか、その違いがすぐにわかるのだ。相手が西側社会でしか暮らしたことがないと、東ドイツ社会の生活にいかに無知で、偏見を持っているのかがわかる。それに対して、西ドイツの人でも東ドイツで生活したことがあれば、偏見がなく、ああそうだったよねと、すぐに意気投合できることがある。

これは、イデオロギー上の問題というよりは、むしろ西側社会の情報が偏りすぎて、独裁体制だったということからしか東ドイツを見てこなかったからだと思う。西ドイツをはじめ西側で手に入れることのできた情報の多くは、西側のメディアによって西側の視点で発信されたものでしかなかった。現在の統一ドイツにおいても、それは変わらない。統一後、ドイツのメディアは西ドイツのメディアに支配され、東ドイツが独裁体制だったということからしか当時の社会は顧られない。一般市民が生活していたことが抜けて、市民のことが忘れられてしまっている場合が多い。

東ドイツに対するこうした情報の一方的な偏り、無知、偏見を見るにつけ、東ドイツで生活したぼくには、そうではないと思うことがたくさんある。社会を生活の中から見ると、当時の社会は政治的にだけ見た社会像とは違った面を見せてくれる。

ぼくは東ドイツで生活した体験から、少し違う視点で東西ドイツ統一のことについて考え、書いておきたいと思う。生活の中において物がどう変化していったのか、市民がどう変わっていったのかなど。できるだけ身近な生活からだ。西側の視点で書かれたものに対して、アンチテーゼとするつもりはない。違う視点で見ると、同じことでも違うように見えるということをいいたいだけだ。

東ドイツ市民の生活にもいいところがあったと話すと、東ドイツの独裁体制を擁護していると受け止められることがよくある。独裁体制だったことを見ないでどうする、独裁体制に従順に生きてきた人々のことをいってどうする、と批判されたこともある。しかし東ドイツ市民は、独裁体制下において弾圧されながらも独立した市民として自分の生活をしていた。東ドイツ市民はその後、壁の崩壊とともに一夜にして資本主義の疾風怒濤の嵐の中に放り出される。東ドイツ市民は、ぼくのような第三者には想像もできない大きな変化の中で、生き抜いてこなければならなかった。

ぼくはこの本を通じて、こうした東ドイツ市民の生活をほんの少しでもいいから伝えることができたらと思う。そして、東ドイツ市民が壁の崩壊後どう変わってきたのか、現在の社会をどう見ているのかについて書いておきたい。それは同時に、終戦から現在までの戦後社会について考えることにもなると思う。

この本をまとめるに当たっては、大半は新しく作文した。ただ、一九九〇年代はじめから書き残しておいたり、新聞紙上などで発表してきたものがあるので、それらを大幅に書き直し、新たに書いたものの中に組み込んだ。

なお本文中、「ベルリンの壁」という表現をよく使っている。これは、単に東西ベルリンの間にあった壁の場合もあるし、東西ドイツの国境線を「ベルリンの壁」と象徴させている場合もある。

文中に出てくる人名については、ぼく自身の友人、知人が多いこともあり、特別なケースを除いて原則として敬称なしでファーストネームだけを使うことにした。

人名、地名などドイツ語固有名詞の表記は、できるだけドイツ語の発音に近いものとした。特にドイツ語の「r」は子音だけの場合「ル」とされている場合が多い。だが、この本では「ア」としている。ただ、「ベルリン」、「マルクス」、「メルケル」、「バイエルン」などすでに常用されているものは、誤解を避けるためにあえて「ベアリン」などとはしなかった。

本書に登場する東西ドイツの都市地名

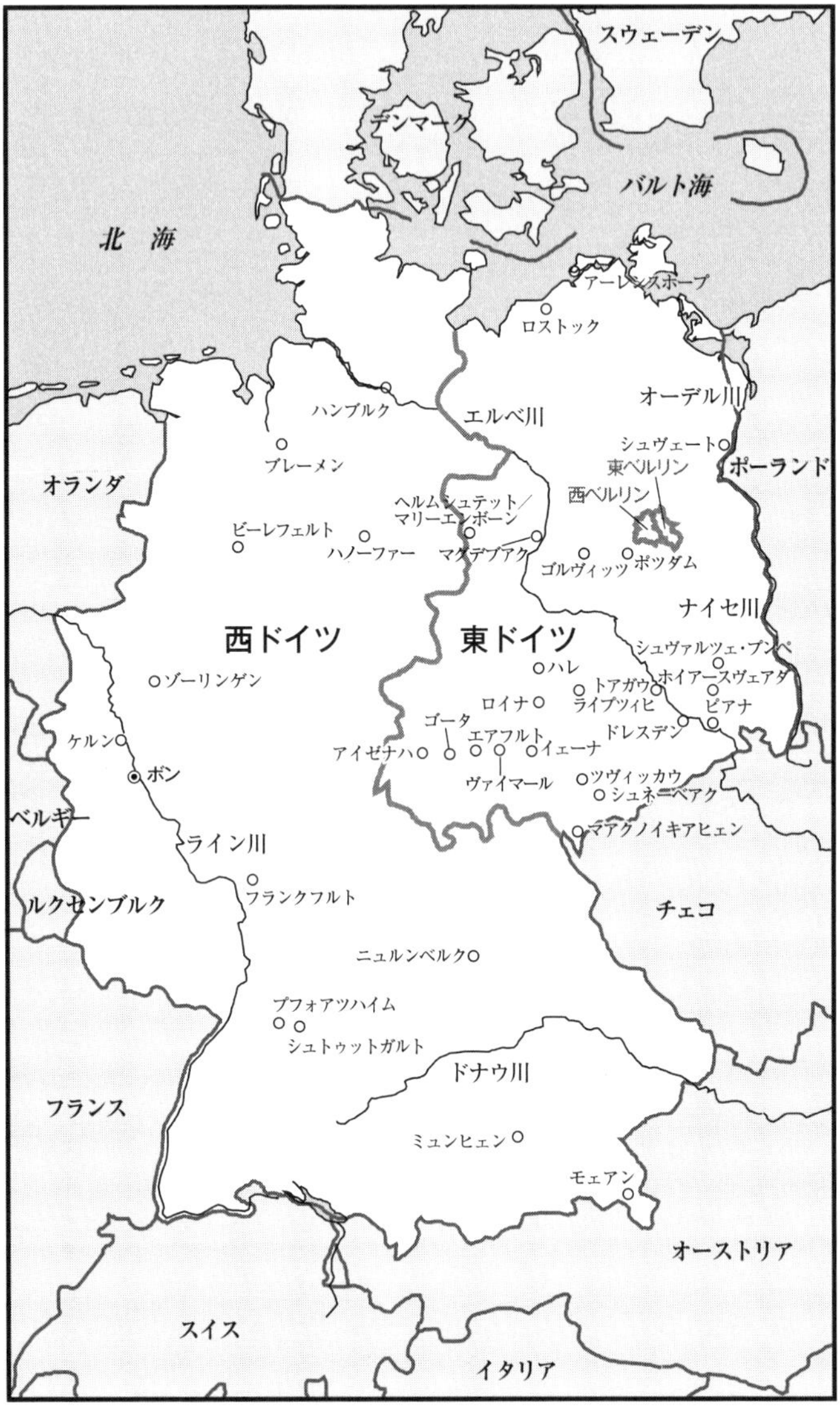

小さな革命◎目次

2章　民主主義への道　97

3章　計画経済から資本主義経済へ　159

資料

*1*章　無血革命

壁の崩壊

一九八九年一一月一〇日の朝だった。狭い事務所の机の前に座って今日の予定を確認していると、電話のベルが鳴り出した。東ベルリンのレギーナからだった。ぼくは日系企業で働いていたので、電話が盗聴されている心配があった。レギーナはそれもおかまいなしにいきなり、「フリードリヒ通り駅の国境検問所前が、たくさんの人でたいへんなことになっているわよ」という。

レギーナは、フリードリヒ通り駅真横の高層ビルにある事務所で働いていた。高い位置から見える様子を、こと細かに伝えてくる。だがぼくには、レギーナが何をいっているのかよくわからない。頭の中にクエッションマークが漂いはじめるのを感じながら、彼女の「報告」を黙って聞いているしかなかった。しかし、どうも辻褄が合わない。

ぼくは「ヴァス　ザークスト　ドゥ　デン（いったい何をいっているんだ）？」と、聞くしかなかった。

レギーナは一瞬沈黙。だがすぐに、「人々が西ベルリンに行こうとしているのよ」と冷静にいった。

「一体誰が？」

「市民でしょ！」

「市民て誰のこと?」

「東ドイツ市民に決まっているじゃない!」

「からかうなよ!」

「本当よ!」

「本当に?」

「壁が開いたのよ!　知らないの?」

「ええ!!!」

　予想もしていなかった事態に、ぼくは何といっていいかわからなかった。レギーナは決して興奮せず、第三者のように高層ビルから下界で起こっていることを冷静に眺めているような感じがした。ぼくは、「それじゃ、今度ぼくが東ベルリンに行った時に一緒に西ベルリンにいこう」といって電話を切るしかなかった。

　ぼくは「やった!」と、すぐに歓喜する気持ちにはなれなかった。ああよかったと安堵すると同時に、気が沈んでいった。心の底からは、喜べよという声が聞こえる。その声を押しのけるように、これからどうなるのだろうかと、先行きが気にかかるだけだった。

　その時ぼくは、東ドイツの商業の町ライプツィヒの南西に位置するロイナというところにいた。ロイナは、ドイツ化学産業の発祥地。第二次世界大戦後は、東ドイツ最大の巨大化学・石油精製プラントがあった。戦前、戦中は石炭を液化してガソリンを製造し、ナチス時代の重要なガソリン供給源だった。工場は戦中まで、アウシュビッツ強制収容所ガス室で使用された毒ガス「サイクロンB」を

当時、フリードリヒ通り駅国境検問所の中はこうなっていた。金具で枠取りされたドアを開けてパスポート検査を受けて出ると、向こう側は西ベルリンだった（現在記念館となっている元国境検問所跡で、筆者撮影）

製造していたI. G. Farben（イー・ゲー・ファルベン）に属していた。二〇世紀はじめに設置された工場は、どこもかしこも錆《さび》だらけ。工場内を歩いていると、錆の粒が風で飛ばされて目に当たるので目を開けておれない時もあった。廃墟のような工場だった。でも、プラントは動いていた。一九世紀中頃に製造されたポンプがまだ稼働し、化学工場の博物館という感じだった。

ぼくはロイナで新しいプラントの建設プロジェクトがはじまるので、数週間前に工場内にある工事現場事務所に入ったばかりだった。事務所といっても、仮設の長方形のコンテナをつなぎ合わせただけのバラックだった。プロジェクトの立ち上げでたいへん忙しい時。夜遅く宿舎に帰ってテレビのスイッチも入れないまま、すぐにベッドに入る毎日だった。だから、前日九日夜に何が起こっていたのか、ぼくは何も知らなかった。

翌一〇日の朝早く現場事務所に入っても、現地職員はいつもと変わらなかった。レギーナからの電話の後、横に座っていたハアトムートに「壁が開いたのか?!」と話かけても、彼は「そうだ」と笑顔を見せるだけだった。いたって冷静だった。「おめでとう。よかったね」といってはみたものの、それが適切な表現だったのかどうか、ぼくには半信半疑だった。

その日も、慌ただしい一日だった。それでも仕事の合間に、一緒に働く東ドイツ人たちと壁が崩壊したことについて話す機会もあったはずだ。でも、ほとんど話すことはなかった。お互いにそれを避けているようにも感じられた。もしレギーナが電話してこなかったら、ぼくは壁が開いたことを当分の間知らないままでいたかもしれない。

ぼくは、すぐにでも壁の開いたベルリンにいきたかった。だが、仕事がある。すぐにはいけなかった。ベルリンにいったのは、それから一週間ほど経った週末だった。

車で二時間ほど走ると、ベルリン南部のドレーヴィッツ（東側）／ドライリンデン（西側）の国境検問所に着いた。パスコントロールで、これまで通りパスポートと出入国カードの半券を係官に手渡した。

ガチャン。

係官が流れ作業のように、パスポートに出国スタンプを押した。次に、通関検査をする場所に車を移動させる。通関係官はパスポートに目をやったと思うと、そのまま進めと手で合図する。

信じられない！

もう何度となく体験する東ドイツからの出国手続き。だが、これまでと違っていとも簡単に検査が終わった。もうここで、壁が開いたのだなあと実感する。それ以降、国境検問所を通る毎に出入国手続きが簡素になっていった。出入国カードも必要なくなる。係官も、打ち解けてくるのがわかった。

国境検問所を出ると、ぼくは東ドイツ市民がたくさん集まっていると見られる西ベルリンの中心街クーダム通りに向かった。

西ベルリンは、もうそれまでの西ベルリンではなかった。クーダム通りは人、人、人。歩道からはみ出さんばかりのたくさんの人だった。特にヴィルヘルム皇帝記念教会の周りは、一〇〇ドイツマルクの歓迎金を受け取るために並ぶ東ドイツ市民や、無償で配給される品物をもらおうと群がる東ドイツ市民でごった返していた。

歓迎金は、一九七〇年から西ドイツ政府が西ベルリンと西ドイツに入国する東ドイツ市民とドイツ系ポーランド市民を対象に給付していた。歓迎金の導入は、一九六九年に西ドイツ首相となったヴィリー・ブラントの東方外交と深い関係がある。西ドイツはそれに伴い、東ドイツを国際法上国家としては認めないが、同等の主権国家として東ドイツの存在を認めるようになる。西ドイツはそれまでは、東ドイツの存在を一切認知していなかった。こうして東西ドイツの関係が改善され、東ドイツの年金生活者などが西ドイツへ出国して、また東ドイツに戻ってくることができるようになった。ただ、東ドイツ側が出国する時に持ち出せる（東ドイツ）マルクを厳しく制限していたことから、西ドイツでの滞在には限界があった。そのため、西ドイツ側が出国してくる市民を支援する目的で、歓迎金を給付することになる。壁が開いた時の給付額は一〇〇ドイツマルク（約七三〇〇円相当。八九年の為替レートで換算した）。壁が開いた後、一九八九年末までに全体で三〇億から四〇億ドイツマルク（二二〇〇億円から二九〇〇億円相当。八九年の為替レートで換算）が東ドイツ市民に給付されたという。

クーダム通りを西の方向に歩いていると、たくさんの人込みの中に見覚えのある顔が向かってくる。お互いに目があった。向こうも、顔見知りだと気づいたようだ。東ドイツ北東部ポーランド国境

無償で配給される品物に群がる東ドイツ市民（筆者撮影）

西ベルリン・クーダム通りでたむろする東ドイツ市民（筆者撮影）

クーダム通りは東ドイツの車に占領されてしまった（筆者撮影）

沿いの町シュヴェートにいた時に、何回かいった飲み屋で働いていた女性だった。彼女は黒い人工皮革のジャンバーを着て、目一杯おめかししている。西ベルリンを見るために、わざわざ二時間近くかけてやってきたのだという。「西ベルリン、どう気に入った？」と聞くと、「信じられない。最高よ！」という返事が返ってきた。彼女は大はしゃぎで、一言二言ことばを交わしただけで、いくら時間があっても足りないかのように通り過ぎていった。彼女の顔は、開放感に満ち溢れていた。

壁の出現

第二次世界大戦で敗戦したドイツは、米英仏ソの四カ国が地域を分割して共同管理下に置かれた。ただ、四カ国の占領区間でその管理が統一されていたわけではない。特に、戦後復興策を優先させる米英と賠償を主張するソ連との間で、管理策に大きな差が出ていた。それを決定的にしたのが、西側三国が一九四八年六月に新通貨（西）ドイツマルクの発行を決めたことだった。

ベルリンはソ連占領区の中心にありながら、陸の孤島として米英仏ソの四カ国で分割管理されていた。ソ連は新通貨がベルリンに流入するのを阻止するため、西ドイツと西ベルリンの陸路を封鎖した。これがベルリン封鎖だ。封鎖は、翌年五月一二日まで続く。その間、米英は物資をベルリンへ空輸して乗り切るが、東西ドイツの分裂はもう避けることができなかった。

この状態に平行して、米英仏は西ドイツに憲法制定権を認めた。一九四九年五月二三日、憲法に相当する基本法が採択され、ドイツ連邦共和国（西ドイツ）が発足した。ソ連はそれに対抗して、同年一〇月七日にドイツ民主共和国（東ドイツ）を発足させる。

戦後復興で手厚い援助を受ける西ドイツに対して、東ドイツではソ連に対する賠償で、産業機器や線路などがソ連に没収された。ソ連からはさらに、計画経済と集団化された農業が持ち込まれる。ソ連式の社会主義化によるノルマの負担義務に反発した東ドイツの労働者は、スターリンの死後東ベルリンで蜂起して一九五三年六月一六日と一七日に暴動を起こす。暴動は東ドイツ全国に広がったが、ソ連軍はそれを武力で鎮圧した。

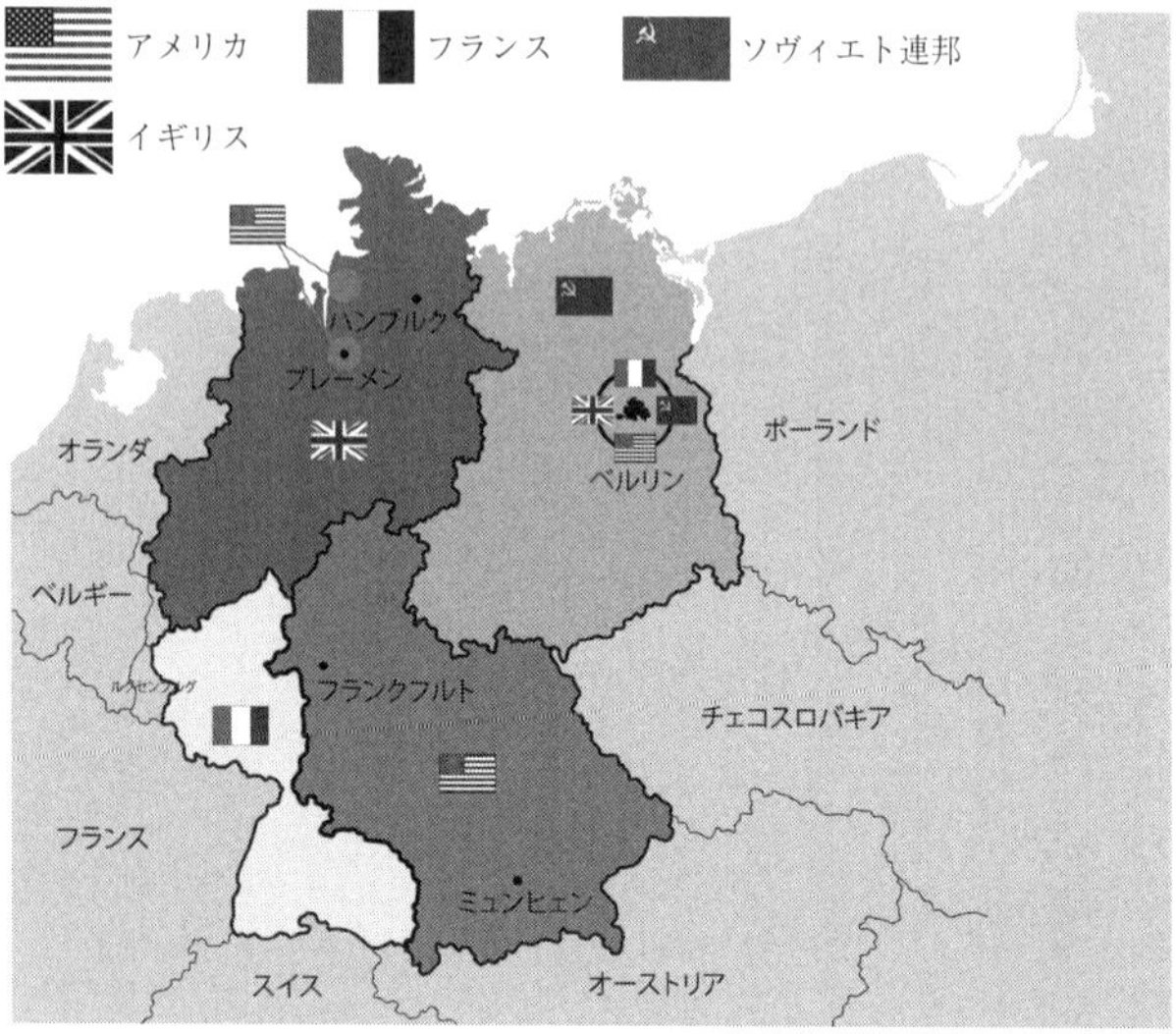

米英仏ソによる戦後ドイツの占領区域図（トレース：たなかゆう）

　東ドイツは一旦、社会主義化を緩和した。だが一九五八年になると、個人職人なども含めて事業者と企業を国営化ないし組合化して、農業の集団化も強化する。しかしこの政策は実らず、東ドイツでは深刻な物資の供給不足が続いていた。こうした状況で、東西ドイツ国境とは違ってまだ東西で自由に行き来できたベルリンでは、一九六一年になって西ベルリンに逃亡する東ドイツ市民が急増する。

　一九六一年の夏だった。クリスティーンは姉の結婚式に出席するため、久しぶりに東ドイツのライプツィヒから西ドイツのレヴァークーゼンに住む実の両親の元にきていた。

クリスティーンの両親は一九四九年、上三人の子どもだけを連れて西ドイツに移住していた。父親が東ドイツの秘密警察から反体制分子として監視され、拘束される心配があったからだ。まず、父親が一人で西ドイツに逃れる。母親が上三人の子どもを連れて後を追った。末っ子のクリスティーンだけがまだ三歳と小さいことから、里親となる養母に預けられて東ドイツに残されたのだった。

養母もその後、当局から圧力がかかるのを心配。それまで住んでいたエルベ川沿いのトアガウを離れ、クリスティーンを連れて近くの東ドイツの商業都市ライプツィヒに移り住んでいた。

姉の結婚式は一九六一年八月一二日にあった。その日は、みんなで深夜遅くまで祝杯をあげた。翌朝一三日は、家族みんなが遅くまで寝入っている。一番最初に目を覚ましたのはクリスティーンだった。すぐにラジオのスイッチを入れると、ニュースが流れてきた。

クリスティーンは自分の耳を疑った。東西ドイツの国境が封鎖され、ベルリンでは国境沿いに鉄条網が張り巡らされているという。厳重な警戒体制の下で、東西の往来が遮断される。それが、ベルリンの壁のはじまりだった。当時の書類によると、実際に東ドイツ政府が「壁」といえる巨大国境設備の建設を決定したのは、それから数日後だったという。その巨大な国境設備が完成するまでには、数年の歳月を要している。最終的に西ベルリンを取り囲む壁の長さは、一五五km。そのうち、東西ベルリンの境界にあった壁は四三km、残りは西ベルリンと東ドイツの境界だった。

クリスティーンは、すぐにライプツィヒに帰らなければならないと思った。さもないと、もう東ドイツに戻ることができないと直感したという。すぐに父親を起こした。一刻も早くライプツィヒに帰

ベルリンの壁

壁の建設

最終的な壁は、鉄筋コンクリートブロックを横につなぎ合わせ（写真1）、壁の上に登りにくくするため、その上に円筒上のコンクリート管がかぶせてあった（写真2）。コンクリートブロックは、高さ三・六mで、幅一・二m。底に幅二・一mの基板がついていて倒れないようになっていた。コンクリートブロック一枚の重さは約二・六トン。

すべてがこの鉄筋コンクリートブロック製だったわけではない。場所によっては鉄製の格子壁に鉄条網がつけられているものもあった。川が国境になるところには、地雷が設置されていたところがあった（ただし、一九八〇年代半ばに撤去された模様）。

ただ、壁がはじめからこういう構造になっていたわけではない。

最初は、東西ベルリンの国境線にまず鉄条網が張られた。その後にレンガの壁が組積みされていく。それから、次第に国境線から東ベルリン側に離れたところに柵が作られていった。その間を立ち入り禁止区域にして、国境を警備する兵士が逃亡者を見つけやすくするためだ。逃亡者がでる毎にその位置の壁が補強されていったという。建物が国境線に建っているところでは、窓などの開口がレンガで封鎖された。

一九六〇年代半ば、国境施設の構造をどの地域でも同じ構造にすることが決定された。そのため、邪魔になる国境線の建物が取り壊されていった。こうして、西ベルリン側の国境線の壁と東ベルリン側の壁の間に十分なスペースを確保し、逃亡を阻止しやすくしていった。東西二重の壁に囲まれた立ち入り禁止区域は、「死の区域」と呼ばれるようになる。一九七〇年代になると、東ベルリン側の壁が西ベルリン側の壁と同じ構造のものに取り替えられていった。

壁の構造

壁の崩壊する一九八〇年代の壁の構造は壁スケッチ1のようだった。西ベルリン側と東ベルリン側に壁があり、その間が立ち入り禁止の無人地帯となっている。無人地帯の幅は地域によって異なるほか、無人地帯に設置されている設備にも多少の違いがあった。立ち入ると、警報のなるケーブルが敷設し

写真1：壁のコンクリートブロック（筆者撮影）

写真2：現在、ベルリンの壁記念施設に保存されている壁（筆者撮影）

壁のデータ（一九八九年七月末時点）

壁の全長（西ベルリンを取り囲む）：155㎞
東西ベルリン間の壁の長さ：43㎞
西ベルリン／東ドイツ間の壁の長さ：112㎞
東西ベルリン間の国境検問所（道路／鉄道）：8ヵ所
西ベルリン／東ドイツ間の検問所（道路／鉄道）：6ヵ所
監視塔の数：302
警備犬配置区域：259ヵ所
（出所：ベルリン市のホームページ
http://www.berlin.de/mauer/zahlen_fakten/index.de.html）

写真3：現在、ベルリンの壁記念施設に保存されている壁施設の実物モデル（筆者撮影）

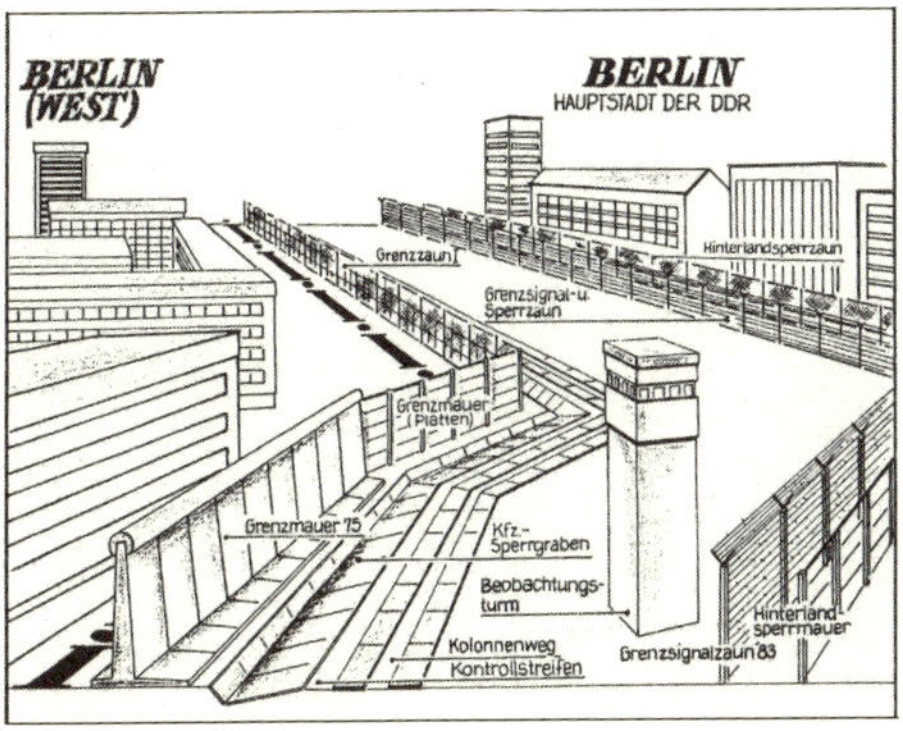

壁スケッチ1：
1988年時点の東西ベルリン間壁施設基本構造図（連邦公文書館（Bundesarchiv）提供、資料番号 BA MA DVH 32/112249, p. 205）

てある区域があった。自動車による強行突破を防ぐために、コンクリート製ブロックが置かれていたり、堀が掘られているところがあった。刺のように太い鉄製の釘を立て並べてあるエリアもあった。一部区域には、警備犬が放し飼いにされていた。

地雷や自動発砲装置が設置されているところもあったが、一九八〇年代半ばに撤去されている。

東西の往来

東西ベルリンの間には、八つの国境検問所があった。そのうち、Sバーン（高速都市鉄道）を利用できるのは、フリードリヒ通り駅にある検問所だけだった。同駅は西ベルリン方面からくるSバーンと東ベルリン方面からくるSバーンの終着駅で、それぞれが違うホームに電車が停車した。二つのホームの間は壁で仕切られ、互いにまったく見えないようになっていた。西ベルリンからきた電車を降りると、ホームの階段を降りて国境検問所に入り、パスポート検査と通関検査を受けて東ベルリンに入国した。

外国人が利用できた国境検問所は、このフリードリヒ通り駅検問所とチェックポイント・チャーリー検問所だけ。それ以外の検問所はドイツ人しか利用できなかった。フリードリヒ通り駅検問所以外は、自動車ないし徒歩で出入国した。

西ベルリンと東ドイツの間には、六つの検問所があった。西ドイツ西部（ハノーファーなど）と西ドイツ南部（ミュンヒェンなど）に向かう高速道路と、西ドイツ北部（ハンブルクなど）へ向かう高速道路（一九八二年から）にそれぞれ一ヵ所、西ドイツ西部と西ドイツ南部へむかう長距離鉄道線にそれぞれ一ヵ所検問所があった。その他、東ドイツのシェーネフェルト国際空港に向かう道路に一ヵ所（一九七六年から）あったほか、西ベルリン西部から西に向かう道路にも一ヵ所あった。いずれも、西ドイツに向かう場合はトランジット扱いだった。

西ベルリンには、テンペルホーフ空港とテーゲル空港の二つの空港があった。だが、西ドイツのルフトハンザ航空は乗り入れることができず、西ベルリンを分割管理する米英仏のうち米国のパンアメリカン航空とフランスのエアフランス航空などしか乗り入れることができなかった。

東ベルリンに入国するための一日ビザは、国境検問所で取得できた。その場合、二五（西）ドイツマルク（一九八九年の為替レートで約一八〇〇円相当）を一対一で（東ドイツ）マルクに両替しなければな

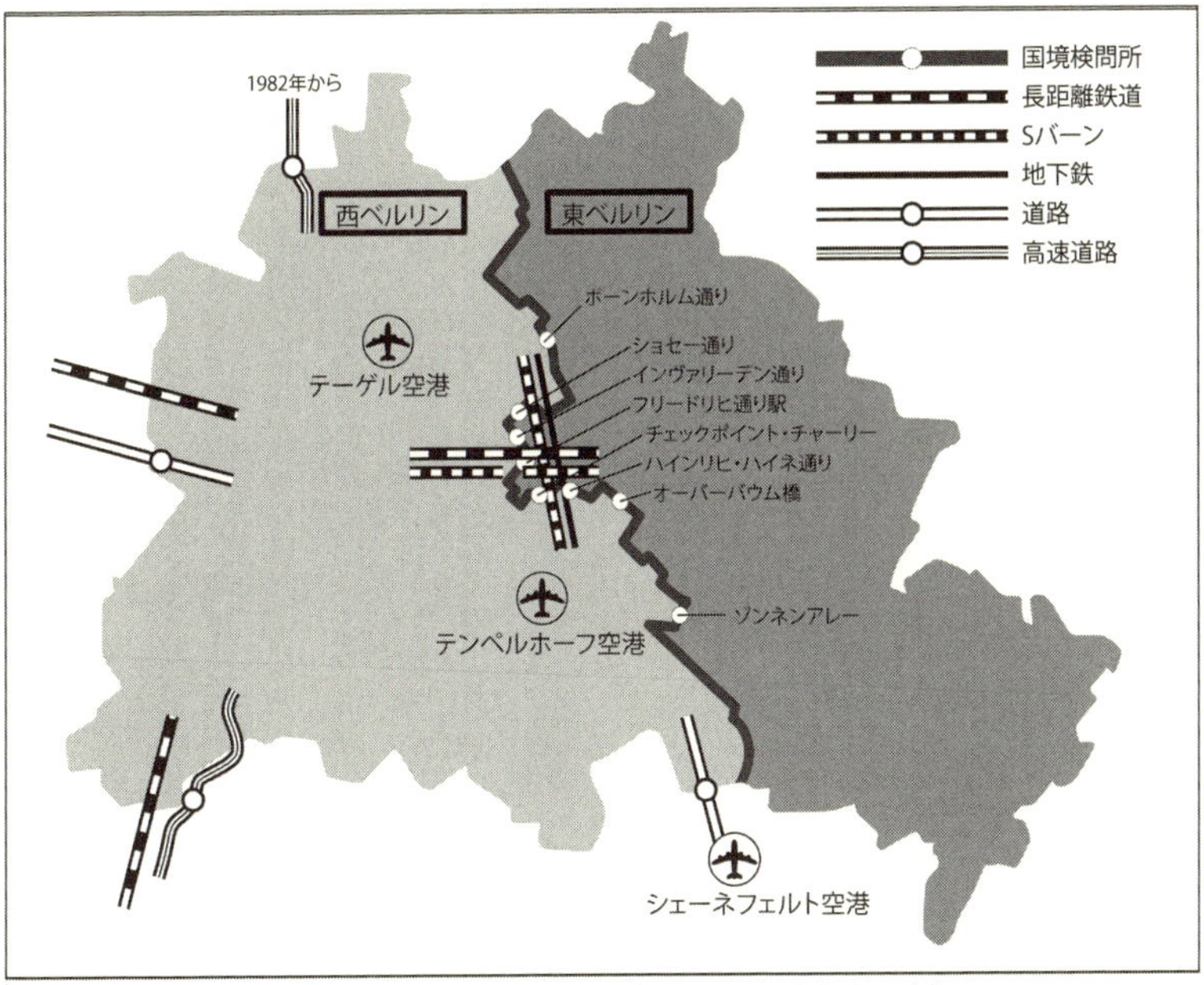

地図1：東西ベルリンの分割（トレース：たなかゆう）

らなかった。

　なお、東西ベルリンの真ん中辺りに東ベルリン地域が西ベルリンに張り出している地域がある。そこでは、西ベルリンのSバーンと地下鉄が東ベルリンの地下を走っていた。その区間にあった駅はレンガで封鎖され、ホームでは国境警備隊の兵士が警備していた。

東西ドイツの国境

　東西ドイツ国境にも、東西ベルリンに設置された壁と同じ構造の国境施設が設置されていた。ただ施設の装備は地形によって異なり、山奥では鉄条網だけのところもあった模様だ。

　北部のバルト海に面する沿岸地域は東ドイツの重要な観光・保養地で、壁は設置されていなかった。海から逃亡しようとした市民がいたのは事実。ただ海は無人地帯であり、警備上逃亡者は発見しやすかった。海岸線では、警備船が巡回するなど警備も厳しかった。

らせてくれるよう父親を説得する。持ってきていたものをすぐに鞄に入れ、一人で汽車に乗って東ドイツへ向かった。

東西ドイツの国境検問所ヘルムシュテット（西側）／マリーエンボーン（東側）に着くと、クリスティーンは東ドイツの兵士に汽車から降りるよう指示された。クリスティーンがまだ一五歳と未成年のうえ、出国ビザに記載されている期日よりも早く再入国しようとしたからだ。不審に思われたらしい。汽車から降ろされたのは、クリスティーンだけだった。小さな個室に一人閉じ込められる。

クリスティーンは不安で押しつぶされそうになりながらも、長い間個室で一人待っていなければならなかった。養母がライプツィヒから呼び出され、事情聴取を受けていた。クリスティーンは、東ドイツに再入国することを許される。養母と一緒に、汽車でライプツィヒへ向かった。辺りは、もう真っ暗になっていた。

クリスティーンには、ライプツィヒに戻ることがどういうことを意味するのか、まだ想像もつかなかった。とにかく猛烈に疲れていた。これが、東西ベルリンに壁が出現した日、クリスティーンにとって長い一九六一年八月一三日だった。

クリスティーンがあの時なぜ、咄嗟に実の親の元を離れてまで東ドイツに戻らなければならないと思ったのか。ぼくにはたいへん関心があった。

クリスティーンは、養母に対して義理や愛情を感じていたわけではなかったという。とにかく、自分の育ったライプツィヒに戻りたかっただけだった。クリスティーンはそれまで二回、夏休みを利用して西ドイツの両親を訪ねている。いずれの場合も、両親の元を逃げ出すかのようにライプツィヒに帰っていた。小さいながらも、西ドイツ社会がお金中心の社会であることを感じ取っていたのだという。それがいやだったと、クリスティーンはいった。

お金中心の社会では、貧しいクリスティーンに自由はない。自分の好きな勉強も、スポーツもできないのではないかと思った。もしあの時西ドイツの親の元に残っていたら、女性として東ドイツで受けたような高等教育は受けることができなかっただろうと回想する。クリスティーンはあの時、自分の考えで自分の自由を選択したと思っている。そして、そう選択したことを誇りに思っている。東ドイツでは、反体制的な見方をしていたことから出世はできなかった。でも、後悔はしていない。

古文書との旅

あの日からクリスティーンが再び西ドイツに行くことになるまでには、二八年も待たなければならなかった。壁が崩壊する前の一九八九年二月だった。

そのきっかけは、クリスティーンと夫のジークマアのところに届いた一通の手紙だった。送り主は、西ドイツの小さな町に住むハンスギュンター。ハンスギュンターは東ドイツ出身で、壁ができる前に西ドイツに移住していた。二人はハンスギュンターとは、壁を隔てて長い間文通していた。ハンスギュンターが二人を訪ねてきたこともある。西ドイツからくる手紙は、東ドイツ当局によって検閲される心配があった。真意は行間に匂わせておかなければならなかった、とジークマアは振り返る。

ハンスギュンターからの手紙の内容は、こうだった。

自分はもう老いてしまった。今は重い病気に侵され、余命いくばくもないであろう。

自分には、東ドイツから移住する時に持ってきた個人のコレクションがある。グライヒェン伯爵（一二世紀はじめから一六世紀中頃のドイツ南東部テューリンゲン、ゴータの貴族）の最後の手紙と、フォンターネ（一九世紀ドイツの作家）のハガキだ。どちらも直筆オリジナルだ。

ただ、自分が死んでしまってはオークションにかけられ、とてつもない高い値段で売買されるのがオチだ。だから、自分が死ぬ前に手紙の送り主の故郷である東ドイツの町に古文書を返したい。

だが、そうするだけの力は自分にはもうない。何とか自分のところまで古文書を取りにきてくれないだろうか。

二人は思案にくれた。二人が一緒にいくことは、東ドイツ当局からは認められない。必ず帰国するように、夫婦のどちらかを東ドイツに「人質」として留めておくためだ。ジークマアは仕事で西ドイツにいったことがある。だから、勝手がわかっている。でも、ジークマアは博物館で働いている。万一西ドイツで古文書を所持していることがわかると、誤解を招きかねない。そのほうが問題だ。それを考えると、二八年間も西ドイツにいっていないクリスティーンがいくしかない。もちろんクリスティーンにしても、西ドイツにいる間に貴重な古文書を持っていることがばれてしまうと、何かと怪しまれるのは間違いない。でも、ジークマアよりは問題にはならないだろう。危険は覚悟の上で、クリスティーンが受取りにいくことにした。

クリスティーンはまず、管轄の当局に重い病気の友人を見舞いにいきたいと出国を申請した。思いがけず、すぐに許可が下りた。壁ができた日のクリスティーンの過去、政治的にも反体制的なことを考えると、そう簡単に出国が許可されるとは思っていなかった。クリスティーンは、久しぶりにパスポートを手にした。真新しいパスポートには出入国ビザのスタンプが押され、再入国期限の日付が記入されていた。この再入国期限を守らないと、家族を棄てて逃亡したと見なされる。それは、東ドイツに残る家族が迫害されることを意味した。

一九八九年二月、クリスティーンは汽車で西ドイツのハンスギュンターのところに向かった。行きについては、それほど心配していなかった。問題は帰りだ。古文書を受け取ると、クリスティーンはそれを腰に巻き付けて隠した。帰りの道中は、ハラハラ、ドキドキのしっぱなしで落ち着かない。西ドイツを走っている間、警官に尋問されないだろうか。国境で西ドイツの通関係官に根掘り葉掘り聞かれて、古文書を持っていることがばれてしまったらどうしよう。何と説明したらいいだろうか。クリスティーンは動揺を表に出さないよう、必至に冷静さを取り繕いながら列車の座席に座っていた。手のひらには、油汗が滲んでいた。

取り越し苦労だった。道中特別尋問されることもなく、クリスティーンは東西ドイツの国境を通り過ぎていた。

ぼくは、二八年ぶりの西ドイツの印象はどうだった、とクリスティーンに聞いてみた。

クリスティーンは、「記憶にないわ。見ている余裕なんかなかったもの」といった。古文書のこと

クリスティーンが運んできたフォンターネのハガキ（ポツダム大学フォンターネ史料館提供）
上：表（TFA_C286_04104）
下：裏（TFA_C286_04105）

で頭が一杯で、自分が西ドイツにいるのだという実感もなかったという。西ドイツで何を食べたのかも覚えていない。もちろん、おみやげも買ってこなかった。帰りの汽車の切符さえ買えればいいと思っていた。

古文書をクリスティーンに託したハンスギュンターは、それから四カ月後の一九八九年六月に亡くなった。ハンスギュンターは、壁が崩壊して東西ドイツが統一されることを体験することができなかった。クリスティーンはハンスギュンターの埋葬式に参列するため、再び西ドイツを訪れる。

今、クリスティーンが運んできたグライヒェン伯爵の手紙は伯爵の生地ゴータ（ドイツ南東部テューリンゲン州）の博物館に、ブランデンブルク州北部ノイルピンで生まれたフォンターネのハガキはポツダム（ドイツ東部ブランデンブルク州州都）にあるフォンターネ史料館に収められている。

東西ドイツ統一、二〇年となる二〇一〇年一〇月三日を前に、ぼくはクリスティーンに電話を入れた。クリスティーンの近況を聞いて、統一後の変化についてどう思うか聞きたいと思ったからだ。すると、今風邪をこじらせて具合が悪いので、よくなったら電話を入れるといわれた。しかし、いつまで経っても電話がこない。何度電話をしても、留守電になるだけだった。ぼくはどうしたのかと心配していた。

それからまもなくして、夫のジークマアから手紙がきた。封筒には黒い線が入っている。ぼくはハッとした。黒線の入った封筒は、不幸があった時に使うものだ。封を切ると、ジークマアの手書きの手紙一枚とクリスティーンの写真が一枚入っていた。クリスティーンが二〇一〇年一一月に亡くなったという知らせだった。あれから症状が悪化して、原因がわからないままクリスティーンは逝ってしまったという。

同封されていた写真は、夫婦で夏にノルウェーを旅行した時に撮った写真だった。

壁犠牲者の明暗

ベルリンの壁で犠牲になった人物で、一番有名なのはペーター・フェヒターだ。壁ができてから一年後の一九六二年八月一七日、当時一八歳のペーターは同僚とともに、チェックポイント・チャーリー検問所近くの壁を越えて西ベルリンに逃れようとした。だが、東ベルリン側の鉄条網を乗り越えたところで発見される。「止まれ」と命じられた。しかし、命令を無視して走り抜けようとした。東ドイツの国境兵士が発砲する。ペーターは西ベルリン側に建つ壁まで辿り着く。しかし、その壁を乗り越えることができない。ペーターは、撃たれて倒れてしまった。壁の下で、「助けてくれ！」と五〇分もの間叫び続けたという。

西ベルリンの警官が西ベルリン側の壁まできている。当時は、壁といってもレンガを組積みした上に鉄条網を張った程度のものだった。場所によっては、鉄条網だけのところもあった。壁によじ上るのは、それほど難しいことではなかった。だが、ペーターを助けることができない。壁を超えると、東ドイツ領だ。領土侵害でいつ発砲されるかわからない。その間、西側の壁の周辺には野次馬がたくさん集まってきた。集まってきた市民の誰かが「何とかしろ！」と、怒鳴りつけるように警官に罵声を浴びせる。警官がペーターに救急箱を投げ付けた。しかし、役に立つはずがない。ペーターの声は小さくなるばかり。警官が致し方なく、身の危険を覚悟で壁を乗り越える。ひん死のペーターを抱きかかえて戻ってきた。しかし、手遅れだった。ペーターの命は、もう戻ってこなかった。

この一連のドラマは、写真で生々しい記録が残っている。その劇的さゆえに、事件は壁の残虐性と西ベルリン警官の命を賭けた勇気を象徴するシンボルとなった。ペーターと警官は英雄扱いされ、ペーター・フェヒター物語は西ドイツの宣伝材料であるかのように語り続けられる。

西ドイツでベルリンの壁について出版、展示されているものを見ると、どれにもペーター・フェヒター物語の写真が掲載されている。ぼくは、ペーターがベルリンの壁で最初に射殺された犠牲者なのかと勘違いしていたくらいだ。そう思っている人は、少なくないと思う。

しかし、ベルリンの壁で射殺された最初の犠牲者はペーター・フェヒターではない。当時二四歳だったギュンター・リトフィーンだ。ただ、ベルリンの壁で最初に犠牲になったのはイーダ・ジークマンだ。イーダは東西ベルリンの国境が封鎖された数日後の一九六一年八月二二日、西ベルリンに逃れようとして西ベルリンに面するベアナウ通りの建物の窓から飛び降りて死亡した。射殺されたわけではない。

ギュンターは当時、オーダーメードの洋裁師として東ベルリンに住みながら西ベルリンで働いていた。西ベルリンに移るつもりでアパートを借り、国境が封鎖される前夜も夜遅くまで弟のユアゲンと一緒に西ベルリンのアパートで引っ越しの準備をしていた。東ベルリンの自宅に戻ったのは、国境が封鎖される八月一三日の深夜一時頃だった。

ギュンターの人生設計は、一夜にして粉々に破壊される。翌日目をさますと、東西ベルリンの国境が封鎖され、西ベルリンに行く術がなくなっていた。弟のユアゲンによると、ギュンターはすぐに、どこか西ベルリンに抜け出せる所がないか、毎日のように国境線近くを探し歩いていたようだという。

事件当日、ギュンターはSバーン（高速都市鉄道）のレーアテ駅（西ベルリン）の方へ出かけた。駅近くのシュプレー川支流の運河を国境線沿いに探索していた。その時、運悪く鉄道の鉄橋を警備していた東ドイツの交通警察官に発見される。すぐに、止まるよう命じられた。慌てたギュンターは、咄嗟に運河に飛び込んだ。西ベルリンに泳いで逃れようとしたのだ。警察官はまず、威嚇射撃をする。しかし、ギュンターは諦めて止まろうとしない。警察官は狙い撃った。ギュンターのからだは運河の水面に浮いたまま、動かなくなる。

一九六一年八月二四日、国境封鎖から一一日後のことだった。

三時間後、ギュンターの亡骸は東ベルリンの消防隊によって運河から引き上げられた。その様子は、西ベルリン側からも観察され、西ドイツの報道機関によって報道された。東ドイツでも、西ドイツからの報道によって事件は市民の間に広がっていた。東ドイツ当局はギュンターを、学のない無能、同性愛者、ひもなどと称して、ありもしない中傷をはじめる。射殺を正当化しようとしたのだ。

西ベルリンでは一周忌に当たる一九六二年八月二四日、ギュンターが泳いで辿り着こうとした岸側にある通り「フランツ・リスト・ウーファー」に、西ベルリン市当局の手によってギュンター・リトフィーンの追悼石碑が設置された。除幕したのは、当時の西ベルリン市長ヴィリー・ブラント（後の西ドイツ首相）。ギュンターの命日には、その後数年間に渡って石碑の前で簡単な追悼式が行われていたという。

石碑のあったレーアテ駅周辺は、東西ドイツ統一後のベルリン再開発の象徴といってもいい地域。国会、政府機能のベルリン移転に伴い、首相府、国会関連の建物などが次々と建設される。特に、フランツ・リスト・ウーファーの周辺は統一ベルリンのシンボルといってもいい新ベルリン中央駅の大工事現場となった。

ギュンターの石碑は一九九六年、突如として影も形もなく消えてしまった。それに気付いた弟のユアゲンは、すぐに石碑の行方を探しはじめる。市当局や政治家に何とかしてほしいと助けを求めるが、耳を傾けてくれない。ユアゲンは石碑をどう探していいかわからず、途方に暮れる日々を送っていた。

それから四年後の夏、偶然石碑が見つかる。ようやく見つかった石碑は傷みがひどく、いたる所に青い苔が生えていた。石碑に刻まれた文字も、ほとんど解読できない。ユアゲンは啞然とした。石碑は一九九六年、工事業者によって西ベルリンのチェックポイント・チャーリー壁博物館に持ち込まれていた。「工事が終わり次第、元の場所に戻します」と、添え状に書いてあった。

ユアゲンはすぐに、市当局に対して石碑を修復するよう求めた。石碑が市のものだからだ。だが、市の反応は冷たい。石碑の修復には全く関心を示してくれなかった。ユアゲンは、自分で石碑を修復するしかないと決心する。問題は、石碑を設置する場所だ。元あった場所はベルリン中央駅の巨大な工事現場と化している。石碑を元あった場所に戻すのは無理だった。ユアゲンは、元あった場所から

ユアゲンが設置した新しい石碑（写真右）。写真左の道路には、インヴァリーデン通り国境検問所があった。石碑の後ろは運河となっており、ギュンターはそこから右に1km近く離れたところで射殺された（筆者撮影）

八〇〇mほど離れた敷地に石碑を設置する場所を見つける。石碑は二〇〇一年一月、ギュンター六四歳の誕生日に新しい場所に設置された。インヴァリーデン通り国境検問所のあったすぐ脇だ。

石碑は再現できた。でも、ユアゲンの憤りは収まらない。どうして兄ギュンターのことが忘れられてしまったのか。ユアゲンは、ベルリンの壁を巡る歴史が都合のいいように脚色され、真実が伝わっていないのではないか、と不信を抱きはじめた。ベルリンの壁の真実を正確に伝えたい。そのため、兄ギュンターが射殺された地点から二km近く離れたところにある元国境監視塔をギュンター・リトフィーン記念館とする計画を立てる。ユアゲンは有志とともに募金活動を行ない、ギュンターの死後四二年の二〇〇三年八月二四日に、ギュンター・リトフィーン記念館をオープンさせた。

ぼくが記念館を訪ねたのは、記念館がオープンして一年ほど経ってからだった。まず電話でアポイントを取ろうと思ったら、ユアゲンは記念館の開館時間であればいつでも来ていいという。記念館にいくと、小さな記念館にはユアゲンしかいなかった。すぐに、監視塔の中にあるはしごで上にいこうといわれた。鉄のはしごは、ほとんどまっすぐに立っている。はしごを上がったところが、当時監視兵が双眼鏡で監視していたスペースだ。元監視塔から見ると、国境設備はもう影も形もない。周囲には、新しく建てられた集合住宅の窓がたくさん見えた。

監視塔の空間は狭い。その狭い壁には、所狭しとベルリンの壁に関する写真が展示されている。でも、ギュンターの射殺を記録する写真は、一枚も見当たらない。

ユアゲンがまず熱心に話してくれたのは、東ドイツの独裁政党ドイツ社会主義統一党（SED）の元機関紙『ノイエス・ドイチラント』の記事だった。ユアゲンは、とてつもなく早い口調で話す。話が止まらない。当時の独裁体制の機関紙だけに、ユアゲンのことばの端々に批判的な口調が感じられた。しかし、ユアゲンがこの記事のことを誇りに思っているのがわかる。射殺後中傷された兄ギュンターの名誉を回復する記事だったのだ。一年ほど前にノイエス・ドイチラントの記者がきて、書いた記事だという。ユアゲンは誇らしげに、記事のここにギュンターが同性愛者ではなかったと書かれていると教えてくれた。

ユアゲンによると、ギュンターとユアゲンの父アルブレヒトは、一九四五年に東ベルリンで保守系のキリスト教民主同盟（CDU）を結党した一人だった。現在のメルケル・ドイツ首相の政党だ。兄弟二人もCDUの青年部で積極的に政治活動をしていた。そのため家族は、いつも東ドイツ当局に監視される生活を送っていたという。ユアゲンにとって、一九六一年は悪夢のような年だった。五月に父を病気で亡くし、八月には兄のギュンターを失う。その間に、祖母と妻の母も亡くした。

ギュンターの死後は、当局の監視が厳しくなる一方だった。友人や知人がユアゲンの家族を避けて離れていく。家族は、社会から孤立していくばかりだった。ユアゲンの娘は大学にいくこともできなかった。当局の監視は、ベルリンの壁が崩壊するまで続いたという。

ユアゲンは四〇年近く当局から監視され、迫害されてきた。でも、ユアゲンのパワーは衰えることを知らない。むしろ、その境遇を反骨精神の肥やしにしてきたように思われた。ユアゲンは頑固で、気難しい感じだった。ベルリンの壁の暴虐性とその歴史の真実を、ありのままに後の世代に伝え続けなければならない。そう語るユアゲンの強い信念は純粋だった。

ベルリンの壁崩壊二〇年となる二〇〇九年一一月九日を前に、ぼくはユアゲンに電話を入れた。ユアゲンに会って話を聞きたいと思ったからだ。しかし、その時のユアゲンはもう五年前に会ったユアゲンではなかった。「インタビューの申し入れがたくさんある。観光客も案内しないといけないので時間がない。後で、もう一度電話をしてほしい。そうすれば予定もはっきりするだろう」だった。ぼくは最後に、案内や取材のちょっとした合間でもいいから、時間をいただければありがたいと伝えておいた。

数日後、何かこびるような声で電話をしてくる相手がいた。最初は誰だかわからなかったが、取材申し入れのことでというのでユアゲンだとわかった。ああよかったと思ったら、ユアゲンのかけ間違いだった。ユアゲンは、フランスの大手テレビ局に電話をしようとしていたのだった。かけ間違いだとわかると、ユアゲンはいきなり詫びもしないでガチャンと電話を切った。

最初の電話でユアゲンからいわれた頃に、もう一度電話をした。するとユアゲンは、「フランスのテレビ局の取材をうけているところだ。邪魔するな」と怒鳴りつけてくる。電話では、相手がその時に何をしているのかわからない。でも、それは失礼しましたと謝った。ユアゲンは、たいへん不機嫌そうだった。

その日は、話を聞けなくてもいいと思いながら記念館にいってみることにした。結論からいうと、ぼくはユアゲンに門前払い同様のひどい扱いを受けた。記念館を見学する予定の若者のグループがくるまで、ユアゲンは記念館に鍵を掛け、記念館近くに駐車してある車に身を隠すように座っていた。白髪の小太りした老人が車の中から出てくる。ぼくはようやく、それがユアゲンだと思い出した。ユアゲンに声をかけるが、相手にされない。挙げ句の果てには、記念館の敷地から出て行けという。

ぼくは記念館の前で、一時間以上待って様子を伺っていた。その間、個人で見学にきた人が何人もいたが、ユアゲンは記念館を見てもらおうとはしなかった。

ベルリンの壁崩壊二〇年を迎え、ベルリンの壁の犠牲者の家族の中でもメディア露出の多かったユアゲン。ベルリンの壁崩壊二〇年で、メディアにちやほやされていたのは知っていた。人が変わってしまったのだろうか。ぼくにはわからない。

五年前の強い信念を持ったユアゲンはどこにいってしまったのか。

祖国を捨てる

ベルリンの壁が崩壊する前年の一九八八年は、西ドイツへ逃亡して東ドイツに戻ってこなくなった東ドイツ市民が一万二〇〇〇人ほどに上った。すでにその頃から、東欧諸国にある西ドイツ大使館などに侵入して庇護を求める東ドイツ市民が増えていた。一九八九年一月一日にも、東ベルリンにある西ドイツの代表部に東ドイツ市民一人が庇護を求めて侵入。何日間も代表部を占領する事件が起こった。その時は、西ドイツ側が東ドイツ政府と交渉して、侵入した市民が代表部を出ても拘束して罰しないとの約束を取付け、市民が自主的に代表部を出ることになった。

それから四カ月後の五月二日、ハンガリー政府が国境警備は続けるものの、逃亡者には発砲しないと発表。それからは、ハンガリー経由でオーストリアに出たり、ハンガリーやチェコスロバキアの西ドイツ大使館に侵入して西ドイツに向かおうとする東ドイツ市民が急激に増え出した。ハンガリーはその後、オーストリアとの国境を開放。それが、ベルリンの壁を崩壊させる一つの大きな要因となる。

東欧諸国で、最初に民主化運動がはじまったのはポーランドだ。そのきっかけとなったのは、グダニスク（ドイツ語名ダンツィヒ）の自主労組「連帯」だ。ポーランドは一九八九年一月国境を開け、市民が西側にも移動できるようにした。それ以降西ベルリンでは、ポーランド人を乗せた大型バスがたくさん見られるようになる。彼らはハードカレンシー（国際通貨）である（西）ドイツマルクを手に入れるため、安い自国の品物を西ベルリンへ売りにくるのだった。ベルリンの壁のあるポツダム広場近くの空地には、ポーランド人の大きなブラックマーケットができていた。

三月頃だった。ぼくは夕方、ペーターとインガーを訪ねた。ペーターは工事現場監督の仕事をしている。ぼくが東ベルリンで働いていた時に知り合った。インガーは女性写真家で、東ベルリンのオペラハウスで写真家として働いていたことがある。ペーターとインガーのところは、東ベルリンの北部にあった。東ベルリンから当時働いていたシュヴェートという東ドイツ北東部の町に車で帰る通り道だったので、帰り際によく立ち寄っていた。

ペーターとインガーのところには、来客があった。ポーランド人の夫婦だった。夫婦にはまだ幼い赤ん坊がいる。インガーは片言のポーランド語を駆使して、ぼくを彼らに紹介した。インガーが通訳をしてくれたので、ぼくは夫婦とも簡単な世間話くらいはできた。

突然、インガーが相談を持ちかけてきた。

ポーランド人夫婦が明日にでも西ベルリンに出て、亡命申請を出したいといっているのだという。何とかならないだろうか。夫婦はポーランドを捨て、西ベルリンにいこうとしていたのだ。ちょうどポーランド人の亡命問題が西ドイツの政治、社会問題になりはじめていた頃だった。

突然なことで、面食らった。どうしていいのか、何といっていいのか。まったくわからなかった。彼らをぼくの車に乗せて西ベルリンにいかなければならい自分の姿が、脳裏を過《よ》ぎった。

ぼくはよく東ドイツの友人、知人にいっていた。今、東ドイツを離れるべきではない。今、西ドイツにいっても安い労働力としてうまく利用されるだけだ。今よりいい生活が待っているとは限らない。それがぼくの持論だった。かといって、近いうちに壁が崩壊するとは夢にも思っていなかった。ただ、このままでは終わらない、東ドイツは変わらなければならない、と思っていたに過ぎなかった。

ぼくはインガーを相手に、幼い赤ん坊を抱えて西ベルリンに亡命してしまうことがいかにたいへんか、想像していたような暮らしができる保障はまったくない、と説明するしかなかった。でももちろん、彼ら自身が決断することだ。ぼくはその時、そのまま帰った。

半年後、インガーが夏休み休暇の写真を見せてくれた。その写真の中には、あのポーランド人夫婦の顔があった。インガーとペーターは子どもたちと一緒に、ポーランドに暮らすあの夫婦のところで休暇を過ごしたのだった。

写真の夫婦の顔は、穏やかで幸せそうに見えた。半年前の緊張した表情とは、まったく違っていた。

一〇月七日、東ドイツ建国四〇周年

一〇月七日は、ドイツ民主共和国（東ドイツ）の建国記念日だ。毎年、東ベルリンのアレキサンダー広場近くの大通り「カール・マルクス・アレー」で、ホーネッカー国家評議会議長など東ドイツ首脳が出席して祝賀パレードが行われていた。アレキサンダー広場一帯に仮設の舞台や遊技場ができ、建国を祝う国民祭が演出されていた。

一九八九年一〇月七日は、東ドイツ建国四〇周年を祝う特別の日だった。

すでに書いたように、一九八九年に入って東ドイツを捨てて逃亡する東ドイツ市民が急増していた。九月には、ライプツィヒで行われていた月曜日デモが各地に波及。月曜日デモに参加する市民の数がすさまじい勢いで増えていた。九月九日、市民有志によって国家の改革を求める「ノイエス・フォーラム（新フォーラムの意）」という市民グループが設立される。市民が民主化を求めて立ち上がりはじめた。

六月、中国で学生中心の民主化デモが武力弾圧される天安門事件があった。その後だけに、東ドイツでも天安門事件のようなことにならなければいいがと心配された。それだけは避けたいという意識が、市民の中にも感じられた。

建国四〇周年となる一〇月七日は、民主化を求める反体制派市民にとって、体制主導の国民祭を妨害して反体制派の意思表示をするいい機会だと思われた。前日六日には、ソ連のゴルバチョフ書記長をはじめ、東欧諸国の首脳がすべて東ベルリンに集まっていた。西側メディアの注目も高かった。

当日の午前中、カール・マルクス・アレーでホーネッカーら東ドイツ首脳とゴルバチョフら来賓を前に、恒例の人民軍パレードが行われる。

民主化を求めるビラを配布する市民（筆者撮影）

ぼくは、パレードのある周辺で様子を伺っていた。沿道でパレードを見守る観衆は例年より少なく、寂しい感じがした。会場周辺には、警官隊のトラックがたくさん並んでいる。こうした仰々しさとは裏腹に、パレードで行進する前に整列する兵士の周りには兵士のガールフレンドや家族がたむろするなど、なごやかな雰囲気も感じられた。
沿道では、民主化を求めるビラを配布する市民の姿がところどころで見られる。こうした活動は、私服の秘密警察員の目にも止まっていたはずだ。しかし、阻止して拘束しようとする気配はない。こうした小物を拘束して建国祝賀祭のイメージを損なうよりは、民主化を求める市民のデモ隊がパレード会場に押し寄せてくるのを阻止できればいいという戦略ではないかと思われた。実際、式典の行われるエリアに通じる道路は人っ子一人入れないよう、警官隊が横一列に並んで厳重に警備していた。

午前中に行われるパレードの時間帯には、デモの起こる気配はまったくなかった。

午後になって、東ベルリン北部パンコウ地区にある東ドイツ政府の迎賓館ニーダーシェーンハウゼン宮殿でホーネッカーとゴルバチョフの会談が行われた。ゴルバチョフは続いて、東ドイツの政治局員とも会合している。夕方には、アレキサンダー広場の共和国宮殿で建国四〇年を祝うレセプションが行われる。東ドイツが誇るスターオペラ歌手テオ・アダムやペーター・シュライアーが歌い、スタートランペット奏者ルードヴィヒ・ギュトラーが演奏した。いつもと変わらない式典だった。

屋外では、午後五時頃から式典の行われている共和国宮殿に向かって市民が集まり出す。少なくとも二〇〇〇人の市民が「われわれは、ここ（祖国）に留まるぞ（Wir bleiben hier）」とか、「われわれは、この国の国民だ（Wir sind das Volk）」、「ゴルビー（ゴルバチョフの愛称）、ゴルビー」と、シュプレヒコールをあげている。

デモ隊の一部は治安部隊に押し止められ、共和国宮殿まで達することができない。デモに参加する市民が次々と拘束されていった。押し止められた市民はカール・リープクネヒト通りをアレキサンダー広場の方向に戻り、プレンツラウアー・ベアク地区へと向かい出した。

ぼくは、建国記念パレードと共和国宮殿の周辺の様子を見た後、休憩も兼ねてレギーナのところに立ち寄っていた。夕方、レギーナのところを出てプレンツラウアー・ベアク地区の方向に向かうため、ぼくは車でベルリン通りから真っ直ぐにシェーンハウザー・アレーに入ろうとした。ところがそこですぐに、迂回させられる。

ぼくは、民主化運動の拠点の一つゲッセマネ教会へいってみたかった。教会は、レギーナのアパートからそれほど遠くない。ベルリン通りからシェーンハウザー・アレーに入り、少し走ったところで左折してシュターガート通りに入ればすぐだ。

しかし、シェーンハウザー・アレーには入れない。何とかゲッセマネ教会に近づくため、シェーンハウザー・アレーと平行する脇道に入って少し走ってみることにした。すると、再びシェーンハウザー・アレーに戻ってくることができた。だが、ゲッセマネ教会はもうかなり走り過ごしてしまっていた。シェーンハウザー・アレーから左折したいのだが、走れど走れど左に入る道路はどこも警官によって閉鎖されていて左折できない。治安部隊のトラックも並んでいる。すぐに、何かあったのだと察しがついた。

ぼくは、シェーンハウザー・アレーの南端まで真っ直ぐに走るしかなかった。

どこかで車を駐車して、歩いて近づいてみる手もあった。しかし、ぼくは朝早くから車で二時間近く走ってベルリンにきていた。ほぼ一日歩き通しで、もうそれほど歩く元気がない。何が起こっているのか心配しながらも、ぼくはそのまま帰ることにした。

二時間ほど走って、シュヴェートの宿舎に戻った。自室に入ってすぐに、テレビのスイッチを入れてニュースを探した。それではじめて、ゲッセマネ教会周辺でデモに参加した市民が治安部隊と衝突し、一〇〇〇人以上の市民が拘束されていたことを知った。もちろん、西ドイツからのニュースだ。東ドイツにおいても、南部のドレスデンとその周辺地域を除けば、西ドイツの放送を受信できたのだ。西ドイツのメディアでは、ゴルバチョフの予言とも取れる「名言」が一人歩きしていた。ゴルバチョフが、「遅い奴は、その人生によって罰せられる」といったという。西ドイツのメディアは、ソ連で民主化改革を進めるゴルバチョフが東ドイツ建国四〇周年に際して、改革を渋る東ドイツのホーネッカーを面と向かって批判したと報道していた。このゴルバチョフの名言が、一〇日後の一八日にホーネッカー国家評議会議長を辞任に追い込む一つの大きなきっかけになったともいわれている。辞任は、表向きは健康上の理由だった。

ゴルバチョフがいつ、どこでこの名言を発したのか。実は、はっきりしない。誰も裏取りしないいま、名言だけが一人歩きしていた。六日、ゴルバチョフは東ベルリンにあるファシズムと軍国主義の犠牲者の慰霊施設「ノイエ・ヴァッヒェ（新衛兵詰め所という意）」で献花していた。その時に西ドイツ第一チャンネル（ARD）のカメラに向かってそう発言したとか、七日午後にホーネッカー議長、政治局員とニーダーシェーンハウゼン宮殿で会合した時に発言したなどと憶測されていた。

しかし、この名言はゴルバチョフ自身が述べたことばではなかった。ゴルバチョフとホーネッカーの会談後、ゴルバチョフの外務報道官ゲラシモフがぶら下がり会見で、記者団の前で会談の内容について発言した時に発したことばだった。この発言は誰に対して向けられた発言かと記者団から質問されたゲラシモフは、「われわれ自身の経験についていっている。でも、ジャーナリストは勝手に解釈するからね」と答えたという。

後でわかったのだが、ゴルバチョフは確かに、西ドイツ第一チャンネル（ARD）のカメラの前や、ホーネッカーと政治局員との会合でも似たような発言をしている。だがいずれの場合も、自国の問題として語っていた。それを拡大解釈させたのがゲラシモフだった。

ゴルバチョフはベルリンの壁崩壊から長い年月を経て、ドイツのジャーナリストからこの名言はどういう意図でしたのかと聞かれている。ゴルバチョフはニタッと笑って、「ゲラシモフがうまくやってくれたよ」と語ったという。

こうして、歴史が変わった。

みんなの教会

ウーヴェは同じ一〇月七日、東ベルリンの民主化デモに参加するため、列車でポツダムから東ベルリンに向かっていた。ウーヴェは、ベルリン近郊のポツダムで仲間と一緒に同性愛者のグループを組織していた。五月に行われたばかりの地方選挙では、開票結果に操作がないか開票場で監視役も買って出ていた。それだけに、ウーヴェが当局から厳しく監視されていることが予想された。

ウーヴェは、デモのために東ベルリンへ行くのをカモフラージュするため、わざわざ遠回りして東ベルリンに向かった。体制に反対して政治的な発言をするために、デモに参加しようと思ったわけではない。ゴルバチョフのペレストロイカへの支持、生活の改善、旅行の自由を求めて、体制に自分の意見を伝えようと思っただけだった。体制に抵抗してデモに参加するのも、はじめてだった。ウーヴェは道中、デモに参加することへの不安と罪の意識に苛まれていた。

列車内では、何回も警官の尋問を受けた。東ベルリンに着くまで、二時間もかかった。普段の倍の時間だ。ウーヴェはデモ隊に合流するため、アレキサンダー広場に向かって歩いていた。ちょうどアレキサンダー広場北のモル通りで、デモ隊に遭遇する。デモ隊は、すでに三〇〇〇人以上に膨らんでいた。周りはまったく知らない人ばかり。デモ隊は全く組織されておらず、行き先の宛もなく、市民が並んで一緒に歩いているような感じだった。横断幕は見当たらない。市民のうち何人かが、手に灯りの灯るロウソクを持っていた。

デモ隊はモル通りからグライフスヴァルト通りに入り、ダンツィヒ通りの方向に向かいはじめる。グライフスヴァルト通りを左折してダンツィヒ通りに入り、そのまま真っすぐいくとシェーンハウザー・アレーにぶつかる。ウーヴェはこの時、デモ隊がゴルバチョフの宿舎のあるニーダーシェーンハウゼンに向かうのかと思ったという。だがダンツィヒ通りでは、治安部隊がねずみ一匹も通さないかのように厳重な警備体制を取っていた。デモ隊は治安部隊との衝突を避けるため、ダンツィヒ通りの手前で左に曲がって細い脇道に入るしかなかった。

この時、デモ隊は一万人近くにまで膨らんでいた。

この脇道でウーヴェは、一生忘れることのできない体験をする。細い通りの両脇に並ぶ家並みでは、窓のあちこちにロウソクが灯されていた。通りの脇では、住民がデモ隊に紅茶の差し入れをしている。デモ参加者には、あちこちから「頑張れ！（Ihr seid super!）」（直訳すると、「きみたちはすばらしいよ！」の意）と声がかかる。ウーヴェはあの時の住民の熱い声援を思い出すと、今も目頭が熱くなる。

デモ隊は最終的に、ゲツセマネ教会のあるシュターガート通りに入った。教会は、東ベルリンで反体制派の集まる民主化運動の拠点となったところだ。教会は一九八九年はじめから、反体制運動グループを支援し、反体制運動について知りたい市民向けに電話相談などをしていた。

デモ隊の進む正面には、青いシャツを着た青少年の軍団が見えた。ウーヴェは目を疑った。デモ隊がゲッセマネ教会に入るのを阻止するため、当局側が党の青年団である自由ドイツ青年団を配置していた。青年団の隊員は、一五から一八歳の青少年だ。青少年たちの中にはデモ隊の多さに圧倒され、通りの脇に座り込んだり、泣きべそをかいている者もいる。デモの参加者の中にはすでに、配置された青少年を慰めるように介抱している者もいた。

　デモ隊の先頭が、ゲッセマネ教会の前に着いた。デモ参加者がすべて教会に入れるわけではない。教会に入ることのできたのは、そのうちのごくわずかだった。ウーヴェはデモ隊の前の方にいたことから、何とか教会の中に入ることができた。

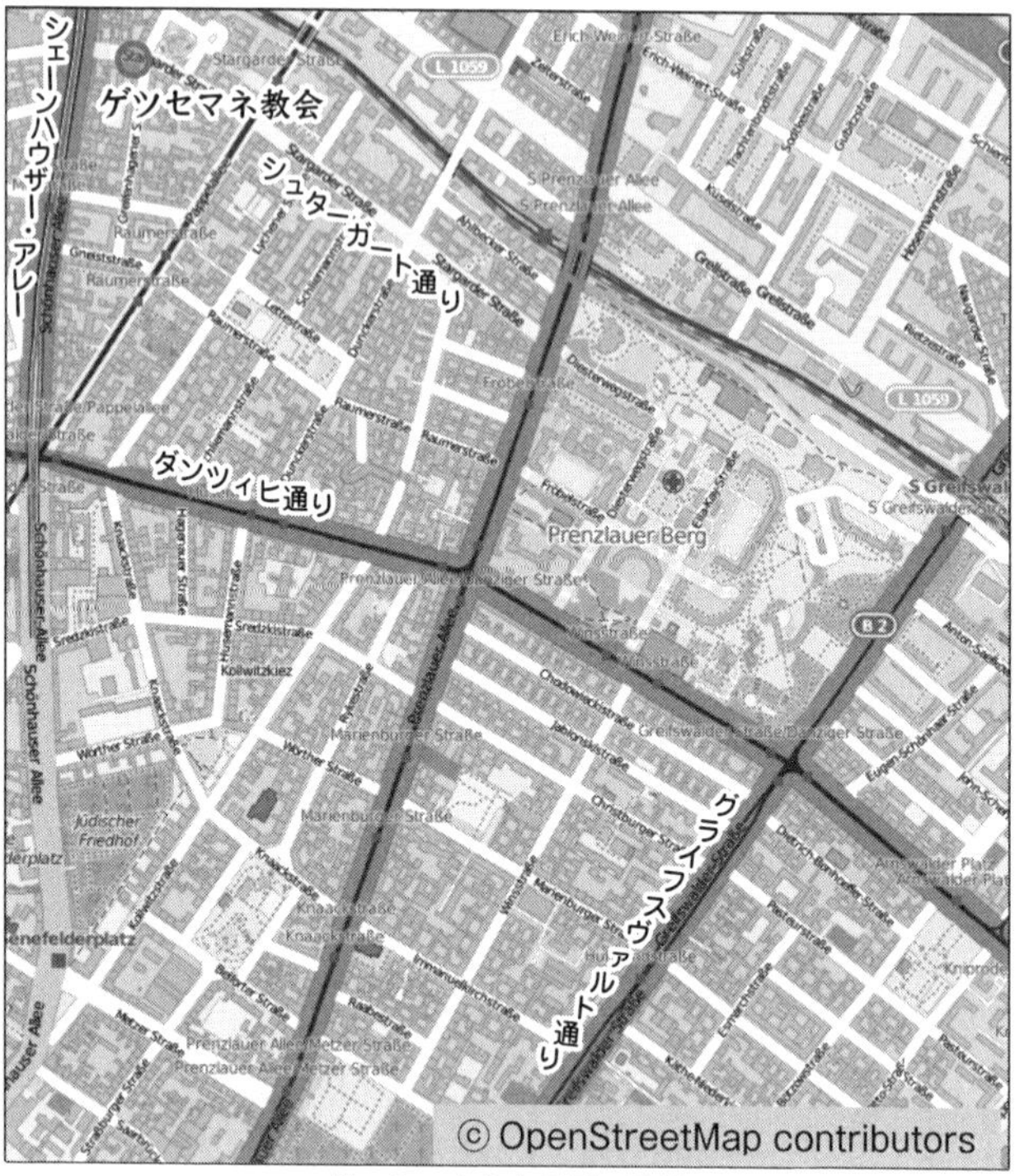

ゲッセマネ教会周辺の地図

教会の中は、すでに超満員だった。熱気でむんむんしている。教会に入れなかった市民は教会の前に居座るか、シェーンハウザー・アレーに出るしかなかった。いつのまにか治安部隊が教会前にバリケードを作って、教会に入れなかったデモ隊とにらみ合いをしていた。

現在のゲッセマネ教会（左前方の塔）とシュターガート通り（筆者撮影）

教会内では、ベルリン・ブランデンブルク新教教区監督のゴットフリート・フォルク牧師が礼拝をはじめようとしていた。牧師は集まった市民に対し、警察当局との話合いで教会内にいる限り市民が保護されている、市民が教会を出ても警察は身元の確認をせず、拘束もしないことになっていると説明した。市民の中には、感極まって涙を流している人の姿も見られる。

ウーヴェはこの時、ゴットフリートがどんな話をしたのか全く覚えていない。感情が高ぶり、興奮からゴットフリートの話を聞いて消化するだけの心の余裕がなかったのだろうと振り返る。

ウーヴェは教会での集会が終わった後、教会近くのシェーンハウザー・アレー駅からSバーン（高速都市鉄道）でベルリン・オストクロイツ駅の近くに住む知人のところにいった。そこで泊めてもらって、翌日ポツダムに戻った。ウーヴェはその一日だけで肉体的にも精神的にもボロボロになり、八週間近く寝込んでしまう。

ウーヴェは統一後、偶然ある催し物であの一九八九年一〇月七日にゲッセマネ教会で礼拝を行なった牧師ゴットフリートの話を聞いた。ゴットフリートは当時、教会があらゆる市民運動の牙城になることを望んでいたという。ゴットフリートにとって、「教会はいろいろな市民の集まるところ」なのだ。だから教会は当時、すべての市民に教会の門戸を開放し、市民が自由に議論できる場を提供した。ゲッセマネ教会では一九八〇年代半ばに、レスビアンのグループも誕生している。壁崩壊後は、市民運動グループが東ドイツの民主化について議論する場ともなった。

しかしその後まもなく、市民は教会から離れていく。それとともに、キリスト教自体が空洞化する。教会は財政難から冬の暖房費を賄えず、建物も維持できなくなる。売却して、教会としての存在を放棄せざるを得なくなった教会もある。教会は、独裁体制から市民を守る牙城として東ドイツの民主化を支援してきた。だがゴットフリートによると、壁の崩壊とともに、教会は市民に必要とされなくなる。

ゴットフリートは、歴史の皮肉に甘んじるしかなかった。

一〇月九日、ライプツィヒのロウソク革命

ドイツの食卓では、ロウソクが灯されることが多い。レストランで席につくと、給仕が当然のようにロウソクに灯を入れてくれる。食卓ばかりか、夜、友人同士で団らんする時にもテーブルにはロウソクが灯る。

なぜ、ロウソクを灯すのか。ドイツ人に聞いてみたことがある。しかし、どうも期待していたよう

な回答が得られない。大方の回答は「雰囲気があるから」とか「気分がいいから」というもの。それは、それで素直な気持ちでよくかわる。でも、まったく異文化の社会で育ったぼくとしては、もっと深い意味があるのではないかと期待してしまう。まだ電気のなかった頃のなごりから離れられないからとか、何か宗教的な意味合いだとか。

火は、人類にとって非常に大切なものだった。だが同時に、恐れの対象でもあったはずだ。火は、人間には自由にコントロールできない自然の一つ。人間には把握できない大宇宙のエネルギーの一つの現れなのかもしれない。そういう火の一つとしてのロウソクの灯と密着した生活。ドイツでは、夜でもがんがんと照明を焚いて明るくすることはない。薄暗い中で、ロウソクの灯はそれだけ一層神秘さを漂わせる。ロウソクの炎はちょっとした空気の流れの変化にも揺れ動き、また元に戻る。強い風が吹くと、ロウソクの灯は消えてしまう。ぼくは、ドイツ人がロウソクの光に人生の喜びや悲しみを投影しているように思うのだが、考えすぎだろうか。

日本でも、ぼくがまだ幼なかった頃には生活の中に炎がたくさんあった。田舎で育ったぼくの家には、竈があり、風呂も薪で沸かしていた。火鉢には年中、炭火の火があった。もっと田舎へいけば、まだ石油ランプを使っている家庭もあった。日本でも、昔は火の光とともに生活していた。現在、日本の生活ではあまりにも火を見ることが少ないのではないかと思うが、どうだろうか。

このロウソクの灯が、東ドイツの民主化運動に大きな転機をもたらすことになる。

ライプツィヒは、東ドイツ中部にある東ドイツ最大の商業都市だった。春と秋に大きな国際見本市が行われ、世界各国からビジネスマンが集まっていた。ライプツィヒ中央駅から南に少し歩いたところにニコライ教会がある。ニコライ教会では、一九八二年九月から毎週月曜日の一七時に「平和の祈り」という礼拝が行われていた。礼拝は、誰にでも開放されていた。礼拝は次第に、独裁体制下で苦しみ、民主化を求める一般市民の憩いの場、交流の場となっていく。国が宗教を否定していた社会主義体制下において、教会は体制側と市民の間に立ってクッションのような役割を果たしていた。そうして、市民を体制から擁護していた。国家権力は神聖な教会の中にまで入って、市民を暴力で拘束することはできなかった。

一九八九年の夏休みの間、ニコライ教会の「平和の祈り」は休止されていた。九月四日に再開される予定だった。この日はしかし、ライプツィヒの秋の国際見本市がはじまる日だ。西側のメディアは通常、東ドイツで撮影する場合、撮影場所毎に撮影許可を申請して許可を取得しなければならなかった。しかしライプツィヒの国際見本市の開催期間中だけは、市内のどこでも撮影できる許可が与えられた。当局はそのため、西側のメディアに「平和の祈り」の実態を知られることを恐れた。ニコライ教会に対して、「平和の祈り」の再開を一週間延期するよう求めた。しかし、教会側はそれを拒否。「平和の祈り」は、予定通り九月四日に開かれる。

当日、「平和の祈り」はいつもの通り行われた。礼拝が終わって参列者が教会を出ると、教会の前には西ドイツテレビ局のカメラがいくつも並んでいた。すると、「平和の祈り」に参列していた若者数人が、電光石火の如くに白いシーツを広げてテレビカメラの前に掲げた。白いシーツの横断幕には、「人間が自由となる開かれた国のために（Für ein offenes Land mit freien Menschen）」と書かれていた。その途端、私服の秘密警察員が横断幕を引きずり降ろす。若者たちを道路に押し倒しそうとした。この時の様子は一部始終、その日の夜の内に西ドイツのテレビニュースで流れた。

こうして、ライプツィヒ・ニコライ教会の「平和の祈り」のことが東ドイツ全体に知れ渡ることになる。東ドイツでも、一部の地域を除くと、西ドイツの放送を受信できたからだ。これが、俗にいう「月曜日デモ」のはじまりだった。それ以降、「平和の祈り」に参列する市民が疾風怒濤の如くに増えていった。

次の「平和の祈り」は、一一日に行われた。秘密警察員が情け容赦なく、暴力で礼拝後のデモを取り締りはじめる。はじめて市民が拘束された。しかし教会側は、国家の暴力に対して無力だった。国家の暴力に対して、何か抵抗できる手段はないか。数日後に開かれた教会の会合で、一人の青年が発言する。教会の牧師に、拘束されてトラックに押し込まれる前に、大きな声で自分の名前を叫ぶように「平和の祈り」の参列者にアピールしてほしいといった。それ以降、有志の若者たちが拘束された市民の名前を大きな紙に書き並べ、教会の前に掲示するようになる。

いつのまにか、掲示された紙の前に花やロウソクが置かれるようになった。市当局は教会に対して、すぐに花やロウソクを撤去するよう要求する。ロウソクがそのままになっていると、暗くなってから市の清掃局の職員が教会の前に置かれた花とロウソク、ロウソクから垂れて固まったロウを跡形もないように撤去した。ところが清掃局の職員は、市当局の指示に反してまだ使えるロウソクを灯して教会の窓際に立てていったという。

二五日、「平和の祈り」の礼拝が終わった。八〇〇〇人の市民が米国の公民権運動のテーマソングともいうべき《We shall overcome》を歌いながら、教会から中央駅までデモ行進をした。東ドイツ建国四〇周年の一〇月七日には、ニコライ教会前に集まった市民がたくさん秘密警察員によって拘束された。

二日後の一〇月九日には、「平和の祈り」がある。どれくらいの市民が月曜日デモに集まってくるのか。当局がそれに対してどう対応するのか。地元紙『ライプツィヒ人民新聞』が、九日に月曜日デモがあれば、当局が武力でデモを制圧する準備をしていると報じていた。市内の病院では、当局の指示で九日に備えて準備体制に入り、献血用の血液を用意しているという。企業（もちろん国営だが）では、社員に対して一〇月九日の午後は自宅に留まり、市内にいかないようにと指示が出されていた。

北京の天安門事件のようなことが起こるのだろうか。たいへん懸念された。

一〇月九日の「平和の祈り」と月曜日デモには、たくさんの市民が参加することが予想された。そのためニコライ教会は事前に、近くの聖ミヒャエル教会と改革派教会、トーマス教会の三つの教会に、ニコライ教会に入りきらない市民を受け入れてくれるよう要請していた。

一〇月九日は朝早くから、ニコライ教会に次から次に電話がかかってくる。デモに参加したいのだが、何かあるのではないかと不安でしようがない、どうしたらいいのかと相談する市民。治安当局が武力でデモを鎮圧するぞと警告する市民。「平和の祈り」の礼拝を行うと、教会に放火するぞと脅迫する市民。電話は鳴り止まなかった。

「平和の祈り」は午後五時からはじまる。だがこの日は、いつもになく早い時間から教会が埋まり出す。午後二時頃には参列者が入り出し、三〇分ほどで教会の半分が埋まってしまった。教会側には、誰がニコライ教会を「占領」しようとしているのかわかっていた。教会には事前に、党員と見られる市民から内部告発するたれ込み電話が寄せられていた。当局が一〇月九日の「平和の祈り」を妨害するため、午後の早い時間から私服の秘密警察員や党員を教会に送り込むという。教会を事前に当局の人間で一杯にして、一般市民が教会に入れないようにするためだ。

25年後の2014年10月9日、ライプツィヒのニコライ教会では「平和の祈り」の礼拝が行われた。たくさんの市民が礼拝に参列するため、教会の前で長い行列をつくった（筆者撮影）

教会の牧師が早くから集まった秘密警察員や党員を前に、「ようこそ！」と歓迎の挨拶をした。特別に教会の歴史などについても説明した。

午後三時になると、ニコライ教会のあるライプツィヒの中心街はほとんど人影もなく、シーンとしていた。ニコライ教会だけが、「平和の祈り」の参列者で一杯だった。礼拝のはじまる一時間前になると、教会は人で溢れんばかりになった。教会にはすでに、二〇〇〇人以上の参列者が集まっていた。その他の三つの教会でも、状況は同じだった。

午後五時、ニコライ教会で「平和の祈り」の礼拝がはじまる。この日に限って礼拝の最後に、当局と市民の平和な対話を求める芸術家、宗教学者、政治家などライプツィヒ市民有志六人による非暴力アピール文が読み上げられた。牧師が当局と反体制派の参列者両方に、絶対に暴力を行使しないように訴えた。

「平和の祈り」が終わって、教会の門が開けられた。ニコライ教会周辺には、たくさんの市民が集まっている。正確に数えようはないが、五万人とも七万人ともいわれる。市民の多くは片手にロウソクを持ち、もう一方の手をロウソクに翳《かざ》して、灯が消えないようにしていた。ロウソクのために両手がふさがっている。それは、非暴力の意思表示でもあった。

市民のデモ隊はまず、オペラハウスとコンサートホール「ゲヴァントハウス」の間にあるカール・マルクス広場（現アウグストゥス広場）から中央駅前の共和国広場（現ヴィリー・ブラント広場）を通って旧市街の環状道路に入る。市民は、「非暴力（keine Gewalt）」、「われわれは無法者ではない（Wir sind keine Rowdys）」、「われわれはこの国の国民だ（Wir sind das Volk）」と、シュプレヒコールをあげていた。

当局は「平和の祈り」が終わった後、デモに三万人ほどの市民が集まるものと予想していた。それに備えて、兵士や警官隊、秘密警察員などで構成される五〇〇〇人の部隊を周辺に待機させる。デモを鎮圧する計画だった。お昼には、学校や幼稚園、レストランや店舗などがすべて閉められていた。

だが実際に月曜日デモに集まった人数は、当局の予想をはるかに上回る。七万人にも上った。現場の指揮官は現場の状況を逐次ベルリンの国家首脳に報告し、指示を仰ごうとしていた。しかしホーネッカー国家評議会議長は捉まらず、何ら指示を受けることができない。現場の指揮官は何も手を出さないまま、午後六時半頃に部隊に撤収命令を出す。その頃、デモ隊の多くはすでに旧市街の環状道路を一回りして再びカール・マルクス広場に戻っていた。デモをした市民は、次第に解散しはじめていた。

25 年後の 2014 年 10 月 9 日、市民は 25 年前と同じように
デモに出た。後ろの写真が 25 年前の情景（筆者撮影）

フランク・バイアー監督のテレビドラマ「ニコライ教会」は、その時の出来事をドラマ化したものだった。ドラマでは、当時のホアスト・ジンダーマン人民議会議長が一九八九年一〇月九日を回顧して、「何があってもいいように計画して準備していた。だが、ロウソクと祈りには全く準備していなかった」といったと引用されている。この発言はよく引用されるが、実際にそういう発言があったのかどうかは、はっきりしていない。だが、命がけでロウソクを持って月曜日デモに参加した市民。その市民の強い思いが、武力行使も辞さなかった当局の牙を抜いたのは間違いない。それが、ベルリンの壁が無血で崩壊する大きなきっかけとなる。

一九八九年一〇月九日のライプツィヒでの月曜日デモは、当局内においても大きな転機をもたらした。武力行使も考えていた国家元首のホーネッカー国家評議会議長は一〇月一八日、中央委員会で自ら解任を要請。エゴン・クレンツ中央委員会治安書記長を後任に指名した。ホーネッカーはその後、中央委員会の会場から退場していった。クレンツは後になって、自分は改革を目指し、ライプツィヒの一〇月九日月曜日デモにおいて治安部隊に撤収命令を出したのは自分だとして、自分こそが「無血革命」を可能にした功労者だと自己宣伝している。

だが、クレンツが実際に治安部隊の撤収を指示した痕跡はない。東ドイツ市民の多くは、クレンツをホーネッカーと同じ穴の狢《むじな》と見ていた。国家元首の首を差し替えるだけでは、市民を納得させることはできなかった。

それから一三年半経った二〇〇三年二月一五日は、時折小雪の散らつく寒い日だった。それにも関わらず、ベルリンでは米英両国によるイラク攻撃に反対するデモに約五〇万人の市民が参加した。主催者側は二〇万人程度の参加を見込んでいた。その予想を遥かに上回り、反戦デモとしては最大のデモとなる。デモ当日の朝、ドイツ各地からデモ参加者を運んできた観光バスがデモ会場近くの大通りに所狭しと並んでいた。その光景は、壮大そのものだった。

ライプツィヒではこの時、反戦のため「月曜日デモ」が復活していた。毎週月曜日の夕方になると、数万人が反戦デモに参加するようになる。このライプツィヒの月曜反戦デモは各地に拡がり、全国八〇カ所以上で月曜反戦デモが続けられるようになった。反戦デモでは、特に一般市民の参加が目立った。子どもから高齢者までと年齢層も幅広い。

25年後の2014年10月9日、当時デモの基点となったオペラハウスの前には、グラスに入れたたくさんのティーライトキャンドルが灯された（筆者撮影）

ベルリンではそれから一カ月後の三月一五日の夜、市民のイニシアチブでロウソクや懐中電灯を持って路上に並んで反戦灯明行列をつくる反戦デモが行われた。一般市民約一〇万人が参加し、ベルリンの東西に渡って約三五kmの灯明行列ができた。

ぼくはその時、ペーターとアンケと一緒に灯明行列に参加していた。ペーターは統一後まもなくそれまで一緒に暮らしていたインガーと別れ、一人で暮らしていた。インガーとの間にできた二人の子どもは平日はインガーの元で暮らし、週末になるとペーターの所にきていた。そのうちにペーターは、新聞のパートナー探しで知り合ったアンケと一緒に暮らすようになる。

われわれはアレキサンダー広場の駅近くで待ち合わせ、マリア教会向いの路上脇で行列に加わった。ペーターは事前に、ティーライトキャンドルとそれを入れるためのガラスの瓶を持ってくるほうがいいといっていた。ロウソクだけだと、風ですぐに消えてしまうからだ。

その晩は、運悪く風が強かった。少し風があるだけでも、ティーライトキャンドルに灯をつけるのはたいへんだった。マッチを擦ってもすぐに消える。何度となくやり直して、ようやくティーライトキャンドルに灯がつく。しかしすぐにガラス瓶に入れないと、風で灯が消されてしまう。灯のついたキャンドルを片手に持って、もう一方の手のひらで灯を守りながらガラス瓶に静かに入れてやらないといけない。うまくいかないので、ガラス瓶なしにティーライドキャンドルだけにしようとすると、手を翳すというよりは、からだ全体で風から灯を守ってやらないといけない。それでも、キャンドルの灯はすぐに消えた。

ぼくはキャンドルの灯と格闘しながら、一三年半前に命を落とすことを覚悟の上でロウソクを持ってライプツィヒの月曜日デモに参加した市民のことを思い出していた。命がけでキャンドルを持っているわけではないぼくの立っているところが、やたら平和に感じられた。

ライプツィヒ・ニコライ教会の「平和の祈り」は、今も毎週月曜日一七時から続けられている。

教会での市民集会

社会主義体制下において、宗教は否定されていた。「宗教はアヘン」といったマルクスのことばが思い出される。だが社会主義体制下の東ドイツにおいて、教会は制限を受けながらも、国家と市民の間を橋渡しする重要な役割を担っていた。国家当局が恐れていたのは、市民の集まる集会だった。市民が集まって、反体制的な活動が広まっていく心配があったからだ。東ドイツでは、集会は許可されない。教会はこの国家権力の一方的な暴力に対してクッションとなるような形で、市民の求めに応じて教会を市民の集いの場として提供していた。一九八九年九月、市民の中から国家改革と民主化を求める運動が活発になると、教会は国家権力に妨害されずに民主化運動グループと一般市民が情報を交換できる唯一の市民集会の場となる。

ある晩ペーターとインガーを訪ねた時、数日後にベルリン・パンコウ地区の教会で行われる市民集会にいくことにしているという。お前も一緒にこないかと誘われた。もちろん、関心があった。でもぼくは一瞬、躊躇した。会場となる教会周辺では、秘密警察が厳重に監視しているだろう。そこでぼくの身元が調べられた場合、今の仕事を続けていけるのだろうか、外国人のぼくは見つかって国外追放される危険はないのだろうか。不安が過《よ》ぎった。でもぼくは、一緒にいきたいといった。

集会当日の夕方、ぼくはペーターとインガーの自宅前から少し離れた所に車を駐車した。それから一緒に会場の教会に向かった。ぼくは少し緊張していた。二人のところから教会へ向かう道中、ぼくは二人とはほとんど口をきかなかった。

行ったのは、パンコウ地区の中心にあるパンコウ村教会だった。この教会を拠点にして冷戦下の軍拡や環境破壊に反対する平和運動グループができたところだ。以前から、当局が厳しく目を光らせている教会だった。

すでに、辺りは真っ暗だった。教会は広い並木道の中間地帯にある。教会に向かおうとする急ぎ足の人たちの人影がたくさん見えた。沿道の木陰には、私服の秘密警察員だと思われる黒い人影もたくさんあった。たばこを吸っている黒い人影もある。その赤々とした小さな光がいやに不気味だった。ぼくは辺りのことはあまり気にしないようにして、一目散に教会に向かっていた。

教会の中に入った。急に暗いところから明るいところに入ったので、教会のホールが真っ白にまぶしく見えた。すでにかなりの市民が集まっている。前のほうには、もう空席はない。ぼくたちは後ろの席に腰掛ける。込み合うのを予期して少し早めにきていてよかった。会場の教会はそれからまもなくして、足の踏み場もないくらいに一杯になった。会場は、たくさんの人が集まっている割には静かだった。臨席する人とおしゃべりしている人もいる。でも、小さな声でひそひそ話をしている感じがする。どこに、秘密警察から送られてきた偵察員が紛れ込んでいるのかわからない。他人には、自分たちの話を聞かれたくないのだろう。ぼくは、自分なりに想像していた。

祭壇の前に、一人の男性が現れた。グレーのセーターと私服姿だったので、すぐには教会の牧師であることはわからなかった。牧師はまず、自分が教会の牧師であるとしゃべり出す。今晩の集会を実施することで当局と交渉を重ね、当局の同意を得て今晩集会が開かれると説明した。集会の会場である教会内では、秘密警察員が侵入して参加者を拘束したり、取り調べはしないと約束を取付けてあるという。ただ、特殊な状況であるのは間違いない。教会に入っては見たものの、不安で会場に留まりたくない場合は、いつでも正面の祭壇横にある裏口から教会を出て行っていいという。その場合、秘密警察は退場者に対して手を出さないと、当局側から約束を取り付けたと説明があった。

牧師はその後、聖書を引用しながら平和のために祈りを捧げ、みんなで賛美歌を歌った。集会は、民主化運動を進めるグループに引き渡される。演壇には、「ノイエス・フォーラム」、「ベーレン・プラットフォーム」、「市民民主主義」の三つの民主化運動グループの代表が並んでいた。

まずノイエス・フォーラムの代表が、ノイエス・フォーラムは市民共同の政治的な基盤だが、決して政治団体ではないと説明した。東ドイツのすべての市民が抱く不安を取り除き、東ドイツを自由に

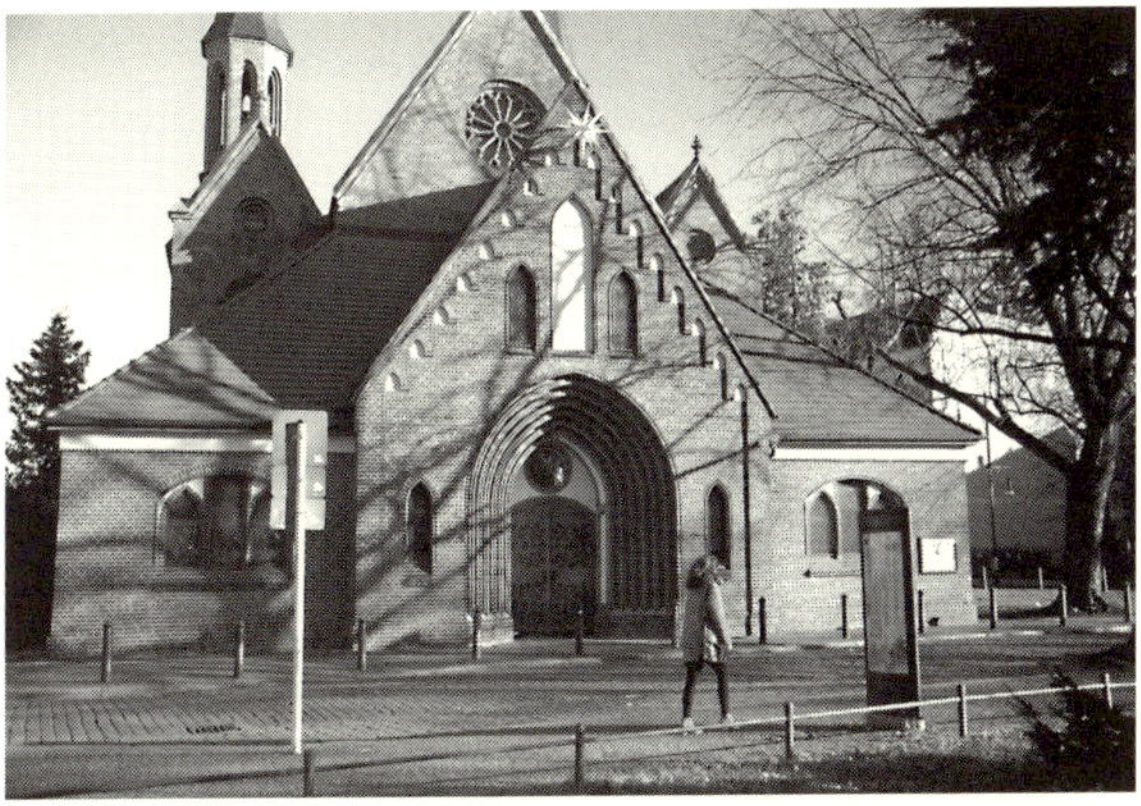

集会のあった現在のパンコウ村教会（筆者撮影）

意見交換できる社会に改革したいという。そのために、市民の対話を進めたい。東ドイツにゴルバチョフのグラスノスチ（情報公開）をもたらしたい。活動は非暴力で、国家を転覆させるものではない。社会主義の下で民主主義を実現したいのだと説明した。その後、他のグループも自分たちの活動を紹介する。作家団体のアピール文と、ハリー・ティッシュ東ドイツ労働組合委員長宛の公開質問状が読み上げられた。それぞれの文章が読み上げられると、参加者が挙手して内容に賛同する意思表示をした。

民主化運動グループの多くは、一九八九年九月になって誕生した。グループは、それぞれ自分たちの主張を市民に伝えるアピール文をまとめていた。アピール文は、単に政治的な主張をするものではなかった。自由に出入国できるようにする、言論の自由を求めるなど、特に市民が実際の生活の中で関心を持っていることが具体的に書かれていた。東ドイツを改革して民主化するために、一人でも多くの一般市民に立ち上がってもらいたかったからだ。

当時、東ドイツのメディアが民主化運動について報道することはなかった。一般の市民社会では、コピー機も使えなかった。そのため、民主化運動のアピール文を複製して配布するにも限界があった。教会の集会は、市民が直接民主化運動について情報を得るための絶好の機会だった。

教会の中は、すごい熱気に溢れていた。集会が終わると、参加者はお互いにそれほど対話するでもなく、すぐに教会を去っていく。相手が秘密警察の手先かもしれないという不安があるからであろう。知らない者同士で対話するのは、それほど簡単なことではなかった。

教会を出ると、秘密警察員と思われる人影がまだたくさんあるのがわかった。しかし、人影は事態を見守るだけで、手出しはしなかった。

市民同士で対話をはじめる

ペーターとインガーは突然、これから民主化運動している夫婦の自宅に招かれているのだといった。教会からそれほど離れていない。ぼくにも一緒にきてはどうかという。ぼくは、一緒にいって良いものなのかどうか不安だった。たいへん興味があったので、不安を押し切って一緒にいくことにした。

ぼくたち三人は、暗い街並を歩いていた。車はもうほとんど通っていない。住宅街の灯りと道路の道端にある薄暗い街灯の光だけが見えた。パンコウ地区は文化人の集まる高級住宅街。さすがにりっぱな邸宅が並んでいる。

ペーターとインガーにとって、はじめていくお宅だった。あちこち通りの名前を探しながら、ようやくたどり着いた。集合住宅入口横にある呼び鈴を押す。「ブー」と、ドアが解錠される音がした。ドアを押してハウスの中に入った。階段を上がっていくと、入口のドアが半開きになっている。そこが夫婦のアパートだ。ドアを開けて入ると、「われわれも今帰ってきたところだ」といいながら、三〇代後半かと思われる男性が出てきた。その後に、同じ年頃と思われる女性も出てきた。二人は身なりも整っている。活動家というよりは、東ドイツでも中流以上のいい暮らしをしている感じだった。長髪に長い髭をはやして、身なりをあまり気にしない東ドイツの典型的な反体制活動家のイメージとはかなり違っていた。すぐに、居間のテーブルにつくようにいわれる。かなり大きなアパートだ。

女性が「実は、クリスタ・ヴォルフが入居しようとしていた住まいなのよ。彼女が入れなくなって、運良くわたしたちのところに話がきたの。すぐに借りることにしたのよ」と自慢げに話した。入居して、まだ一年ほどにしかならないのだという。ぼくは、わざわざ著名な東ドイツ女流作家の名前まで出して説明する必要もなかろうと思った。でも、感心したような素振りをして内心の不満を表に出さないようにした。夫婦は「もう一カップルくることになっているので、少し待ってください」といって、すぐに厨房のほうに戻った。何か準備をしているような感じだった。

居間に残されたぼくたち三人は手持ち無沙汰を感じながら、家主たちが戻ってくるのを待っていた。そのうちに呼び鈴が鳴る。カップルが上がってきた。二人は二〇代後半くらいだろうか。控えめで、何か用心深くなっているように感じられた。無理もない。初対面の人ばかりが集まる中で、民主化運動のことについて話そうというのだ。その中に秘密警察の手先でもいたら、後でどうなるかわからない。不安を抱いていて当然だった。

家主夫婦がミネラルウォーターとコップを持って、居間に入ってきた。ぼくを入れて七人の対話がはじまる。まずは、それぞれが自己紹介。自己紹介といっても、姓はいわずにファーストネームだけをいう。職業など何をしているかをいった。それから、今晩教会で行われた集会の感想、集会に参加した目的などについて話した。まず若いカップルの男性が、「民主化を求めて活動しているグループがあること、それを知ってたいへんうれしかった」といった。

ぼくは他の参加者の話を半分うわの空で聞きながら、ぼくの順番がきたら何といったらいいのかと思案していた。この場で、生半可なことはいえないと思ったからだ。ぼくは東ドイツで生活しているものの、東ドイツの問題には直接関係のないよそ者だ。いつでも好きな時に出国も入国もできる。西ベルリンで買い物もできる。特権を持っていた。そのぼくが、国家の弾圧に苦しむ市民が真剣に民主化について話合うど真ん中にいる。興味本意だと思われても仕方がない。スパイなのではないかと、不信に思われるかもしれない。場違いだったのではないかと、のうのうとペーターとインガーについてきたことを後悔していた。

ぼくの番になった。「ぼくは西側の人間だ。でも、みなさんが民主化を実現して自由を得ることができるよう願い、応援したい気持ちできたのだ」といった。インガーは「不安から解放され、自由になりたい。そのために何かしないといけないと思って参加した」といった。「でも、自分がこれまで何もしてこなかったことをたいへん後悔している」ともいった。

ぼくは本来なら、教会でそうしたように各自が話した内容をこっそりとメモしておきたかった。でもその場では、躊躇せざるを得なかった。自分の連れのペーターとインガー以外はみんな初対面。よく知らない者同士だ。お互い、まだ打ち解けずに緊張している。それぞれがことば一つ一つをよく考えて、慎重にゆっくりと話している。お互いにオープンに本音をいえる雰囲気とは到底いえなかった。そんな中でぼくがこそこそとメモでもとろうものなら、みんなを不安のどん底に陥れるのが容易に想像できた。

一時間近く、暗闇で相手の出方を探るような対話が続いた。家主の男性が最後に、「一人一人が国のため、市民のために立ち上がらないといけない」と締めくくる。ぼくは、対話に参加させてもらったことに対して家主夫婦と若いカップルにお礼をいって別れた。それから、ペーターとインガーとともに二人の自宅へ向かった。

ぼくは、東ドイツ市民がハンガリーなど第三国から国外に逃亡するケースが頻繁に起こるようになってから、東ドイツ人の同僚や友人たちとよく東ドイツが今後どうなるのかといろいろ話をしていた。話を続けていくうちに、彼らが自分の考えをオープンにいえるようになってきているのを感じていた。それは、毎日よく顔を合わせる知った者同士だからだろう。西側日系企業のところで働く東ドイツ人の同僚には、業務中に起こったことを定期的に当局に報告する義務があることは知っていた。誰が当局に忠誠なのかも、だいたいのところは感じていた。でもぼくはおかまいなしに、機会があれば彼らと東ドイツが今後どうなるのか、どうすべきなのかについてオープンに意見をぶつけ合っていた。

壁が崩壊するとは、ぼくも含めて誰も思ってはいなかった。できるだけ早く独裁体制から解放されて自由に移動できるようになりたい。その気持ちは、痛いほどよくわかった。でもぼくは彼らに、ここで焦ってすぐに国を開放してしまうと、西ドイツの好きなようになるだけ。西ドイツの植民地になってしまうぞと警告せざるを得なかった。でも誰一人として、ぼくの警告に耳を傾けようとはしなかった。

ぼくはペーターとインガーと一緒に歩きながら、これまで自分が警告してきたことが今回も確認されたかのような気分でいた。ぼくにとって、ノイエス・フォーラムの代表が「新しい社会主義を目指す」と主張したのは新しいことだった。西ドイツに頼らず、自力で東ドイツを改革しようということだ。だが、反体制派として民主化運動を進めているのは長髪で長い髭を生やした世間離れした感じのインテリが中心だ。彼らにそんなに政治力があるだろうか。改革は思う通りに実現できるだろうか。市民は実際に改革が実現されるまでどの程度待てるのだろうか。

ぼくが頭の中でこう思案していると、ペーターとインガーはぼくに今晩のことをどう思ったかと聞いてきた。二人とはすでに、民主化問題について何度となく話したことがある。その都度、ぼくの警告も聞かされていた。ぼくは、「市民が情報を得る機会を得て、お互いに対話するのはたいへん大切だと思った」といった。「でも、それがこれからどういう成果をもたらすのか、ぼくにはわからない」と、付け加えざるを得なかった。それが、ぼくの本音だった。何か変わらざるを得ないのはわかっていた。しかしそれをどう実現すべきなのか、誰にも想像できなかった。壁が崩壊することも誰にも予想できなかった。

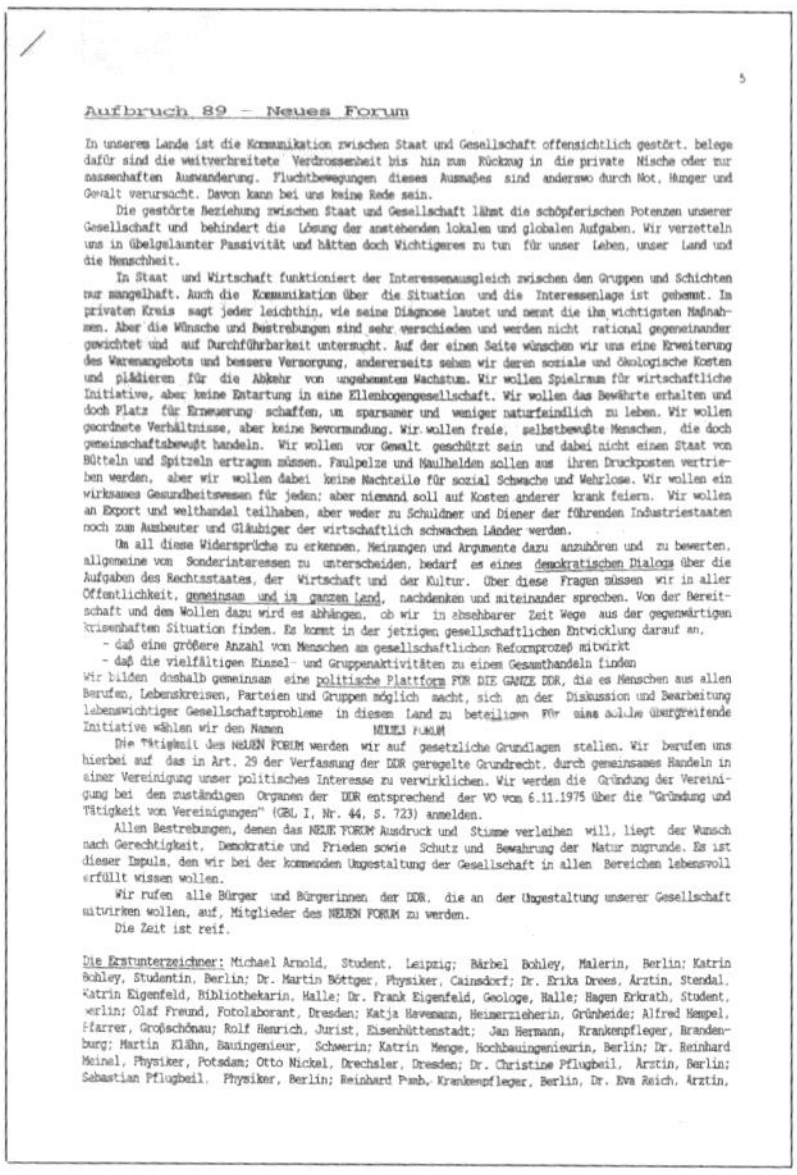

5

Aufbruch 89 – Neues Forum

In unserem Lande ist die Kommunikation zwischen Staat und Gesellschaft offensichtlich gestört. belege dafür sind die weitverbreitete Verdrossenheit bis hin zum Rückzug in die private Nische oder zur massenhaften Auswanderung. Fluchtbewegungen dieses Ausmaßes sind anderswo durch Not, Hunger und Gewalt verursacht. Davon kann bei uns keine Rede sein.

Die gestörte Beziehung zwischen Staat und Gesellschaft lähmt die schöpferischen Potenzen unserer Gesellschaft und behindert die Lösung der anstehenden lokalen und globalen Aufgaben. Wir verzetteln uns in übelgelaunter Passivität und hätten doch Wichtigeres zu tun für unser Leben, unser Land und die Menschheit.

In Staat und Wirtschaft funktioniert der Interessenausgleich zwischen den Gruppen und Schichten nur mangelhaft. Auch die Kommunikation über die Situation und die Interessenlage ist gehemmt. Im privaten Kreis sagt jeder leichthin, wie seine Diagnose lautet und nennt die ihm wichtigsten Maßnahmen. Aber die Wünsche und Bestrebungen sind sehr verschieden und werden nicht rational gegeneinander gewichtet und auf Durchführbarkeit untersucht. Auf der einen Seite wünschen wir uns eine Erweiterung des Warenangebots und bessere Versorgung, andererseits sehen wir deren soziale und ökologische Kosten und plädieren für die Abkehr von ungehemmtem Wachstum. Wir wollen Spielraum für wirtschaftliche Initiative, aber keine Entartung in eine Ellenbogengesellschaft. Wir wollen das Bewährte erhalten und doch Platz für Erneuerung schaffen, um sparsamer und weniger naturfeindlich zu leben. Wir wollen geordnete Verhältnisse, aber keine Bevormundung. Wir wollen freie, selbstbewußte Menschen, die doch gemeinschaftsbewußt handeln. Wir wollen vor Gewalt geschützt sein und dabei nicht einen Staat von Bütteln und Spitzeln ertragen müssen. Faulpelze und Maulhelden sollen aus ihren Druckposten vertrieben werden, aber wir wollen dabei keine Nachteile für sozial Schwache und Wehrlose. Wir wollen ein wirksames Gesundheitswesen für jeden; aber niemand soll auf Kosten anderer krank feiern. Wir wollen an Export und welthandel teilhaben, aber weder zu Schuldner und Diener der führenden Industriestaaten noch zum Ausbeuter und Gläubiger der wirtschaftlich schwachen Länder werden.

Um all diese Widersprüche zu erkennen, Meinungen und Argumente dazu anzuhören und zu bewerten, allgemeine von Sonderinteressen zu unterscheiden, bedarf es eines demokratischen Dialogs über die Aufgaben des Rechtsstaates, der Wirtschaft und der Kultur. Über diese Fragen müssen wir in aller Öffentlichkeit, gemeinsam und im ganzen Land, nachdenken und miteinander sprechen. Von der Bereitschaft und dem Wollen dazu wird es abhängen, ob wir in absehbarer Zeit Wege aus der gegenwärtigen krisenhaften Situation finden. Es kommt in der jetzigen gesellschaftlichen Entwicklung darauf an,

- daß eine größere Anzahl von Menschen am gesellschaftlichen Reformprozeß mitwirkt
- daß die vielfältigen Einzel- und Gruppenaktivitäten zu einem Gesamthandeln finden

Wir bilden deshalb gemeinsam eine politische Plattform FÜR DIE GANZE DDR, die es Menschen aus allen Berufen, Lebenskreisen, Parteien und Gruppen möglich macht, sich an der Diskussion und Bearbeitung lebenswichtiger Gesellschaftsprobleme in diesem Land zu beteiligen. Für eine solche übergreifende Initiative wählen wir den Namen NEUES FORUM

Die Tätigkeit des NEUEN FORUM werden wir auf gesetzliche Grundlagen stellen. Wir berufen uns hierbei auf das in Art. 29 der Verfassung der DDR geregelte Grundrecht, durch gemeinsames Handeln in einer Vereinigung unser politisches Interesse zu verwirklichen. Wir werden die Gründung der Vereinigung bei den zuständigen Organen der DDR entsprechend der VO vom 6.11.1975 über die "Gründung und Tätigkeit von Vereinigungen" (GBL I, Nr. 44, S. 723) anmelden.

Allen Bestrebungen, denen das NEUE FORUM Ausdruck und Stimme verleihen will, liegt der Wunsch nach Gerechtigkeit, Demokratie und Frieden sowie Schutz und Bewahrung der Natur zugrunde. Es ist dieser Impuls, den wir bei der kommenden Umgestaltung der Gesellschaft in allen Bereichen lebensvoll erfüllt wissen wollen.

Wir rufen alle Bürger und Bürgerinnen der DDR, die an der Umgestaltung unserer Gesellschaft mitwirken wollen, auf, Mitglieder des NEUEN FORUM zu werden.

Die Zeit ist reif.

Die Erstunterzeichner: Michael Arnold, Student, Leipzig; Bärbel Bohley, Malerin, Berlin; Katrin Bohley, Studentin, Berlin; Dr. Martin Böttger, Physiker, Cainsdorf; Dr. Erika Drees, Ärztin, Stendal, Katrin Eigenfeld, Bibliothekarin, Halle; Dr. Frank Eigenfeld, Geologe, Halle; Hagen Erkrath, Student, Berlin; Olaf Freund, Fotolaborant, Dresden; Katja Havemann, Heimerzieherin, Grünheide; Alfred Hempel, Pfarrer, Großschönau; Rolf Henrich, Jurist, Eisenhüttenstadt; Jan Hermann, Krankenpfleger, Brandenburg; Martin Klähn, Bauingenieur, Schwerin; Katrin Menge, Hochbauingenieurin, Berlin; Dr. Reinhard Meinel, Physiker, Potsdam; Otto Nickel, Drechsler, Dresden; Dr. Christine Pflugbeil, Ärztin, Berlin; Sebastian Pflugbeil, Physiker, Berlin; Reinhard Pumb, Krankenpfleger, Berlin, Dr. Eva Reich, Ärztin,

ノイエス・フォールムの設立文。下に、共同署名者の氏名が並んでいる

ぼくはペーターとインガーから、よく民主化運動グループのアピール文のビラ

をもらった。ビラはもらっては、仕事場に持ち帰ってコピーしていた。そのコピーをペーターとインガーと一緒に、民主化運動家と見られる市民に届けていた。ぼくは、ビラのコピーを渡しにいった市民の多くが東ドイツでも中流以上のいい暮らしをしていて、第一線ではないがその次くらいのエリート層ではないかという印象を受けていた。そういう市民はしたたかそうに見えて、保守的で自分の利益だけを追求するようなタイプにしか見えなかった。実際にアピール文を書いて、民主化運動を主導している長髪に長いあご髭を生やした純粋なインテリ層とは対照的だった。ぼくには、そのギャップがちょっと不安だった。

それがどういうことを意味するのか、当時のぼくにはよくわからなかった。

一一月四日、ベルリン

一〇月九日のライプツィヒの月曜日デモをきっかけに、民主化を求めるデモが東ドイツ全国に広がっていった。全体で、三二〇カ所においてデモが行われたという。東ドイツの首都ベルリン（東ベルリン）では、すでに述べたように一〇月七日の建国記念日に反体制派と治安当局が衝突した。だがそれ以降、大きなデモは起こっていない。東ベルリンで大きなデモと集会があったのは、一一月四日になってからだ。

一一月四日のデモと集会は、俳優など文化人のイニシアチブで当局の許可を得て実施された。まず、東ベルリン中心のアレキサンダー広場からカール・リープクネヒト通りを通って国会議事堂である共和国宮殿に向かってデモがあった。たくさんの市民が自分で造った横断幕を掲げていた。横断幕

国会議事堂のある共和国宮殿横をデモする東ドイツ市民
（筆者撮影）

には、「権力を渡せ」、「民主主義を今」、「独裁政治はもうごめん」、「ゴルビー、ありがとう」など、思い思いのスローガンが書かれていた。デモに参加した市民は、生まれてはじめて公然と本音を発することができたのではないだろうか。私服の秘密警察員だと見られる人たちがたくさん、デモ隊の通る沿道で黙ってデモを見守っていた。デモ周辺の集合住宅の屋上にも人影が見える。これも、秘密警察員に間違いない。治安当局がデモを鎮圧する気配はなく、デモは平和裡に進行していた。

　カール・リープクネヒト通りをそのまま真っ直ぐウンター・デン・リンデンに入ると、その先は東西ベルリンを分割するブランデンブルク門に至る。当局は、デモ隊がそのままブランデンブルク門の方向に進んで東西ベルリン国境線を突破しようとするのを一番恐れていた。そのため、ウンター・デン・リンデンに入る手前では警官隊が横一列に並んで厳重に警備している。デモ隊は一旦ウンター・デン・リンデン手前で、共和国宮殿前の広場に入って集結した。メインの集会場はアレキサンダー広場だ。ぼくは、共和国宮殿を後にしてアレキサンダー広場へ向かった。

アレキサンダー広場には、すでにたくさんの市民が集まっていた。集会場は、人が溢れんばかりになっている。この日、五〇万人がデモと集会に参加したといわれる。ぼくが集会場に着いた時には、すでに演説がはじまっていた。ぼくは、群衆の一番後尾に立っているしかなかった。演台は、トラックの荷台に作られた仮設の演台だった。最後尾からは、いくら背伸びをしても演説者の姿は見えない。

その辺りをうろうろしていると、反戦博物館／平和図書館のベアントとヨッヒェンが並んで演説を聞いているのを見つけた。二人の邪魔をしないように、まずは「ハロー」とだけ声をかける。ぼくは二人の横に立って、スピーカーから出る演説者の声だけを黙って聞いていた。少し経ってから、二人に集会をどう思うかと聞いてみる。ベアントとヨッヒェンは互いに顔を見合わせて、肩をすくめた。二人の表情は冴えず、懐疑的な感じだ。「これからどうなると思う？」と聞くと、ベアントが「わからない。想像がつかない」と答えるだけだった。

あれから二〇年ほど後に、あの時どう思っていたのか、もう一度ヨッヒェンに聞いてみた。ヨッヒェンは、たいへん悲観的だったという。これからどうなるのか不安な気持ちで一杯だった。民主化を主導するノイエス・フォールムで活動する市民のことは、前々から個人的にもよく知っていた。ヨッヒェンには、ノイエス・フォールムの考えでうまくいくとは思えなかったという。

ぼくは、集会場の市民の反応をもっと見たかった。その場を離れて、会場を歩き回りながら集会を観察していた。ベルリンでの集会では、ホーネッカー後の社会主義体制の下で東ドイツを改革すると主張する新しい政府の要人が市民の前ではじめて演説した。ギュンター・シャボウスキー（当時ベルリン県党書記長で、直後に東ドイツ新体制の報道官となる）、マアクス・ヴォルウ（秘密警察を統括する元国家安全保障省副大臣）、マンノレード・ゲアラッハ（当時国家評議会副議長で、その後東ドイツ最後の国家評議会議長）などの演説に、市民がどう反応するのか興味があった。想像していた通り、彼らの演説にはあちこちからヤジが飛ぶ。ピーピーと口笛で妨害される。市民から信頼を得るどころか、まったく相手にされていないといってよかった。

ぼくは、文化人主導で実現したデモ集会に納得していなかった。このデモ集会は、東ドイツ市民が当局から認められてはじめて公然と自由に発言できる場であったはずだ。それは、これまでの民主化運動の中でも画期的なことだった。でもなぜ、ノイエス・フォールムなど反体制派の民主化運動グループが主導するデモ集会とならなかったのか。これまで民主化運動が電光石火に発展してきたのは、民主化運動グループと一般市民の力によるものだ。文化人が上から煽動してきたものではない。なぜ、文化人なのか。演台で演説したのは、シュテフィー・シュピーラ（女優）、ウルリヒ・ミューエ（俳優）、ヤンヨーゼフ・リーファース（俳優）、シュテファーン・ハイム（作家）、クリスタ・ヴォルフ（作家）、ハイナー・ミュラー（劇作家）などの著名文化人だ。これら文化人は俳優として、作家としてたいへん立派な業績を残している。それについて、とやかくいうつもりはない。でも、文化人は独裁体制下で特権を得てきたのではないのか。反体制的な文化人であっても、体制と妥協してきたから活躍できたのではないのか。

疑問が、頭の片隅から消え去ることがなかった。それに対して、民主化運動から演台に立ったのは二六人中、マリアンネ・バートラー（民主化運動家）、イェンス・ライヒ（化学者、ノイエス・フォールム）、フリードリヒ・ショアレマー（神学者、反体制派）の三人だけだった。

演説者は次から次に演台に上がって、五分から一〇分と短い話をした。その中でも、市民の気持ちを最も的確に語ったのは、当時七六歳だった作家のシュテファーン・ハイムではないだろうか。シュテファーンはまず、「長い間、精神的にも、経済的にも、政治的にも停滞し、陰鬱で沈滞した長い年月が続いた後、今は窓を押し開けたかのようだ」と、文学的に現状を描写する。そして「われわれはこの数週間の間で、無言でいることを乗り越え、今正直にものいうことを学ぼうとしているところだ」と、勇気と希望を表現することで市民の心をつかんだ。

シュテファーンは、戦時中に米国へ亡命したユダヤ人作家。戦後東ドイツに戻り、反体制派作家として体制と戦い続けた。東ドイツで民主化運動が活発になると、民主化運動を支持して社会主義下での東ドイツの改革を訴えた。統一後の一九九四年の連邦議会（下院）選挙で、東ドイツ独裁政党の後継政党となったドイツ民主社会党（ＰＤＳ）の支持を得て、無所属で当選。国会の規定にしたがい、選挙後はじめて開会される一一月の連邦議会において最長老国会議員として開会の辞を述べた。シュテファーンは開会の辞で、「元東ドイツのたくさんの市民たちは、人生で達成した業績が十分に評価されなかったり、ほとんどその価値が認められず、市民として有効に働く場をもらえないことに対して、ただ無駄に抗議しているわけではない。いかなる制限があろうと、お金がすべてではなかった（東ドイツ市民の）人生を見くびらないでほしい」と、東ドイツ市民の気持ちを代弁しなければならなかった。しかし、東ドイツ独裁政党の後継政党の支持を得て当選したことから、シュテファーンの開会の辞は連邦議会の公報には掲載されなかった。まったく異例なことだった。

シュテファーンは一年後、国会議員の報酬を引き上げるための憲法改正に反対して議員を辞職。

二〇〇一年一二月、イスラエル滞在中に死亡した。現在、ベルリンのユダヤ人墓地で眠っている。

西側メディアの役割

一一月四日の集会の演説は午前一一時半頃にはじまり、午後二時半頃に終わった。後で知ったのだが、この間一一月四日の集会は東ドイツの国営テレビで生中継されていた。これは、驚くべき変化だった。それまで東ドイツのメディアが、民主化を求める反体制派の運動やデモについてまったく報道したことがなかったからだ。

秘密警察シュタージに押収された反体制派が使っていた簡易印刷機（シュタージ博物館で筆者撮影）

現在のネット時代と違い、当時はフェイスブックやツイッター、携帯電話はなかった。東ドイツでは、一般市民はパソコンやプリンターどころか、コピー機も電動式タイプライターも利用することができなかった。固定電話も、一般家庭では持っているほうが少数派だった。こうしたとてつもない非情報化社会において、反体制派がどうやって市民に情報を伝えていくのか。それが、大きな課題だった。民主化運動を進める反体制派にとって、市民に情報を伝える手段は口コミかビラを配る以外、その他に効率のいい手段はなかった。問題は、ビラを配るにもどうやってビラを造るかだった。ビラをタイプ打ちしたところで、それを複製するコピー機がない。手動の小さな簡易印刷機が、どこにでもあるというわけではない。印刷機があっても、当局の目を盗んでたくさんのビラを印刷して配布するのは簡単なことではなかった。

当時アンケは、東ドイツ南部エアツ山地地方にあるシュネーベアクにある専門大学で織物芸術を専攻していた。アンケは民主化運動グループのアピール文を手に入れては、毎晩遅くまでタイプ打ちをしていた。アンケは民主化運動グループのアピール文を手に入れては、毎晩遅くまでタイプ打ちをしていた。コピー機がなかったので、手動タイプライターで何回も同じアピール文を打ち、ビラをつくっていた。複写する唯一の手段は、カーボン紙を使ってタイプ打ちすることだけだった。でもそれでは、せいぜい二、三枚が同時に打ち上がるにすぎなかった。たくさんの市民がアンケのように、民主化を求めるビラのタイプ打ちをして市民に配布していた。

ぼくはペーターとインガーからどうやってビラを造っているのかを聞いた時、あまりに時代遅れなので呆れてしまった。同時に、人々の強い意欲と力に感動した。東ドイツでも、ぼくの働く仕事場にいけば西ベルリンから輸入したコピー機が何台もある。ぼくはペーターとインガーに、新しい民主化のビラを手に入れたらぼくに渡すようにいった。ぼくは毎晩夜遅くまで働き、同僚が大半帰ったのを見計らっては会社のコピー機で民主化のビラを多量にコピーしていた。コピーしたビラは、ベルリンに出た時にペーターとインガーと一緒に民主化グループに配布して回った。

それに対して、東ドイツの民主化運動やデモについて最も効率的に東ドイツ市民に知らせる手段になったのが、西ドイツから流れるテレビニュースだった。南部のドレスデンなど一部を除くと、東ドイツ全国で西ドイツのテレビ放送を受信することができたからだ。東ドイツ市民が国を捨ててハンガリーやオーストリア経由で西ドイツに逃亡していたこと、チェコスロバキアの首都プラハの西ドイツ大使館にたくさんの東ドイツ市民が庇護を求めて押し入っていたことは、西ドイツからのテレビニュースなしには東ドイツ市民に知る術がなかった。

東ドイツ国内で民主化を求める反体制デモが開始されていることも、東ドイツ市民は西ドイツのテレビニュースから知ることになる。九月四日、ライプツィヒで秋の国際見本市がはじまり、その時に反体制派が秘密警察員に攻撃される映像が西ドイツのニュースで放映された。民主化を求めて反体制派グループのノイエス・フォールムができたことも、東ドイツ市民の多くは西ドイツからの報道によって知った。反体制派の活動家にとって、西ドイツのメディアに露出して注目されることは当局から身を守るための手段でもあった。西ドイツのメディアで注目されればされるほど、東ドイツの当局は活動家に無謀に手を出すことができなくなった。

西ドイツ・メディアの報道の中で、東ドイツの民主化運動において最も大きな影響を与えたのは、一〇月九日にあったライプツィヒでの月曜日デモの映像だった。当日、西側のメディアはライプツィヒで取材する許可をもらえないどころか、ライプツィヒに入るのも認められなかった。それにも関わらず、ライプツィヒで起こった巨大デモの映像が翌朝、西ドイツの公共放送第一チャンネル（ARD）のニュースで流れる。東ドイツ市民は、自国で民主化のうねりが怒濤の如く動き出しているのを知った。

その立役者となったのは、西ドイツと東ドイツの四人のジャーナリストだった。ローラント・ヤーンは東ドイツ出身。反体制派ということで一九八三年に、当局によって強制的に国外追放させられた。その後西ベルリンでフリージャーナリストとして活躍しながら、東ドイツの反体制派を支援していた。ジークベアト・シェフケは東ドイツのテレビカメラマン。同じく東ドイツのフォトカメラマンのアラーム・ラドムスキーと一緒に、ローラントが当局の目を盗んで渡してくれたカメラで東ドイツの環境汚染のひどい状況についてルポルタージェを制作していた。それを、ローラントなど西ドイツのメディア関係者に送っていた。

一〇月七日の東ドイツ建国四〇周年を前に、ジークベアトは東ベルリンで自宅監禁状態にされる。秘密警察員が自宅前で、ジークベアトが外出しないように厳重に監視していた。しかしジークベアトは九日午前、監視の目を盗んで自宅のある集合住宅の屋根から抜け出した。近くで車の中で待機していたアラームと一緒に、カメラを持ってライプツィヒへ向かった。

二人は最初、ライプツィヒ中央駅近くの集合住宅に忍び込んで撮影しようとしていた。しかし管理人から、秘密警察員が監視していると警告されて諦める。二人は、近くの改革派教会の塔から撮影するのがいいと思った。教会の牧師（ハンスユアゲン・ジーファース）に事情を説明。ハンスユアゲンは何ら躊躇することなく、二人のジャーナリストを教会の塔に入れた。

こうして、東ドイツの民主化運動で大きな転機をもたらすライプツィヒの月曜日デモがテレビカメラで捉えられることになる。撮影されたのは一六分の映像。二人はデモが終わってもすぐには外に出ず、教会の塔の中に潜んでいた。二人は時機を見計らって、中央駅近くのホテルにいった。ホテルには、本来ライプツィヒにいてはならないはずの西ドイツの政治雑誌『シュピーゲル』の記者ウルリヒ・シュヴァアツが東ベルリンからきて待っていた。貴重な素材の入った映像テープが、ホテル入口の回転ドアの中で東西ドイツのジャーナリストが他人のようにすれ違う時に、こっそりとウルリヒに手渡された。ウルリヒは、すぐに東ベルリンに戻る。テープを下着の下に隠し、国境検問所から西ベルリンに出た。

西ベルリンでは、ローラントが首を長くして素材テープを待っていた。ローラントはすぐにテープを視聴。東ドイツの体制がこれで倒れると思ったという。北京の天安門事件のようにならず、当局が武力行使しなかったことに安堵した。

ローラントが手にしたテープは編集され、翌一〇日第一チャンネルARDの朝ニュースで放映された。一〇月九日ライプツィヒで起こった出来事は、こうして東ドイツ市民の知るところとなる。

それ以降、東ドイツのメディアは自国で起こっていることに沈黙を続けることができなくなる。二日後の一一日、東ドイツ独裁政党の自由ドイツ青年団の中央機関紙『ユンゲ・ヴェルト』紙には、九日にニコライ教会で「平和の祈り」をはじめて体験した青年の記事が掲載された。その他の新聞でも、投書欄に体制に対する批判的な投書が掲載されるようになった。一一月四日にベルリンで行われた集会が東ドイツの国営テレビで生中継されたのは、当然の成り行きだった。

新しい旅行法

一一月九日、一八時から東ドイツ政府の記者会見が予定されていた。会見には、はじめて国外メディアも招待されていた。会見は、東ドイツの国営放送で生中継される。会見に出席したのは、ベルリン県第一書記で、党の政治局員としてメディア担当中央委員会書記になったばかりのギュンター・シャボウスキーだった。ホーネッカー後の新体制の報道官だ。ギュンターは新体制になって、反体制派グループのノイエス・フォールムと対話したり、ベルリンの赤い市庁舎前で一般市民と対話しようとするなど改革を試みていた。一一月四日にベルリンで行われた反体制派集会でも、たくさんの市民を前に演説する。ホーネッカー後の新体制がそれまでの体制とは違うことをアピールしようとしていた。

ギュンターには記者会見の直前になって、当日九日にそれまで中央委員会で審議された新しい旅行法案決議の内容について書かれた二枚のメモが渡される。ギュンターも本来は、その審議に出席していなければならなかった。だがメディアのインタビューなどの対応に追われ、出席できなかった。だからギュンターは、新しい旅行法の決議内容をよく知らなかった。しかしクレンツ新国家評議会議長から、新しい法案決議の内容について会見で話すように簡単に指示されていた。

記者会見は特別に新しいこともなく、まもなく終ろうとしていた。一九時少し前になって、途中から会見場に入って演壇前の床に座っていたイタリア通信社の記者が突然、新しい決議について質問する。ギュンターは手元に持っていた決議に関する二枚のメモに目をやりながら、東ドイツ市民が今後警察の旅券発行課で簡単に出国ビザを取得できるようになると説明した。出国ビザがあれば、東ドイツ市民は東西ドイツ、東西ベルリンにある検問所からいつ何時でも出国できるようになるという。西ドイツのテレビ記者がすぐに、旅行法はいつから施行するのかと質問した。ギュンターは手元のメモをめくりながら、「わたしの知っているところでは、すぐにだ」と答える。記者会見は、一九時に終わった。

ギュンターは法案がまだ政府の決議でしかなく、法律として成立していないことを理解していなかった。手渡されたメモには、メディアに対して翌日四時半までこれについて報道してはならないと伝えなければならないと書いてあった。ギュンターは、それを見逃していた。警察にいってビザを取得しなければならないのだから、実際にビザを取得できるのは翌日朝になってからだ。ギュンターは、実際に東ドイツ市民が国境を超えて出国できるようになるのは早くても翌朝からだと思っていた。

◉東ドイツの新しい旅行法に関する閣僚評議会決議

ドイツ民主共和国からの旅行と永久出国のための規則に関する一九八九年一一月九日のドイツ民主共和国閣僚評議会決議

＊決議書の規則の部分だけを抜粋、カッコ内は筆者

ドイツ民主共和国（東ドイツ）市民がチェコスロバキアを経由してドイツ連邦共和国（西ドイツ）に永久出国する状況を変えるため、以下を決定する。

1. ドイツ民主共和国市民が国外に旅行することに関する一九八八年一一月三〇日の命令は、新しい旅行法が施行するまで適用しない。

2. ドイツ民主共和国からの旅行、永久出国することに関し、以下の規則を直ちに施行する。

a）国外への個人旅行は、そのための前提（旅行の理由、親戚関係）がなくても申請することができる。（申請後）そのための許可を速やかに出すものとする。それを拒否する理由は、特別な例外を除き認めない。

b）各郡のドイツ民主共和国人民警察署パスポート住民登録課は、永久出国に必要な前提が整っていなくても、速やかに永久出国ビザを出すものとする。

c）永久出国は、ドイツ連邦共和国ないし西ベルリンに通じるすべてのドイツ民主共和国国境検問所からできるものとする。

d）それに伴い、ドイツ民主共和国国外代表部（領事部）が仮出国許可を出すことができるとした仮の措置と、ドイツ民主共和国身分証明書を携帯して第三国経由で永久出国できるとする措置は、無効となる。

3. この規則については、一九八九年一一月一〇日にプレスリリースを発表するものとする。

＊出典：シュタージ文書管理機関（BStU）HP, http://www.bstu.bund.de/DE/Wissen/DDRGeschichte/Revolutionskalender/November-1989/Dokumentenseiten/09-November_a

会見後すぐに西側のメディアは、「東ドイツが国境を開放」と速報を打ちはじめる。世界中に激震が走った。西ドイツ第二チャンネルZDFの一九時のニュースでは、すでに会見の映像が放映された。第一チャンネルARDの二〇時のニュースでも、ベルリンの壁が崩壊したとのニュースが流れた。しかし出国にビザが必要なことは、どのメディアも報道していなかった。ARD夜一〇時のニュースでは、「東ベルリンの国境がすでに開けられた」とまで報道している。

西ドイツのテレビニュースを見た東西ベルリンの市民が、我先に国境検問所のあるところに押し掛けはじめる。西ベルリンの市民は、歴史的な瞬間を体験するために。東ベルリンの市民は、出国する自由を満喫するために。こうして、想定外のベルリンの壁が崩壊するドラマができあがっていく。

このドラマの立役者の一人となったギュンターは壁崩壊後、政治局員を辞任。一九九五年一月には、当時の政治局員の一人として東西ドイツ国境で逃亡しようとして射殺された市民に対する共同責任があるとして提訴される。一九九七年八月、禁錮三年の有罪判決を受けた。控訴したものの、「犠牲者の親族に陳謝したい」と道徳上の責任を認めた数少ない元政治局員だった。一九九九年一一月に刑が確定し、翌一二月ベルリン郊外の刑務所で服役する。日中の外出が認められる緩い禁錮刑だった。翌年九月ベルリン市長の恩赦で、受刑期間一年弱で刑期を終えた。

その後心筋梗塞と脳梗塞を何回も患い、現在、ベルリン市内の特別擁護施設で老後を送っている。

一一月九日、ベルリンの壁を開けた兵士

ギュンターの記者会見後夜が深まるにつれ、東西ベルリンの国境検問所にはたくさんの市民が集

まってきた。特に東ベルリン市民が集中したのは、東ベルリン北西部のボーンホルム通りの国境検問所だった。検問所が東ベルリンの繁華街の一つシェーンハウザー・アレーに近く、パンコウ地区など住宅街から遠くないからではないかと思われる。トラムや地下鉄、Sバーン（高速都市鉄道）の公共交通を利用していきやすい場所でもあった。

一一月九日夜から翌朝までボーンホルム通り検問所の責任者は、ハーラルト・イェーガー中尉だった。ハーラルトは一八時からの記者会見の中継を見ながら、職員食堂で夕食を取っていた。ハーラルトは会見には関心がなく、いいかげんにしか聞いていなかった。ハーラルトは、数日前に伝えられていた旅行法案の内容はすでに知っていた。でもそれは、まだ古い内容のものだった。その後九日に中央委員会で決定された旅行法案の新しい決議内容は、ハーラルトにはまだ知らされていなかった。ハーラルトは旅行法案のことで、東ドイツ市民の出入国を可能にするには新しいスタンプを用意する必要がある、検査官をそれに対応できるように教育する必要があるなど、現場にはすぐに実施できない問題がいくつもあると思っていた。夕食を取りながら、上層部はどうするつもりなのかと思いを巡らせていた。

ふと、法律はいつ施行するのかという質問がハーラルトの耳に入った。そして、「わたしの知っているところでは、すぐにだ」という報道官の声が聞こえた。ハーラルトは耳を疑った。「すぐに」とは何をいっているんだ。ハーラルトはすぐに、電話で上司に問い合わせる。上司は、「記者会見で発言されたことは何でもない、これまで通りでいい」といった。ハーラルトは実際に出国しようとする市民がきているかどうか確認するため、出国用通路を監視する部下に状況を聞きにいく。部下は事情をまったく知らず、変わったことがないと答えるだけだった。ハーラルトは部下に、これまで通りやるように指示して戻った。

時間が経つにつれ、出国しようとする市民が次から次に集まってくる。市民の一部が「出国させろ！」と叫び出す。ハーラルトは、繰り返し電話で上司に指示を仰ぐ。しかし、指示はなかった。体制首脳がこの事態に何も準備していなかったのだから、当然だった。

二一時半頃ハーラルトは、あまりにもたくさんの市民が集まっているので検問所自体を安全に管理できなくなると判断。上層部につながる警報ボタンを押した。ハーラルトはそこではじめて、上司から市民を出国させるようにと具体的な指示を受ける。出国者の身分証明書にスタンプを押し、スタンプの押された身分証明書を持っている者は再入国させるなという内容だった。出国したい者は国外追放するということだった。

こうして一部市民は、すぐに出国できるようになる。でも、一人一人身分証明書にスタンプを押しているので、検問所に押し掛けたたくさんの人々を処理しきれない。検問所に通じる通路は市民で溢れるばかり。今すぐにでも破裂してしまいそうな状態だった。検問所に通じる道路も車、車で渋滞していた。

集まった市民は、なかなか出国できないのでイライラしている。検問所警備兵士を襲って、ピストルを奪ってしまうことも考えられた。ハーラルトは、部下が長時間ピリピリした緊張状態に置かれているので、突発的に銃を取って撃ってしまうのではないかとも心配していた。一触即発の緊迫した状態だった。

ハーラルトは、一旦出国させた市民が再入国しようとして戻ってくるのも恐れていた。すでに数人の市民が再入国しようと検問所に戻ってきていた。一人は女性だった。子どもを寝かせて出てきていた。明朝子どもを起こして学校にいかせるためには、もう帰宅しないといけないという。女性の身分証明書には、出国スタンプが押してあった。もう一人の男性は郵便配達員だった。男性の身分証明書にはスタンプが押されていない。検査官がどさくさで押し忘れたようだ。この状態で男性を再入国させ、女性を再入国させないわけにはいかない。ハーラルトは部下に、スタンプの有無に関わらず、すべての市民を再入国させるよう指示するしかなかった。

ハーラルトは監視モニターのあるモニター室にいった。モニターのどこを見ても、人影しか写っていない。近くにいる部下に、何人いるだろうかと聞いた。部下は、三万人ほど集まっているのではないかといった。ハーラルトはこの状況では、上司はもう当てにならず自分の独断で決断せざるを得ないと腹を決める。ハーラルトはまず部下に、すべての検問窓口にある書類、物品を撤去し、金庫など安全な場所に保管するよう指示した。それから、出国ゲートへと向かった。

出国ゲートでは、市民が「ゲートを開けろ！」とシュプレヒコールをあげている。ハーラルトは部下が検問窓口から必要なものを持って戻ってくるのを確認した後、ゲート担当の部下に門を開けるよう指示した。二三時半頃だった。

市民は大歓声をあげながら、西ベルリンへ向かっていく。市民の中には、うれしさの余り、ゲート脇に立ったまま呆然と成り行きを見守る国境警備兵士に抱きつく者もいた。

ハーラルトの決断をきっかけに、東西ベルリンの国境検問所が次から次へと開けられていく。ベルリンの壁はその意味を失った。極度に緊迫した状態で、市民と国境警備兵士の間で何も起こらなかったのは奇跡に近かった。

ハーラルトはすぐに、電話で上司に事態を伝えた。上司は深いため息をついて、「よし、わかった」

といった。

東側から見た現在のボーンホルム通り。この先の橋を渡ると西ベルリンだった。道路脇には、当時を記録する写真が展示されている（筆者撮影）

25年後の2014年11月9日夜、市民はボーンホルム通り国境検問所のあった地点に集まってきた。後方の白い風船は、当時の壁をイメージしたもの（筆者撮影）

まもなく〇時になろうとしていた。ハーラルトは一人で静かになってこれまでの緊張から解放されたかった。一人になるため、ある一室に入った。だがそこには、すでに部下が一人いた。ポロポロ涙を流している。ハーラルトも同じ気持ちだった。自分たちが正しいと信じてやってきたことが、今崩壊しようとしていると感じたからだ。しかし、部下に自分の弱さを見せるわけにはいかない。ハーラルトは必死の思いで涙をこらえた。

それから数日後、軍の検察当局がハーラルトに対して執務違反の捜査を開始した。ハーラルトは壁を開けた国家反逆者として逮捕され、軍事法廷で裁かれる可能性があった。だがこの日を境に、東ドイツの体制も壁とともに崩壊していく。ハーラルトは、裁かれずに済んだ。

ハーラルトはその後、一時国境警備隊員として働いていた。だが、東西ドイツ統一とともに国境警備隊は不要となる。ハーラルトは失業した。その後は職を転々とし、現在年金で細々と暮らしている。

でも、ハーラルトは自分が決断したことを後悔していない。

2章　民主主義への道

市民は一つになったが

セバスチャンは、東ドイツの民主化運動で大きな役割を果たした「ノイエス・フォーラム」の共同設立者の一人。一一月九日は、ベルリン・アレキサンダー広場近くであった集会に参加していた。帰宅後は、疲れ果ててそのままベッドに入って寝てしまう。

電話が鳴って起こされた。深夜二時頃だった。セバスチャンは、仕方なく起き上がって受話器を取った。イスラエルのジャーナリストからだった。ジャーナリストは、ベルリンの壁が開いたが、どう思うかという。セバスチャンは、壁が開いたことをまだ知らない。信じられない。夢でもみているのだろうか。すぐにラジオとテレビをつけ、はじめて壁が開いたことを知った。

当時セバスチャンら反体制派として民主化運動をしていた市民は、ベルリンの壁を崩壊させるために活動していたわけではなかった。社会主義の下で東ドイツの政治と社会を民主的に改革しなければならない。秘密警察「シュタージ」を廃止して、言論の自由と移動の自由を実現する。そのためには、国家と市民、市民と市民同士が対話する必要がある。そう思っていた。

ノイエス・フォーラムが立ち上がったのが一九八九年九月九日。それからベルリンの壁が崩壊する一一月九日までの二カ月の間、民主化を求めてデモに出た東ドイツ市民の願いは東ドイツを改革することで一致していた。誰か特定の人物が民主化運動のリーダーとなったわけではない。将来の政治を誰がリードするのかということも考えていなかった。市民みんなが今のままではダメ。東ドイツを改革しないと将来はない。東ドイツを変えるという一つの目的のために走っていただけだった。

セバスチャンはこの時ほど、市民同士で東ドイツの将来について政治的な議論をしたことはなかったという。

東ドイツを改革するにも、課題が山積みされていた。セバスチャンは壁の開いた二日後、西ベルリンの地元公共放送「ベルリン自由放送」のテレビ番組に呼ばれていた。番組は壁の崩壊ではじまる前から熱気に溢れ、お祭り騒ぎだった。セバスチャンは番組で壁崩壊後のことを聞かれ、壊滅的な経済状態や深刻な環境汚染など東ドイツの抱える課題の数々について話した。番組全体が一瞬のうちにシーンとなる。歓喜から悲観的な雰囲気に一転してしまった。

セバスチャンは、東ドイツの現実をよく知っていた。しかしセバスチャンには、この時すでに東ドイツを改革して民主化しようとするセバスチャンらインテリ層と一般市民の間に深い溝ができていたことは、予想もしていなかった。いや、見ようとしていなかったといったほうがいいかもしれない。

市民委員会の誕生

市民が民主化で望んでいたことの一つは、秘密警察「シュタージ」の監視と抑圧から解放されることだった。一〇月九日のライプツィヒのデモでも、市民の一部がシュタージのライプツィヒ県本部の前に終結して、入口前の階段にロウソクを灯した。シュタージの巨大な権力と暴力に対して、非暴力で無言の抗議をしたのだった。

「シュタージ（Stasi）」とは、東ドイツの国家安全保障省の略称。独裁体制が市民を監視、弾圧して権力を維持していくための秘密警察機関だった。シュタージは自身の職員ばかりでなく、一般市民を秘密警察の協力者に使って、反体制派など独裁体制国家に危険となる人物を監視させ、情報を提供させていた。ベルリンの壁が崩壊しても、この巨大な弾圧組織シュタージを倒して解体させない限り、民主化は実現できなかった。ベルリンの壁崩壊後、市民の標的はシュタージに集中する。

ベルリンの壁崩壊後の一一月一三日、旧体制でも改革派として通っていたハンス・モドロウが新しい首相となる。一七日、内閣が成立した。この時、シュタージは「国家安全保障省」から「国家安全保障局」に改名される。単に「省」を「局」に代えて、格下げしただけではない。「国家安全保障」における「国家」の意味を、政治体制という意味での国家（Staat）ではなく、国民も含めた国全体という意味での国家（Nation）に変えた。新政権は当初、秘密警察組織の縮小を考えていたともされる。ただ実際には、表向きに看板を付け替えただけにすぎなかった。

実は、ベルリンの壁が崩壊する前の一一月六日、シュタージの保管する秘密情報文書などを地方支部から各県にある県本部に移すか、破棄するよう指示が出されていた。ベルリンの壁崩壊後も、その指示が実行されている。それまで市民を弾圧してきたシュタージの監視活動の痕跡を、暗黙のうちに抹消させてしまおうとしていたのだった。

シュタージが保管していた秘密情報文書は、とてつもなく莫大な量に上る。そう簡単に破棄できるものではなかった。地方では、市民がシュタージ支部の入っている建物の煙突から煙が出ているのをよく見かけるようになった。本来はゴミを捨てるだけのゴミ堆積場でも、ゴミが焼却され出す。市民は、シュタージの秘密情報文書が破棄されているのではないかと不信を抱きはじめた。シュタージの秘密情報文書が破棄されるのを阻止するため、民主化を求めてきた市民グループはベルリンの壁崩壊後すぐに、シュタージ文書の破棄活動を監視しようというアピール文を市民に配布し出す。

一二月四日は、ライプツィヒで月曜日デモが行われる日だった。この時すでに、ライプツィヒではじまった月曜日デモは全国に波及し、各地で行われるようになっていた。月曜日デモに集まった市民が、各地のシュタージ支部に殺到することが心配された。

東ドイツ南西部のエアフルトでは、市民グループが一二月四日の朝早くから、シュタージの建物や県庁を占拠しはじめていた。そこではじめて、シュタージの秘密情報文書が破棄されているのではないかという疑惑が事実であることが確認される。市民グループは軍の検察官を呼び、文書の保管された部屋や鉄製金庫を封印してもらった。市民は文書の破棄を阻止するため、そのまま建物に閉じこもって監視をはじめた。

市民グループがシュタージの秘密情報文書を保全するために軍の検察官の協力を得たのは、軍のほうが司法当局よりもシュタージの影響を受けていないと見られたからだ。シュタージは、軍や警察当局にとって目の上のたんこぶのような存在だった。そのためベルリンの壁崩壊後、軍や警察当局がシュタージの解体で市民に協力的になる。

ライプツィヒでは、一二月四日の月曜日デモが非暴力で終わるように、ノイエス・フォールムが市民の代表三〇人をシュタージの建物に入れてほしいと、シュタージのライプツィヒ県本部と事前に交渉していた。しかしシュタージ側は、それを拒否する。

夕方、月曜日デモがはじまった。市民がすぐに、シュタージのライプツィヒ県本部の前に集まり出す。最終的には、一五万人の市民がシュタージの解体を求めて集まった。市民は、県本部の建物の中に侵入しようとする。シュタージ側はそこではじめて、市民の代表が建物の中に入って必要な部屋を封印することを認めた。

シュタージの文書が入っていたと見られるシュタージ本部の鉄製金庫（シュタージ博物館で筆者撮影）

この日の夕方、トビアスはたくさんの市民と一緒にシュタージのライプツィヒ県本部の前に立っていた。シュタージ側が立ち入りを認めると、市民の代表の一人として建物の中に入る。文書を保全するため、軍の検察官に文書のある部屋と鉄製金庫を封印してもらった。トビアスはそのまま残り、他の仲間と一緒に夜通しで建物の中で文書がこっそり持ち出されて破棄されないように監視していた。

トビアスは八〇年代中頃から、環境保護運動に参加していた。ライプツィヒの環境が非常に汚染されていたからだ。政治体制がどうのというよりは、自分の生活するライプツィヒの町の環境を守りたい。その一心で環境保護活動をはじめた。「東ドイツというよりは、ライプツィヒで生活することを選んだ」のだから、ライプツィヒの環境を自分が希望するように改善していきたかったという。当時、ライプツィヒの周辺には東ドイツのほとんどの化学産業が立地していた。ライプツィヒ周辺は、東ドイツでも最も環境汚染のひどい地域だった。それを何とかしたい。トビアスは仲間と一緒に、環境保護市民グループを立ち上げた。

トビアスは自分を、政党など政治グループに属する人間ではないと評価する。でもドビアスのきれいな環境に対する願いは、体制側に政治的な要求をしない限り実現できることではない。一九八九年のはじめには、はじめて環境汚染の改善を求めてデモを企画して参加した。その時は、環境のために何かしたいと思ったからにすぎない。トビアスは、環境汚染問題が東ドイツで民主化運動の起こった一つの大きな要因だったという。環境保護運動が反体制派運動へ、民主化運動へと拡大していった。

トビアスは一晩シュタージの建物を占拠すれば済むだろうと、軽い気持ちで建物の中を夜通し監視していた。夜が開けて、それが一晩では済まないことを悟る。シュタージを解体するためには、市民が四六時中建物を占拠して監視する以外にない。市民が交代で建物を監視するには、市民の活動を組織しなければならなかった。

状況は、どこでも同じだった。各地で、市民がシュタージの建物を占拠して、シュタージの監視を続けていく市民の自治組織ができていく。市民が全国で歩調を合わせて、共同で自治組織を結成したわけではない。市民の多くが自宅に電話を持っていなかった時代。全国で活動を調整すること自体が不可能だった。市民それぞれがシュタージを解体するため、地域毎に立ち上がったにすぎない。自治組織の形態も地域によって異なっていた。この市民の自治組織を総称して、後から「市民委員会」と呼ぶようになる。

一部の地方では、市民委員会がベルリンの壁崩壊前から誕生していた。壁崩壊前は、デモを組織したり、市民同士が情報交換するための組織だった。壁崩壊後、市民委員会が市民の自治組織として東ドイツ各地で誕生するようになるのは、シュタージを今ここで倒さないと自由はない、シュタージから早く解放されたいと、市民に強い意志と勇気があったからだ。

一二月四日、エアフルトやライプツィヒをはじめとしてシュタージの建物が市民によって占拠された。それから一週間経つか経たないうちに、各県のシュタージ地方本部はすべて市民によって占拠された。各地の地方支部も次第に市民に占拠されていく。ただその間でも、シュタージは各地で秘密情報文書の一部をこっそり持ち出して破棄していたと見られる。

モドロウ新内閣は一二月一四日、シュタージとその後継の国家安全保障局を解体すると決定した。それに代わって、新しい情報機関を設置するほか、西ドイツの憲法擁護機関に相当する機関も設置することを決定した。

ぼくはシュタージのライプツィヒ県本部のあった建物で、トビアスの話を聞いていた。建物は、建物正面の形から「丸い角」と呼ばれる。現在、建物は博物館となっており、シュタージの秘密情報文書を保管、管理する政府の機関と、ライプツィヒの市民委員会が入居している。

ライプツィヒ市民委員会は、非営利の公益登録団体として今も存続している。ライプツィヒにあるシュタージ関連の建物を博物館や記念館として維持、管理するほか、当時の独裁体制の暴力の過去を伝えるための展示会などを行っている。トビアスはドイツ統一後、シュタージ秘密情報文書を管理する政府機関で働いていた。その後市民委員会に戻り、現在その公益登録団体の理事を務めている。トビアスは、「あの時（一九八九年一二月四日）この建物の前に立っていなかったら、自分は今こうしていないだろう」といった。

各地にあった市民委員会は現在、ライプツィヒのほかベルリンとマグデブアクなど数カ所で活動を続けているにすぎない。

シュタージのライプツィヒ県本部のあった建物。建物の形から「丸い角」と呼ばれる（筆者撮影）

シュタージ本部を占拠

シュタージ解体を実現するためには、各地に誕生した市民委員会がお互いに活動を調整する必要があった。後で述べる円卓会議において、シュタージの解体が政府と市民グループの間で決定されていた。しかし実際には、シュタージの解体は進んでいなかった。シュタージ元職員が、政府が決定した新しい情報機関にそのまま横滑りすることも明らかになっていた。シュタージの建物の占拠をはじめてから一カ月後の一九九〇年一月四日、ライプツィヒではじめて各地の市民委員会の代表が集まって合同の話し合いが行われた。

一月一二日、東ベルリンで市民委員会の二回目の合同会議が行われた。この時はじめて、東ベルリンにあるシュタージ本部がほとんどこれまで通りに活動しているのではないかと指摘される。それにどう対応するかについて話し合うため、二日後の一四日に再び市民委員会の代表が集まった。その席上、民主化グループ「ノイエス・フォールム」が翌一五日夕方に、シュタージ本部前で大きなデモを計画していることがわかった。

シュタージとデモ隊が衝突するのを避けなければならない。市民委員会の代表が一五日午前、シュタージ本部に向かった。シュタージ側は市民委員会の代表を建物に入れ、わざといくつかの部屋を占拠させた。占拠させた部屋は、シュタージにとってどうでもいい部屋だった。

シュタージ本部本館。現在、博物館として公開されている（筆者撮影）

暗くなると、数千人のデモ隊がシュタージ本部前のゲートに押し掛けた。ゲートを開けろという。デモ隊はまもなくして、一〇万人に膨れ上がる。市民委員会の代表は、デモ隊を落ち着かせようとする。しかしデモ隊は、ゲートを開けろとゲートに押し寄せてくるばかり。シュタージ側はゲートを開けるしかなかった。その途端、数百人の市民がシュタージ本部の敷地内に突入。市民の一部は暴力を振るいながら、本部建物の中へ侵入する。建物の一部が破壊され、秘密情報文書が破り捨てられた。シュタージ本部が落城した。東ドイツの民主化運動において、暴力が行使された唯一の瞬間でもあった。

市民の弾圧を命令してきた中心拠点の秘密警察シュタージ本部。その占拠が、なぜ地方から六週間も遅れたのか。シュタージを倒すためには、本部の占拠が最も重要だったはずだ。ライプツィヒ市民委員会のトビアスは、ベルリンの市民委員会が自分たちが国全体を管理する市民委員会だと思い上がって、ぐずぐずしていただけだと糾弾する。

ベルリン市民委員会のペーターは、ベルリン市民委員会よりも地方の市民委員会のほうにシュタージをつぶすことに強い熱意があったと認めざるを得なかった。東ドイツ独裁体制の中心である東ベルリンは特別に優遇され、地方都市に比べて市民の生活レベルが高く、そのぶん反体制派の割合が少なかった。地方の市民委員会と異なり、本部の巨大組織に対して市民だけで占拠することにとてつもなく大きな恐怖もあったという。東西ドイツ国境まで離れていた地方都市と違い、西ベルリンは東ベルリンからは目と鼻の先。ベルリンの壁が崩壊するや、東ベルリン市民はまず西ベルリンを見たい、体験したいという誘惑に勝てなかったのも事実だった。これらいろいろな要因が重なって、シュタージ本部の存在が忘れられていた。ペーターはこう弁明した。

破棄されたと見られる監視対象者登録カードと録音テープ（シュタージ博物館で筆者撮影）

政府は一九九〇年二月、こともあろうに、シュタージの秘密情報文書を破棄することで市民委員会の合意を得る。トビアスもペーターも、どうしてそうなったのかわからないという。市民委員会の間では、文書を破棄すべきかどうかで意見が分かれていたのは事実。市民委員会の過半数が議論することなく、破棄に同意してしまった。政府は後で述べる円卓会議の同意も得て、まずフロッピーディスクや録音テープなどのデータ記録媒体を破棄させる。

シュタージ秘密情報文書の保管と公開

一九九〇年三月一八日に行われたはじめての自由選挙によって、東ドイツにはじめて民主化政権が誕生した。その後は、秘密警察シュタージの解体がスムーズに進むものと思われた。しかし、シュタージの解体や過去の活動の解明に市民が参加することは、ことごとく妨害される。

自由選挙後すぐに、選出された大臣や国会議員の中にシュタージの元職員や協力者だった人物がいるのではないかという疑惑が、東ドイツ全国に広まっていく。市民は、シュタージの暗い過去のある人物が新しい民主国家において責任ある地位に就くのは許すことができなかった。それに抗議するため、三月二九日に各地でデモが行われた。東ドイツ南東部のエアフルトでは、市民委員会が抗議のハンガーストライキを行った。

大臣や議員の身の潔白を証明するにしても、暗い過去を立証するにしても、シュタージの秘密情報文書が必要だ。その過去が記憶されている証拠を隠蔽するため、東ドイツ最初の自由選挙後もたくさんの秘密情報文書が破棄されたと見られる。文書の破棄は、民主国会内にシュタージ問題の特別委員会が設置される一九九〇年六月まで続けられた。特にシュタージの国外での監視活動を記録する文書が、ベルリン市民委員会や円卓会議の同意を得て処分された。民主化運動を主導したノイエス・フォーラムの代表として円卓会議に出席していたセバスチァンによると、実際には円卓会議の治安部会が破棄に同意したにすぎない。円卓会議の本会議では、議論も決議もされなかった。事後報告されただけだったという。同じ手順で、フロッピーディスクや録音テープなどのデータ記録媒体も処分された。

西ドイツ政府は、シュタージの国外活動の実態が明らかになることを嫌っていた。それによって、西ドイツの政治家の過去が曝露される心配があったからだ。東ドイツに民主化政権が誕生した後もまだシュタージの秘密情報文書が破棄されていた背景には、西ドイツ側の思惑があったのは間違いない、とセバスチャンはいう。誰が処分するよう指示したのか、どういういきさつで処分することになったのか、誰も経緯を知らないまま処分されていた、と当時を回顧した。

東ドイツの新国会は一九九〇年六月、市民側の願いをくむ形で各県の市民委員会の代表を参加させてシュタージの解体を管理、監督するための特別委員会を設置した。特別委員会はここではじめて、シュタージ秘密情報文書を管理、保管するための法案を作成する。法案は同年八月、西ドイツ政府の反対を押し切って東ドイツの民主国会で可決された。

しかし、この東ドイツ市民の願いを実現するはずの法律の内容は、東西ドイツの統一を規定する統一条約にはまったく盛り込まれなかった。東ドイツ市民は納得しない。それに抗議するため、ベルリン市民委員会は秘密情報文書の保管されているシュタージ本部の資料館を占拠。ハンガーストライキを行った。ベルリン市民委員会のペーターによると、この時もたくさんの市民がハンガーストライキを支持した。抗議活動が地方各地に拡大していった。

東西ドイツ統一に向け、東西ドイツ両政府はシュタージ文書の管理問題で再交渉しなければならなくなる。その結果、東ドイツ国会で成立した法律の基本的な内容を統一ドイツで立法化することで合意した。シュタージの秘密情報文書を管理、監督するための政府代表を任命するほか、西ドイツ側が希望したように文書をすべて一カ所に集めるのではなく、当時のシュタージの本部と各県の地方本部に分散して文書を保管することが決定された。

現在、整理されて保管されているシュタージの秘密情報文書（シュタージ資料館で筆者撮影）

この基本合意にしたがい、一九九一年統一ドイツにおいてシュタージ文書法が施行する。同法案の作成には、トビアスなど市民委員会の代表も関わった。東ドイツ市民はこうして、自分たちの願いを実現した。それに基づき、シュタージの秘密情報文書を管理、保管する政府機関が設置される。一般市民はその政府機関に申請すれば、当該者に該当する関連文書を閲覧できるようになった。シュタージ文書は研究、報道目的であれば、研究者やジャーナリストにも閲覧が認められる。

シュタージが監視していた人物は、東ドイツに四〇〇万人、西ドイツに二〇〇万人いたといわれる。現在、棚の長さで全体で一一万一〇〇〇ｍに及ぶ文書、写真約一六〇万枚、録音テープ／カセット約二八〇〇本、その他データ記録媒体（フロッピーディスク、テープなど）四四本が保管されている。

それでもまだ、たくさんの文書が大きな袋に入ったままの状態だ。今も、それを整理、保全、管理する作業が続けられている。

秘密警察の活動の過去を解明して記憶するため、秘密情報文書を閲覧できるようにする。この制度は、世界でも稀な制度だといっていい。ドイツのナチスの過去に関しても、民主化後の東欧諸国においても、同様の制度は見られない。トビアスもペーターも、これは政治の意向に反して東ドイツ市民が勝ち取ったただ一つの大きな成果だったという。

円卓会議

市民委員会は、東ドイツの改革に向けて地方レベルや全国レベルで政治的に当局と交渉できるような組織ではなかった。市民委員会は単に、秘密警察シュタージを解体するために特化された市民グループだった。

東ドイツを民主化するためには、独裁体制と民主化を求める市民グループが対等に対話をし、自由選挙を行って独裁体制から議会制民主主義へ移行させなければならない。その基盤になったのが「円卓会議」だ。

円卓会議は元々、ポーランドの民主化過程において一九八九年二月に設置された機関だった。これをお手本に、東ドイツでも同じ年の夏、東ドイツ当局と東ドイツの抱える問題を協議するため、体制側と市民が同じ席について話し合うべきだという意見が出ていた。特別に組織された枠組みがない限り、すべてが独裁権力の独断で形成されてきた社会で体制側と市民が対話するのは不可能だった。べルリンの壁崩壊後、民主化グループ「デモクラティ・イェッツト（民主主義を今）」が具体的な提案をして円卓会議の設置が決まる。ただ地方レベルでは、すでにベルリンの壁崩壊前に円卓会議が誕生していたところもあった。壁崩壊後、各地に次々と円卓会議が誕生していく。その成立過程や機能は、地方によって異なっていた。

ここでは、国の将来について話し合われた中央円卓会議（以下では、単に「円卓会議」とする）についてだけ述べることにする。

円卓会議に参加できたのは、政党と民主化運動を行ってきた市民団体の代表、それに労働団体と農業団体だった。各団体には、二ないし三議席ずつ割り当てられた。投票権のない教会の代表二人が議長役として会議を進行した。

まず、注目したいのは政党への議席割当だ。東ドイツの政治体制はドイツ社会主義統一党（SED）の独裁だった。その下に、ドイツ自由民主党（LDPD）、ドイツキリスト教民主同盟（CDU）、ドイツ民主農民党（DBD）、ドイツ国家民主党（NDPD）の四つの体制に翼賛する衛星小政党があった。円卓会議では、この四つの翼賛小政党それぞれに親であるドイツ社会主義統一党（一九八九年一二月にドイツ社会主義統一党・民主社会党と改名）と同数の三議席が割り当てられる。独裁政党の下に位置付けられた労働団体と農業団体は二議席を得た。しかし民主化グループの要求で、ドイツ社会主義統一党の党員がこの二つの団体の代表として円卓会議に出席することはできなかった。

この条件では、体制側の組織、団体のほうが新しい民主化グループよりも俄然多くなる。体制側が円卓会議において絶対過半数を握ってしまう。それでは、円卓会議が体制側と市民が対等に対話する場とはならない。体制派と市民民主派の議席が同数となるようにするため、ベルリンの壁崩壊後にできたばかりの緑のリーグなどの市民グループにも二議席ずつ割り振られた。市民グループ側では、民主化運動の中心となったノイエス・フォールムだけが三議席を得、その他のグループには二議席が与えられる。こうして、体制派と民主派にそれぞれ一九議席が割り振られた。

第一回目の円卓会議が、ベルリンの壁崩壊からほぼ一カ月後の一九八九年一二月七日に行われた。その最初のコミュニケで、円卓会議は東ドイツの民主化に向け、自由選挙が行われるまでの国の「公共管理機関」と定義された。市民参加で、国を議会制民主主義に移行させるまでの暫定機関とでも解釈できるだろうか。ただ行政権と立法権は、市民の参加していない独裁権力下から続く政府と国会にある。そのためコミュニケは、国会が最終決議する前に円卓会議の同意を得て決議するよう求めた。

セバスチャンは円卓会議に、ノイエス・フォールムの代表の一人として参加した。この最初のコミュニケは「感情的になりすぎていた」と、その時のことを振り返った。「表現も中途半端だった」という。市民がはじめて体制側と対等に対話をして、市民が東ドイツの社会造りに参加できるようにしたい。そう願っていただけだった。民主化を求める市民グループ側には、体制側と対話するだけの戦略的なコンセプトはなかった。ベルリンの壁が崩壊したことで実現可能となった円卓会議。ベルリンの壁が崩壊するとは想定していなかった市民グループ側には、体制側と対話するだけの準備もできていなかった。セバスチャンによると、円卓会議のはじまる直前に、どのグループがどの問題を担当するのかを少し話し合った程度だったという。

第一回目の円卓会議では、秘密警察シュタージの解体が決定された。その後、円卓会議が動き出してまもなくすると、ノイエス・フォールムのところに一通の匿名の手紙が届いた。きれいにタイプ打ちされた手紙だった。手紙には，円卓会議に参加する社民党（SDP）党首イブラヒム・ベーメ、民主主義の出発（DA）党首ヴォルフガング・シュヌーア、キリスト教民主同盟（CDU）党首で自由選挙後に東ドイツ最後の首相となるロータア・デメジエア、ドイツ社会主義統一党・民主社会党党首グレゴーア・ギージーは、秘密警察シュタージの手先だと書かれていた。シュタージ職員からの内部告発だと見られた。だが、このシュタージ疑惑問題が円卓会議の議題になることはなかった。後になって発覚したことだが、円卓会議三八議席中、一六議席がシュタージの協力者によって占められていた。シュタージが壁崩壊前から、民主化を求める市民グループにしっかりと情報網を張り巡らせていたことがわかる。

円卓会議は、民主的な手続きを経て成立した機関ではない。円卓会議をより民主的なものにするため、翌年一月からは会議の模様がすべてテレビで生中継された。たくさんの市民が仕事中も、円卓会議の中継をテレビで見ていた。ただセバスチャンは、「円卓会議は単に、（体制側と市民が）対話しているというシンボリックなアリバイ工作をしているにすぎなかった」という。

円卓会議で話し合っている内容は、重要だった。市民にとっても、関心のあるものだった。しかし突っ込んだ話し合いはできず、ほとんど成果らしい成果は生まれていない。セバスチャンは、「円卓会議は単に、それまで独裁体制が恐くて対話できなかった市民がはじめて体制側と話し合うことのできた場にすぎなかった」と評した。

でも円卓会議という枠組みがない限り、市民が政府に資料や情報の提供を求めて、政府の決定に市民の声を反映させることができなかったのも事実。セバスチャンは、円卓会議なしには秘密警察シュタージや東ドイツの原子力発電所の状況に関する情報を手に入れることはできなかったといった。しかし、情報の出し渋りや隠蔽もあった。セバスチャンはノイエス・フォーラムの代表として無任所大臣に任命されると、あてがわれた公用車を使って、毎晩、東ドイツの原発に関する資料を自宅に持ち出して保管していた。原発に関係する政府の資料が破棄されないようにするためだった。

円卓会議では、市民代表に専門知識がないことから交渉がかみ合わない。体制側が簡単に主導権を握っていった。それに反発する市民側は、何度となく審議を中断させる。セバスチャンはそのうち、円卓会議に民主化派として参加している東ドイツ社会民主党（SDP）や保守系の民主主義の出発（DA）のバックに、西ドイツのアドバイザーがいることに気づく。自由選挙に向けて、西ドイツ側が裏で動いているのがわかったという。民主主義の出発は、現在のドイツ首相アンゲラ・メルケルが当時スポークスマンを務めていたグループだ。

セバスチャンは、「東ドイツの市民にとって、円卓会議は感情的に大切な会議だった。しかし、それによって東ドイツに新しい歴史がはじまったわけではない」といった。ベルリンの壁崩壊とともに、東ドイツ市民の気持ちは東西ドイツ統一へと一直線に進んでいく。それまで東ドイツの民主化を主導していたセバスチャンらインテリ層は、その流れの中で影響力を失っていった。セバスチャンは今から思うと、「東西ドイツ統一へ進む社会の流れについていこうとせず、単に円卓会議に参加して体制側と対話することだけに固執してしまった」と振り返った。東ドイツ市民が、何を望んでいるのか。円卓会議は、社会の現実から離れたところで行われていた。結果を残せなかったのは、当然だったといっていい。

でも、当時の円卓会議が何も残さなかったわけではない。円卓会議を市民参加型で行い、テレビで生中継するという手法は、政治と市民が対立している時に両者が対話する舞台として、今も継承されている。たとえば最近では、ドイツ南西部シュツットガルト中央駅の再建問題、東京電力福島第一原子力発電所事故後のエネルギー転換倫理委員会での公聴会などがそうだ。そこでは、住民参加型の会議がはじめから最後までテレビで生中継された。

最初で最後の自由選挙

円卓会議は第一回目の会議で、一九九〇年五月六日に国会（人民議会）議員を選出するために東ドイツではじめて自由選挙を行うことを決定した。はじめての自由選挙まで五カ月の時間的な余裕を持たせたのは、それまで政治的な基盤のなかった民主化グループに選挙戦に向けて時間的に準備する余裕を与えるためだった。

円卓会議が進むにつれ、体制派で構成されるモドロウ内閣とその交渉相手である市民グループの間に溝が深まっていた。市民グループの中では、円卓会議の枠内でモドロウ政権と協力することに疑問も生まれる。モドロウ内閣は、一党独裁体制をとってきたドイツ社会主義統一党の後継ドイツ社会主義統一党・民主社会党とその翼賛政党で構成されていた。モドロウ政権は秘密警察組織の維持を目論み、できるだけ既存の体制の下で東ドイツを改革する意向だった。

東ドイツは、この時すでに財政破綻状態。国内経済が回復する兆しはまったくなかった。壁崩壊後

「自由選挙（Freie Wahlen）」と書かれた看板。ベルリンの壁崩壊前の1989年11月4日のベルリン・デモで、市民はすでに自由選挙を求めていた（筆者撮影）

も、東ドイツを捨てて西ドイツに移住する市民が後を絶たない。壁崩壊後の翌一九九〇年一月から二月一七日までに八万九〇〇〇人が東ドイツを離れて西ドイツに移住した。一九九〇年最初の一カ月半の間に、前年一年間の移住者の四分の一の市民が西ドイツに移住したことになる。

一方で、政府は円卓会議の合意なしには動けなくなる。民主的な手続きを経ていない円卓会議が、国民を代表する機関のようになっていた。円卓会議内では、できるだけ早く議会制民主主義の下で政府の決定を合法化する必要性も感じられていた。一九九〇年一月二八日、円卓会議は自由選挙の投票日を五月六日から三月一八日に前倒しすることを決定した。

東ドイツの民主化を求めてきた市民グループにとって、自由選挙を前倒しするのは不利だった。選挙に向けて十分な準備ができない。自由選挙が前倒しされたのは西ドイツからのアドバイスを受けていた政党と市民グループの作戦だったと、ノイエス・フォーラムの代表として円卓会議に出席していたセバスチャンはいう。その裏には、西ドイツの思い通りに自由選挙を進めたいという西ドイツ側の思惑があった。選挙の前倒しが決まると、西ドイツの支援を受ける政党と市民グループは西ドイツからたくさんの資金援助を得て、西ドイツ式に選挙戦を展開していった。

自由選挙の前倒しは決まった。でも、東ドイツは政治的にも、経済的にも危機的な状態であること

に変わりはない。モドロウ政権も崩壊寸前だった。市民グループはノイエス・フォールムを中心に、真剣に政権を奪い取ることを検討しはじめる。しかし、西ドイツからアドバイスを受けていた市民グループが反対する。最終的には、自由選挙が行われるまでの間、市民グループの代表が入閣して政府に挙国一致的な性格を持たせることで結着した。二月六日、円卓会議に参加している民主化グループはそれぞれ代表一人を無任所大臣として入閣させる。

円卓会議が続けられるのと平行して、各政党は自由選挙へ向けて改革をはじめていた。旧体制下で独裁政党であったドイツ社会主義統一党はドイツ社会主義統一党・民主社会党と改名。これまで反体制派などの弁護士を務めていたグレゴーア・ギージーを新党首に選出した。ドイツ社会主義統一党の翼賛政党であったキリスト教民主同盟（ＣＤＵ）と自由民主党（ＬＤＰＤ）は、それぞれ西ドイツの保守系キリスト教民主同盟（ＣＤＵ）とリベラル系自由民主党（ＦＤＰ）からの支援を受け、兄弟政党として協力関係を強めていった。それは同時に、西ドイツの政党の影響力下に入ることでもあった。

民主化運動の過程において、壁崩壊前の一〇月に東ドイツ社会民主党（ＳＤＰ）が設立された。ＳＤＰはその後、一九九〇年一月に西ドイツの社会民主党（ＳＰＤ）と同じＳＰＤに改名する。ＳＤＰが誕生したのと同じ一九八九年一〇月には、保守系政治グループ「民主主義の出発（ＤＡ）」も設立された。

これら壁崩壊前から存在する五つの政治団体では、その代表はＬＤＰＤを除くと、いずれも秘密警

察シュタージの手先だった。壁崩壊後になると、今度は東ドイツ独裁政党の後継政党を除くと、西ドイツの政党の支援を受けて西ドイツの政治に支配されることになる。

一九八九年秋に民主化運動をはじめた市民グループの一部は、西ドイツの緑の党とともに東西ドイツにおいて新しい政党を設立することを考えていた。その前段階として、まず東ドイツの市民グループを連合する形で「九〇年同盟」を設立した。ただ市民グループ内では、市民が政党を設立すべきかどうかで割れていた。ノイエス・フォールムで活動する市民の多くは、九〇年同盟には参加しようとしなかった。ノイエス・フォールムのセバスチャンによると、西ドイツの緑の党の体質が他の西ドイツの既成政党と変わらないことに気づいたからだという。

セバスチャンによると、市民グループにとって自由選挙ははじめから勝ち目のない「負け戦」だった。政党としてまとまれなかった市民グループは、東ドイツのインテリ層が中心。政治勢力となるだけの能力も資金力もなかった。それに対して、西ドイツ政党の支配下に入った政党やグループには西ドイツの政党から選挙ノウハウが伝授された。莫大な資金援助を受け、コール首相（当時）など西ドイツ大物政治家が応援にきた。素人集団の市民グループに敵うはずがなかった。

セバスチャンは市民の側にも、二つの勘違いがあったという。一つは、東ドイツの教会と翼賛政党キリスト教民主同盟の関係だ。東ドイツの教会は一九八〇年代、自由に討論できる場を市民に提供し、市民を体制から守ってくれる場だった。市民から信頼され、高い名声を得ていた。政党名に「キリスト」とあるだけで、東ドイツ市民は教会が翼賛政党のキリスト教民主同盟と深い関係にあると錯覚していた。しかし、教会とキリスト教民主同盟の間には何の関係もなかった。それが西ドイツのキリスト教民主同盟にうまく利用された、とセバスチャンはいう。

もう一つの勘違いは、統一されれば「楽園」のように豊かな生活が待っていると東ドイツ市民が信じてしまったことだ。東ドイツでは、物もお金もない生活を強いられ、生活レベルが悪化していた。ベルリンの壁が崩壊した瞬間、東ドイツ市民は物資が豊富な西ドイツ社会の豊かさが手の届くところにきたと錯覚した。その希望と錯覚を、西ドイツの政治が票につなげるためにうまく利用した。キリスト教民主同盟の選挙ポスターには、「（同党に投票すれば）ビールはタダ」と書かれていた。東ドイツ市民は、豊かな生活が約束されていると信じ込んだ。

東ドイツ市民は、西ドイツ政治の実態も知らなかった。西ドイツは民主化されているのだから、東ドイツの政治家と違って西ドイツの政治家だから信頼できるはずだと、甘い希望を抱かずにはおれなかった。早く統一して、（西）ドイツマルクを手にしたい。東ドイツ市民の気持ちが、一直線に統一へ向かっていた。不信は生まれなかった。

それに対して、セバスチャンら民主化を主導してきたインテリ層には、東ドイツ市民が現実を見ないで、壁の崩壊に酔っているとしか映らなかった。インテリ層は、壁崩壊後に社会が大きく変わってしまっていたことを見ず、一般市民に裏切られたと失望していった。

ベルリンの壁崩壊前、東ドイツ市民は「われわれはこの国の国民だ（Wir sind das Volk）」とシュプレヒコールをあげていた。それが今度は「われわれは一つの国民だ（Wir sind ein Volk）」と、統一を願うシュプレヒコールに変わっていく。しかしそれはまだ一部に過ぎず、市民全体を代表するものとはなっていなかった。その統一への願いに大きな期待をもたらしたのが、西ドイツのコール首相のス

統一後復元された聖母教会（写真中央）前の広場。西ドイツのコール首相は当時、この広場で統一を決定づけるスピーチをした。2015年2月13日のドレスデン空襲70周年集会から。教会前の像は、宗教改革者マアティン・ルターの像（筆者撮影）

ピーチだった。

　コール首相は壁崩壊から一カ月余り経った一九八九年一二月一九日、東ドイツのモドロウ首相と会談するため、東ドイツ南部のドレスデンを訪れていた。空港から市内中心に入るにしたがい、沿道で西ドイツ国旗を振る東ドイツ市民が目立ちはじめる。市民は「ヘルムート、ヘルムート（コール首相のファーストネーム）」、「統一、統一」とシュプレヒコールをあげていた。

　コールはこの日、市民の前でスピーチすることを予定していなかった。しかしコールは、市民の熱狂的な歓迎に押され、首脳会談後に市民の前で演説する。廃墟のまま戦争の傷跡を残す聖母教会前に、急遽仮設の演台が設置された。約二万人の市民が集まっていた。

コールはこの時のスピーチについて、統一に向けて（東ドイツ）市民の感情を高ぶらせてはならなかった。人生において最も難しく、重要なスピーチだったと回顧している。コールの前では、東ドイツ市民が「ドイツ、ドイツ」、「統一、統一」と大歓声をあげている。コールはまず、「東ドイツの将来を決めるのは、東ドイツ市民だ。東ドイツ市民の決断を尊重する」といった。「われわれは、いずれ統一することを目標としている」とも明言した。そして最後に、「神よ、われわれドイツ人の祖国に恵みを与え給え」と締めくくった。この最後の神への祈りが東ドイツ市民に、コールがすでに統一を決意していると受け止められる。統一はもう、後戻りできなかった。

選挙結果は明らかだった。キリスト教民主同盟と民主主義の出発を中心とした保守系連合の「ドイツ連合」がほぼ過半数の四八・一％を獲得。民主化を主導した市民グループの連合である九〇年同盟は得票率二・九％と惨敗した。事前世論調査では第一党かと予想されていた社会民主党だったが、社会民主党は二一・九％と敗北。予想以上に票が伸びなかった。東ドイツ独裁政党の後継「民主社会党（PDS）」も一六・四％に留まった。ぼくは、東ドイツでは民主化をリードする市民グループの影に隠れて大きな保守層が出番を待っていると感じていただけに、ぼくにとっては驚く結果ではなかった。

東ドイツ市民ははじめての自由選挙で、ドイツ統一を選んだ。その結果、東ドイツではじめて行われた自由選挙は最後の自由選挙となる。

幻の新民主国家憲法

ノイエス・フォールムのセバスチァンは、挙国一致内閣で無任所大臣となった。セバスチャンによる

東ドイツの新しい憲法草案の冊子。表紙には、新国旗となる「つるぎを打ちかえてすきとする」の紋章が描かれている（筆者撮影）

と、仕事のできない秘書と運転手しかあてがわれなかったという。一九九〇年二月に入閣して、政治がすでに東西ドイツ統一に向けて動いているのを感じた。東ドイツの官僚機構はまだ、体制派を支持していた。しかし体制派も官僚機構も、この時点ですでに統一に向けて自分たちの利益になることしか考えていなかった。ベルリンの壁崩壊後、東ドイツの新エリートたちは自由選挙までの混乱を利用して、不動産や土地、現金など東ドイツの国営財産を自分のものにすることに躍起になって策略していたという。

それに対して、セバスチャンら民主化市民グループは壁崩壊後、いずれ統一されるとしても、まず東ドイツの改革にじっくりと時間をかけ、統一まで東ドイツをもう一つの民主化されたドイツとして存続させることを考えていた。その一つの証拠となるのが、円卓会議の枠内で作成された新しい東ドイツのための憲法草案（巻末に、その一部を翻訳して掲載してある）だ。

憲法草案は、西ドイツの憲法に相当する基本法をお手本に、西ドイツの憲法学者と一緒に作成された。草案は西ドイツと同様、東ドイツにおいても州による連邦国家の建設を唱える。東ドイツの女流作家クリスタ・ヴォルフが憲法前文で、新しい憲法は「東ドイツ市民が東ドイツ市民に憲法を授ける」のだと書いている。東ドイツの新憲法は、市民による、市民のための憲法、市民の生活の中で生きる憲法となるはずだった。

憲法草案はいくつかの点で、西ドイツの基本法よりも現代社会にマッチしていると思う。その一つが男女平等だ。草案は男女平等を保障し、家庭内においても男女平等を促進するよう国家に義務づけた。男女平等を徹底して、社会の隅々に浸透させようということだ。中絶を含めた妊娠に関する問題では、女性自身が自分で生む、生まないを決断できる権利を認めた。同性愛者が差別されてはならないことも規定されている。残酷で無駄な治療や延命治療も、憲法で禁止された。

もう一つのポイントは、環境保護にかなりの比重が置かれていることだ。草案は、自然環境保護に関して一条（第三三条）を設けている。自然環境は現代世代ばかりでなく、将来世代の生活基盤だとして、その保護を国家と市民に義務づけた。再生できない資源の使用をできるだけ減らしてリサイクルすることを奨励するほか、国家に省エネ促進を義務づけた。

新国旗はそれまで通り、黒と赤と金が下地となる（西ドイツと同じ）。労働者と農民、インテリの連合を象徴する金槌とコンパス、穂の冠からなる旧国旗の紋章に代わって、「つるぎを打ちかえてすきとする（Schwerter zu Pflugscharen）」の紋章を入れるとした。これは旧約聖書ミカ四章三節からの引用で、東ドイツ時代に軍縮を唱える平和運動のシンボルとなっていたものだ。これは、新生東ドイツが軍縮を目指して平和国家を建設するという意思表示だった。

憲法草案は、新しい東ドイツが将来、東西ドイツを統一することを目指すとしている。実際にそうなったように、東ドイツが西ドイツの一部となることで統一が実現され、西ドイツの基本法が統一ドイツの憲法となる場合は、新生東ドイツの憲法にある基本的人権に関する条項が西ドイツの基本法になければ、それを基本法でも取り入れるよう求めた。現実には、統一に関する条項以外は、西ドイツの基本法がそのまま統一ドイツの基本法（憲法）となった。

憲法草案は、自由選挙後の一九九〇年四月四日に一般公開された。国会である人民議会に提出される。しかし国会は、憲法草案について審議するどころか、何もなかったかのように草案を無視して葬った。三月の選挙で誕生した新しい民主国会と民主政府が、東西ドイツ統一に向けた橋渡しの役割しか担っていなかったからだ。こうして、東ドイツの民主化運動が目指した新しい民主国家建設の夢は幻となる。

セバスチャンはそれでも、新生東ドイツの憲法草案を円卓会議で得られた唯一の注目すべき成果だったといった。しかし、新しい憲法はもう必要とされなかった。

東西ドイツ統一

五、四、三、二、一、〇。カウントダウンとともに、一九九〇年一〇月三日〇時になった。ベルリン・ブランデンブルク門周辺では、一斉に花火が舞い上がる。ブランデンブルク門周辺に集まったたくさんの市民が大きな歓声を上げげた。飛び跳ねる人。涙を流す人。抱き合う人。ゼクト（ドイツ産シャンペン）を飲み交わす人。集まった人々は東西ドイツが統一された喜びを満喫していた。

ぼくは統一の喜びを一緒に味わいたくて、仕事が終わった後、車で二時間余り走ってベルリンにきていた。たくさんの人の波を押しのけて、できるだけブランデンブルク門に近づこうと思った。しかしあまりたくさんの人で、途中で断念せざるを得ない。

夜空一杯に広がる花火を見ながら、ぼくはよかったと安堵する気持ちと、これからどうなるのか、統一が早すぎたのではないかと半信半疑になっていた。ぼくはまもなくして、人々が歓喜する場にそんなに長くいたくないと感じるようになった。足早にその場を離れ、車を二時間走らせて帰宅した。当時ぼくは、東ドイツ中部で働いていた。宿舎のある周辺はベルリンでの統一の歓喜とは裏腹に、何事もなかったかのように静まり返っていた。

当時の国際社会の政治状況を考えると、この時しか東西ドイツ統一を国際社会が認めてくれる機会はなかったと思う。特に、ソ連のゴルバチョフ書記長の存在がキーポイントだった。ゴルバチョフの登場で、ソ連共産主義が崩壊するのではないか。西ドイツのコール首相は、書記長の在任中に統一してしまわないと、もう統一のチャンスはないと考えていた。だが英国サッチャー首相と仏ミッテラン大統領は、統一によってナチス・ドイツを生んだ大ドイツが復活してドイツ第四帝国が出現するのを恐れていた。二人はそのため、東ドイツが存続するのを望んでいたとされる。

まず一九九〇年二月に、ドイツを占領していた米国、英国、フランス、ソ連の四カ国に東西ドイツ二カ国を加えた2プラス4外相会談を行うことを決定。その第一回会談が五月に行われた。

問題は、ワルシャワ条約機構に属する東ドイツと北大西洋条約機構（NATO）に属する西ドイツが統一して、統一ドイツをNATOに加盟させることだった。ソ連が納得しない。この問題について直に交渉するため、西ドイツのコール首相とゲンシャー外相はゴルバチョフ書記長の故郷である北カフカス・スタプロポリ地方にある別荘で、ゴルバチョフ書記長、シェワルナゼ外相と会談。ここでコール首相は、ソ連軍が東ドイツから撤退するために莫大な資金援助を約束。軍事上の協力関係も約束した。これが、後でロシアをＮＡＴＯ加盟国と対等に扱うＮＡＴＯロシア理事会となる。それによって、東西ドイツ統一に向けて統一ドイツのＮＡＴＯ加盟という難題を解決した。六ヵ国の外相は九月一二日、「ドイツ最終規定条約（2プラス4条約）」に調印。ドイツは戦後はじめて国際法上、完全主権を得て、戦後を処理する。連合国とソ連の占領統治下にあった東西ドイツには、それまで戦後を処理する停戦協定も平和条約もなかったからだ。

ドイツの統一に関し、西ドイツの憲法に相当する基本法は二つの方法を規定していた。一つは、東ドイツが西ドイツに加入して基本法を統一ドイツに適用する（基本法第二三条）。もう一つは、統一ドイツのために新しい憲法を制定する（基本法一四六条）というものだった。新しい憲法を作成するとなると、統一ドイツの下で作成される必要があるなど、たいへんな時間がかかることが予想された。そのため、第二三条に基づいて東ドイツが西ドイツに加入する形で統一されることになった。その基盤として、東西ドイツ両国で統一条約が作成され、統一前の九月二〇日に両国国会で批准された。

統一条約については、西ドイツのショイブレ内務大臣と東ドイツのクラウゼ首相付き次官が交渉に当たった。東ドイツ側を代表して交渉したクラウゼ首相付き次官は、それまでまったく無名の人物だった。交渉は、わずか三回しか行われていない。統一条約の草案はすでに、交渉のはじまる前に西ドイツ主導でできてしまっていたといわれる。東ドイツの利益を代表して統一条約の草案作成で事務レベルで交渉していたのは、一九九〇年三月の人民議会選挙後に東ドイツ各省に派遣されていた西ドイツ出身の官吏だった。西ドイツの思い通りに統一されるのは明らかだった。

西ドイツと東ドイツの司法体制には、大きな違いがあった。その両国が統一される。それがいかに難しい問題なのか、だれもその問題を把握して解決しようとはしなかった。単に、西ドイツの司法体制がそのまま統一ドイツに適用されただけだった。

どうしても統一前に両国で合意できない問題が二つあった。一つは、秘密警察シュタージの文書の公開問題だ。東ドイツ側がすでに国会で各地で分散保管して、市民に公開することを決めていた。西ドイツ側は、西ドイツ政治家に関する文書が公開されるのを恐れていた。西ドイツに都合の悪い文書を破棄した後、政府の公文書保管機関がまとめて管理することを望んでいた。それを知った東ドイツの市民委員会は、シュタージ本部を再び占拠する。ハンガーストライキをするなどして強く抗議した。各地でも抗議デモが行われた。最終的には、東ドイツの国会で成立した東ドイツ法の内容を配慮して、統一ドイツの下で立法化することで妥協が成立する。

もう一つの問題は、妊娠中絶問題だった。東ドイツでは女性が中絶する、しないの決定権を持っていた。妊娠三カ月以内であれば中絶は犯罪とは見なされず、女性は自由に判断できた。それに対して西ドイツでは、宗教上の問題から中絶に関して厳しい制限が設けられ、女性の自決権が制限されていた。規定に反すると、中絶は犯罪とみなされた（刑法第二一八条）。この問題で、東ドイツ側はそれまで通り、中絶の自由が統一ドイツにおいても容認されることを主張。東西ドイツ両国は、統一までに合意することができなかった。そのため、最終決定を統一後に先送りする。

現在、中絶は妊娠一二週間以内であれば犯罪とはならない。しかし、中絶する前に中絶相談所でアドバイスを受けたという証明書をもらい、その後にさらに三日間自分で再考する期間を入れなければ中絶は犯罪となる。

東西ドイツ統一に向けて交渉していた東ドイツ最後の首相デメジエアと首相府付き次官のクラウゼは統一の功労をねぎらい、統一後の新内閣で大臣として処遇された。しかしその後まもなく、デメジエアはシュタージ協力者の過去で、クラウゼはお金に絡む数々のスキャンダルで辞任に追い込まれる。ノイエス・フォールムのセバスチァンによると、統一条約を交渉した二人に危うい過去があることははじめからわかっていた。二人に統一交渉が任されたのは、西ドイツが二人の過去を事前につかみ、それを曝露すると脅しながら西ドイツの都合のいいように統一交渉を進めるためだったろうと推測する。セバスチァンには、西ドイツはうま味のある駒を見つけて利用するために出世させ、必要なくなると過去を暴いてポイと捨ててお役御免にしたとしか写っていない。

セバスチャンは統一交渉の結果について、東ドイツ市民にとって「泥沼のような結果になった」と評した。

国家、国旗、国歌

統一ドイツでは、西ドイツの国旗と国歌がそのまま国旗と国歌となる。それとともに東ドイツでは、国旗と国歌のあり方が大きく変わった。

東ドイツでは、一〇月七日が建国記念日だった。この日、巨大な集合住宅のある地区にいくと、集合住宅の窓すべてが国旗だらけになっていた。何ともいえない壮大な景色だった。旗日に国旗を掲げる、掲げないは、東ドイツでは国家に対する忠誠心を示す「踏み絵」と同じだった。国旗を掲げない者は反体制派のレッテルを貼られ、秘密警察から危険分子として厳重に監視される。一般市民の中には秘密警察シュタージの手先として、国旗を掲げない市民をシュタージに密告する役目を担っている者もいた。市民はみんな、シュタージが恐くて競うように国旗を掲げた。

東ドイツでは官民を問わず、オフィスに入るとすぐに国旗とホーネッカー国家評議会議長の写真が目に入った。ただ国旗と国歌は、教育の場においてはそれほど強要されていなかった。東ベルリン出身のゲアハルトによると、小学校低学年の時にドイツ語の授業で国歌の歌詞を覚えた。メロディーは、音楽の授業で習っただけだという。学校の式典で国歌を斉唱したのは、せいぜい卒業式ぐらい。国旗も学校で掲揚されるよりは、一般社会の中で国旗に接するほうが多かった。

東ドイツ南西部テューリンゲン地方出身のベアントは、壁が崩壊する直前に家族と一緒に西ベルリンに逃亡した。ベアントによると、東ドイツでは国旗と国歌によって強制的に東ドイツ国民であることを強く意識させられたという。国旗と国歌が国民に国家を意識させ、国家に忠誠を誓わせる手段になっていた。それに疑問を持つ市民もいた。そういう市民は危険分子のレッテルを貼られ、反体制派として監視された。

ベアントは、こうした国家による強制的な国家意識化政策と国民に対する管理・監視体制に強い圧迫感を感じていた。それがいやでしようがなかった。現在の統一ドイツのように、国家がドイツ国民であるという意識を市民に強要しないのを「普通の状態だ」と、ベアントはいった。しかし、統一前と統一後のギャップは大きい。それだけに統一後の現在、国家意識を強制されてきた東ドイツ市民の中には統一ドイツにアイデンティティーを持てず、心理的に問題を抱える市民が結構いるのではないか、とベアントは指摘する。

西ドイツでは、どうだったのであろうか。

西ドイツ北部ブレーメン出身のアンドレアスは、国歌をはじめて歌ったのは兵役義務で入隊した時だった。それまでは、学校で国歌を斉唱したこともなく、国旗も学校ではほとんど見たことがなかった。国家に何か不幸があった時に、学校でも半旗を掲げることがあった程度だという。国歌については、歴史の教科書の第三帝国の項に歌詞が載っていただけだった。ただ、保守色の強い西ドイツ南部のバイエルン州では少し状況が違うかもしれない、とアンドレアスは付け加えてくれた。

ドイツ国歌は、ドイツ革命前の一八四八年にホフマン・ファラースレーベンがハイドンのメロディに作詞した《ドイツ人の歌》という歌だ。第一次大戦直後に、ヴァイマール共和国の初代大統領エーベアトが《ドイツ人の歌》を国歌にすると宣言したことに由来する。第二次大戦後、連合国側がナチスに悪用された《ドイツ人の歌》を国歌として使用することを禁止した。しかし一九五二年、当時のホイス大統領とアーデナウアー首相との書簡のやりとりで、《ドイツ人の歌》をドイツ連邦共和国（西ドイツ）の国歌とすることになる。ただアーデナウアー首相の提唱で、国家式典ではその第三番だけを斉唱することになった。第一番が「ドイツよ、ドイツよ、すべてを超えよ」と国家を高揚する歌詞で、戦後西ドイツには適さないと判断されたからだ。アーデナウアーは、第三番にある「統一、正義、自由」という表現ほど西ドイツ国民の心に根ざしている表現はないとした。

東西ドイツ統一後、一部東ドイツ市民グループがドイツ人劇作家ブレヒト作詞、アイスラー作曲の《子供の国歌》を統一国家の国歌とすべきだと主張していた。しかし一九九一年八月のフォン・ヴァイツゼッカー大統領とコール首相との往復書簡で、《ドイツ人の歌》を国歌とする伝統を統一ドイツでも継承することで合意された。その第三番が国歌であることも確認された。

一度ドイツ人の友人たちに、国歌を歌えるかと聞いたことがある。友人たちのほとんどは、しっかりとは覚えていないので歌えるかどうか自信がないと答えた。ヘルツォーク大統領の時代のことだ。大統領がブラジルのある田舎町を訪れた。町での大統領歓迎式典で、統一ドイツの国歌ではなく、東ドイツ国歌が流れてしまったことがある。ドイツのメディアはそれをご愛敬、とんだハプニングとして紹介。市民の中でも、批判する声は聞かれなかった。

こうした国家や国歌へのこだわりの無さは、思想の自由を保障している。他国と他国の市民に対する敬意の念を養う基盤ともなっている。

一九九四年、長野で開催された冬季オリンピック。異国の地からテレビで見る開会式の模様は、非常に懐かしく感じられた。でもそれは、日本に対して郷愁を感じたからではなかった。ぼくは、「この感じは、独裁体制時の東ドイツだ」と思った。ぼくはテレビの映像を見ていて、社会主義独裁体制の匂いを嗅ぎとったのだった。日本は社会主義国家ではない。でも、今も国歌や国旗について国と一部都道府県が行っている対応を見ると、東ドイツ時代と変わらないのではないかと思われることがよくある。そこには、東ドイツ時代と同じように、国家に忠誠を誓わせる意識化が行われ、国家が市民を管理・監視しようとする権力的な体質がある。

シュタージの過去

ゲアハルトは、東ドイツでただ一つの国営検査会社に勤めていた。検査会社とは、製品が納品される前に発注主に代わって製品の品質と員数を検査して納品をリリースする会社のこと。ぼくは当時、東ドイツで日系企業に勤めてプラント建設工事の調達業務を担当していた。プラント建設工事のために納入されるものには、すべてゲアハルトの会社の納入認可証が必要だった。ゲアハルトは、実際に検査しなければならない製品を選別し、検査官を割り振る係長クラスのポジションにいた。

ぼくは定期的に東ベルリンにあるゲアハルトの会社にいって、検査に関して打ち合わせをしていた。ゲアハルトは、西側社会からきたぼくとは一人で会うことができない。ぼくの前には、必ずゲアハルトと同僚の女性がいた。互いに監視させていたのだ。仕事で食事に招待する時も、まずゲアハルトの会社に招待状を出して許可をもらわないといけなかった。その場合も、ゲアハルトの上司か同僚を一緒に招待しなければならなかった。

ある日突然、同僚の女性が席を外して、ゲアハルトと二人だけになった。そのわずかな間を利用して、ゲアハルトはクリスマスに自宅に遊びにこないかと、ぼくを誘ってくれた。それも一泊していけという。ぼくは、ゲアハルトの家族に迷惑をかけることになるのではないかと躊躇した。でも、ゲアハルトは問題ないからこいという。

ぼくは、できるだけゲアハルトの自宅から離れたところに車を駐車した。カムフラージュするためだ。ぼくはよく、東ドイツで労働者として働くベトナム人と間違えられた。でも、乗っていた車が西ドイツ車だったので、すぐに西側の人間だとわかる。ぼくの車を堂々とゲアハルトの自宅の前に駐車しておくわけにはいかなかった。

ぼくは、ゲアハルトと妻のガービー、息子のベンヤミンの四人で楽しいクリスマの晩を過ごすことができた。ぼくとゲアハルトは、これまでかというくらいに飲み明かした。ぼくは、ベンヤミンのベットで眠ったはずだ。ベンヤミンの部屋にはハムスターがいたはずだ。でも、まったく覚えていない。後でゲアハルトから聞かされたのだが、ぼくの帰った後にベンヤミンが、「パパ、まさおを呼んでもよかったの?」と聞いたという。ベンヤミンは子どもながらにも、西側社会からきているぼくを自宅に泊めた父親のことを心配したのだった。

ベルリンの壁が崩壊しても、ゲアハルトは相変わらず同僚の女性と一緒に検査の打ち合わせに出てきた。それから数カ月経って、ゲアハルトが電話で突然、打ち合わせを彼の会社ではなく、ぼくの方の会社の東ベルリン事務所でやろうといってきた。ぼくは打ち合わせに間に合うように、朝早く現場事務所を出て東ベルリン事務所で待っていた。ゲアハルトは一人できた。ぼくは信じられなかった。こんなことができるようになったのだ。ぼくはゲアハルトに、何を飲むかと聞いた。ぼくは、ゲアハルトの好きなビールもあると付け加えた。ゲアハルトはためらいもなく、「ビール!」といった。

ぼくたちは、はじめて一対一で打ち合わせができるようになったことに祝杯をあげた。それからは、いつも朝早くからビールを飲み交わしながら検査の打ち合わせをした。ゲアハルトもぼくも、その時のことが忘れられない。ゲアハルトはぼくを友人に紹介する時、「朝早くからビールを飲みながら一緒に仕事をした日本人」と紹介する。

それ以来、ぼくとゲアハルトは友だち付き合いをしている。でも、ぼくにはどうしてもゲアハルトに聞いておかなければならない問題があった。それは、秘密警察シュタージのことだった。

当時西側企業と接触できる検査官の中には、秘密警察シュタージのために働く協力者がいた。検査官は、検査のために西側に出ることも多い。それを利用して、シュタージが西側社会で情報収集させていた。

ゲアハルトがシュタージの協力者でなかったことは、想像していた。西側社会に検査に出してもらえる機会があまりなかったからだ。壁の崩壊後、検査会社はスイス系検査会社に買収される。ゲアハルトはそこで、新会社の再建を任された。それは、ゲアハルトの身の潔白を示す証拠だった。

しかし、シュタージの問題ははっきりさせておきたかった。

ぼくはゲアハルトの自宅近くのレストランで一緒にビールを飲みながら、切り出した。「検査官の中にはシュタージと関わりのある人物がいたのではないかと思うけど、実際はどうだった？」

ゲアハルトはためらいもなく、「もちろんさ！」といった。

最初に挙げたのは、ゲアハルトの直属の上司。検査のために、何回となく日本にいってもらった人物だ。それから、何人も知っている検査官の名前が挙がってきた。検査の時に何やかやと難題を吹きかけてきたいやな検査官ばかりだった。ただ、彼らがシュタージの協力者だったというのは、上司以外はゲアハルトの想像でしかなかった。

それで十分だった。ぼくは、ゲアハルトに身の潔白を求めたわけではない。ゲアハルトは、自分がシュタージと関係なかったことを少し興奮気味に話しはじめる。ぼくは「それはわかっているから、心配しないでくれ」といった。でも、ゲアハルトは止めなかった。

ゲアハルトは元妻のガービーと結婚する時に、ガービーの勧めで独裁政党の党員になっていた。それで、ゲアハルトは数少ないながらも西側へ検査に出ることができた。イタリアに検査にいった時だった。ゲアハルトは検査を終えて、同僚と一緒に東ドイツに帰るために汽車に乗っていた。道中ミラノで途中下車して、どうしてもおいしいイタリアのアイスクリームを食べてみたいと思った。

出国ビザには帰国日が記載され、その日に帰国しなければならない。さもないと、亡命したと見なされ、残してきた家族が当局から厳しく監視され、迫害される。でも東ドイツまで帰る時間を考えると、ここで途中下車してアイスクリームを食べて列車を一本遅らせても問題はない。ゲアハルトは、思い切って同僚に話してみた。以外にも、同僚も喜んで賛成してくれた。二人はミラノで途中下車して、アイスクリームを食べた。その時のおいしさ。ゲアハルトは今も忘れることができない。

でもゲアハルトは、後で後悔する。自分だけがそのおいしさを満喫できたからだ。娘のザンドラとも、息子のベンヤミンとも、そのおいしさを分かち合うことができなかった。子どもたちに、申し訳ないと思った。

ゲアハルトには、西側社会で働くチャンスもオファーされていた。機械関係の国営貿易商社から西側にある駐在員事務所で働かないかと声をかけられていた。ただその期間、娘のザンドラと息子のベンヤミンを宿舎付きの学校に入れて東ドイツに残していくのが条件だった。子どもを「人質」として、東ドイツに残していかなければならないということだった。ゲアハルトは、「親として、それはできなかった」といった。

ぼくは東ドイツで日系企業に働いていたので、ぼくが秘密警察シュタージの監視対象になっていたのは知っていた。オフィスで電話する時には、盗聴されていたはずだ。よくカチッと盗聴のスイッチが入った。週末には、東ドイツ国内を観光して歩いたこともある。途中、誰か知り合いに会ったという記憶はない。でも戻ってくると、どこそこにいっていたねと、東ドイツ側クライアントの総務部社員からよくいわれた。東ドイツ女性との付き合いが当局にばれたこともある。その時は、女性が仕事を選ぶか、ぼくを選ぶかで選択しなければならなかった。

シュタージの文書にぼくのことがどう書かれているのか、ぼくにはまったく関心がなかった。シュタージ文書の閲覧も長い間申請していなかった。ぼくがシュタージ文書の閲覧を申請したのは、ベルリンの壁が崩壊して二〇年近く経ってからだ。日本赤軍のメンバーが東ドイツにいたのではないかと調べるためにシュタージ文書を閲覧して、シュタージ文書とはこういうものなのかと知った。それがきっかけで、自分の文書も見てみたいと思ったにすぎない。内容にはほとんど関心がなかった。

東ドイツにおける日本赤軍の活動については、調べてもそれほど注目すべきことはなかった。東ドイツに出入りしていたのは西川純。西川純は一九七四年三月、当時東ベルリン郊外にあった北朝鮮大使館に滞在していた。滞在は約三週間。その後、東ドイツ側が手配して西ベルリンへ出国している。一九七四年九月三日には、東ベルリンのシェーネフェルト空港からベルギーのブリュッセルへ出国しようとした。その時、日本のパスポートを二冊所持していたことから取り調べを受ける。所持していた日本赤軍の暗号コード表が没収された。シュタージ文書には、その暗号コードを暗号とは知らずにまじめに翻訳しようとしていた痕跡があるので笑ってしまった。その後、西川は九月一三日、オランダのハーグで奥平純三らと一緒にフランス大使館を占拠。フランス側に拘束されていた日本赤軍の山田義昭の釈放を求めた。山田が釈放された後、西川はシリアに逃亡しているはずだ。西川は翌年三月にも、東ベルリンで北朝鮮大使館が手配した建物に潜伏していたという情報がある。しかしこれについて、東ドイツ当局は確認していない。

　シュタージ文書を管理する機関から、ぼくの出した文書閲覧申請に対して返事がきた。ぼくは確かに、シュタージの監視対象になっていたという。ただ文書には特筆するようなことが書かれていないので、閲覧の価値はないと判断したとある。閲覧する価値があるかないかは、自分で判断したいと思った。でも、どうしようもない。ぼくは東ドイツ当局にとって危険分子ではなく、どうでもいい存在だったのだろう。それは同時に、ぼくがいたことでシュタージに監視され、迫害された東ドイツ市民がいなかったということでもある。

　ぼくはそれを知って、ホッとした。

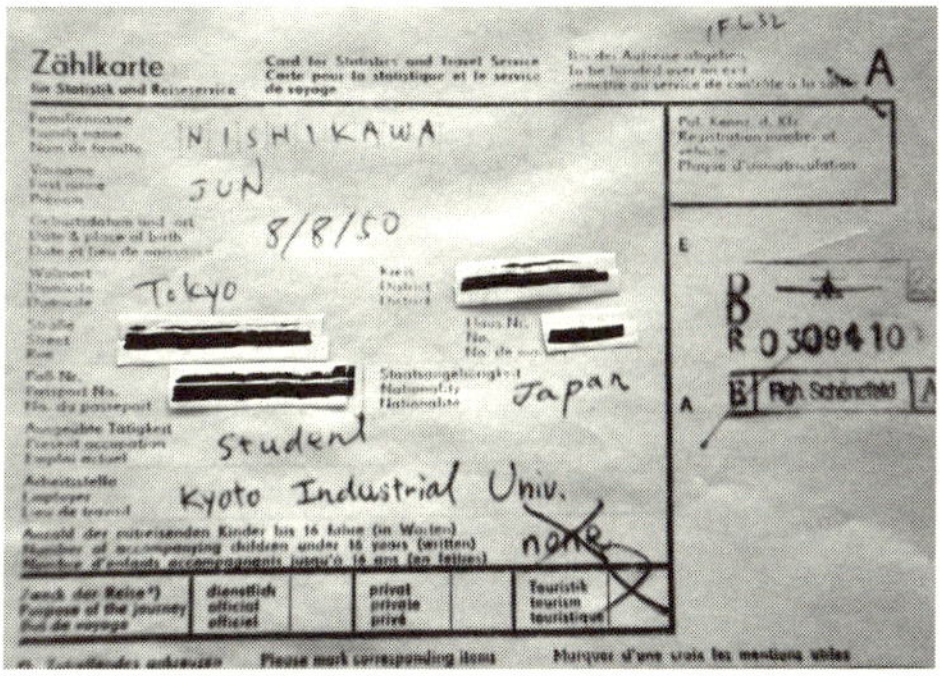
Zählkarte
NISHIKAWA
JUN
8/8/50
Tokyo
[redacted]
[redacted]
[redacted]
[redacted]
Japan
Student
Kyoto Industrial Univ.
none
R 0309410
Flgh. Schönefeld
dienstlich official officiel
privat private privé
Touristik tourism touristique
Please mark corresponding items

西川純の手書きの入出国カード（筆者撮影）
（シュタージ文書管理機関（BStU）の文書、MfS-HA II No. 20322 BStU 000027）

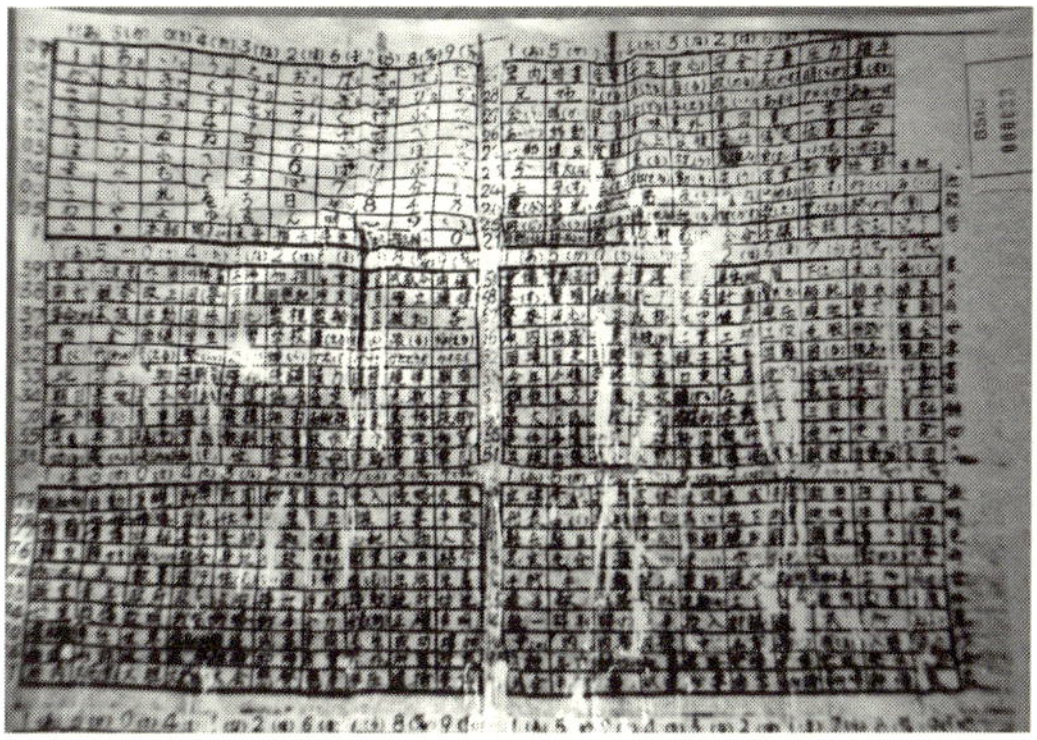

西川純が東ドイツ当局に没収された日本赤軍の暗号コード表の一部（筆者撮影）、
（シュタージ文書管理機関（BStU）の文書、MfS-HA II No. 20322 BStU 000033）

カミング・アウト（告白）

ベルリンの壁が崩壊して数年後のことだった。ウーヴェは、西ドイツのビーレフェルトからきていた男性訪問客と一緒にベルリン近くのポツダム郊外で路線バスに乗っていた。すると、頭を剃り上げ、黒の革ジャンを着た若者が二人バスに乗り込んできた。後部座席をわが物のように占領する。ネオナチだった。野球バットを持っている。ウーヴェたちは身の危険を感じた。同乗の乗客はほとんどなく、他に逃げようもない。ウーヴェはどうなるのか、不安で堪らなかった。

ネオナチはすぐに、ウーヴェたちに因縁をつけてきた。「お前たちは、コンドームなしでやってんのかよ。エイズが恐くないのかよ」と、ネオナチの一人がいった。ウーヴェは「コンドームなしなら、ホモであろうが、ヘテロであろうが同じだろう」と、おどおどしながら応じる。ネオナチの二人は意表をつかれたのか、お互いに顔を見合わせた。その後、「コンドーム、持ってないのかよ」と聞いてきた。

ウーヴェはすぐに、コンドームを一つ差し出した。コンドームを受け取ったネオナチは、パックを開けてコンドームを風船のように膨らましはじめる。コンドームがパチンとはじけた。ネオナチの二人は緊張の糸が切れたかのように、ゲラゲラと笑い出し、笑いが止まらない。二人の暴力の牙はおさまった。ウーヴェたちはすんでのところで、ネオナチの暴力から解放される。

ウーヴェは同性愛者だった。一〇代の後半になって、自分が同性愛指向だと気づいたという。ウーヴェは一九八〇年代中頃から、同性愛者の仲間とポツダム郊外にある教会系の孤児院で会うようになる。東ベルリンのような大都市であれば、教会以外にも同性愛者が集まる場所がいくつかあった。たとえばベルリン最古のゲイバーといわれるショッペンシュトゥーベ。同じくゲイバーで、映画「カミング・アウト」の舞台ともなったツム・ブアクフリーデン。カフェ北京もそうだった。

ポツダムのような地方都市では、社会の少数派である同性愛者が社会的な絆を持つのは珍しいことだった。まもなくウーヴェたちのグループは、ポツダム郊外バーベルスベアクにあるフリードリヒス教会の牧師シュテファーン・フラーデの協力を得て、教会に属する建物で定期的に合うことができるようになる。一九八八年にはポツダムで、男性同性愛者プロジェクト（HIP）というグループを立ち上げた。グループは、同性愛者が社会で平等に生きる権利を獲得することを目的に活動していた。

牧師であるシュテファーンにとって、同性愛者に神聖な教会を開放するのはタブーだった。シュテファーンは教会信徒会の反対を押し切って、同性愛者を受入れていた。シュテファーンは何度となく、同性愛者たちの会合に顔を出す。それは、教会を開放した牧師として同性愛者たちがどのような活動をしようとしているのかを監視して、責任を負うためだったのだろう、とウーヴェは推測する。

東ドイツ政府は、同性愛には寛容だった。一九八〇年代前半、東ドイツ当局が党の青年団「自由ドイツ青年団（FDJ）」の中に男性同性愛者がいることに気づく。同性愛問題を教会だけに任せておくわけにはいかない。東ドイツ政府は、同性愛に寛容な措置を取りはじめる。一九八〇年代中頃になると、東ドイツ中部のハレ市を皮切りに、国が支援する同性愛者のグループが誕生していった。ウーヴェによると、東ドイツ当局は国内でエイズが広がるのを恐れ、同性愛者に寛容に対応して管理しようとしていたのだろうという。

一九八七年、東ドイツではじめて同性愛をテーマにした映画「カミング・アウト」の撮影が許可された。映画はハイナー・カーロウ監督によるもの。男性同性愛者同士の恋愛をテーマとした。東ドイツで撮影される映画は、すべて党中央委員会の許可を必要としていた。ウーヴェによると、「カミング・アウト」の撮影が許可された背景には、優秀な映画監督を世界に出したいという党の思惑があったのだという。ハイナーは一九八八年に撮影を開始。映画は一九八九年一一月九日、カール・マルクス・アレーという通りにある東ベルリンで一番大きな映画館「インターナショナル」で封切られる。

その日の夜、ベルリンの壁が崩壊する。映画は、一九時半と二二時の二回上映された。インターナショナルには、たくさんの人が押し掛けていた。上映後、封切りを祝うパーティが映画のメイン舞台となったゲイバー「ツム・ブアクフリーデン」で行われた。ツム・ブアクフリーデンがあったのはヴィッヒェルト通り六九番。あの日一番最初にベルリンの壁が開けられたボーンホルム通り国境検問所のすぐ近くだった。映画は、ベルリンの壁崩壊の証人であったともいえる。

法的にも、東ドイツのほうが西ドイツよりも同性愛者に寛容だった。男性同性愛者同士の性的行為は、まず一八七二年に施行したドイツ帝国の刑法第一七五条によって犯罪となった。この一七五条はその後も生き続け、ナチス時代の一九三五年に強化される。戦後も東西ドイツで適用された。西ドイツはナチス時代に強化された条項を、東ドイツはナチス強化以前の条項を採用する。ただ東ドイツでは、一九五〇年代末以降同条項によって罰せられた同性愛者はいないと見られる。

東ドイツは一九六八年、独自の刑法を制定した。その時、同性愛を規制する刑法一七五条を削除。ただ新しい刑法一五一条において、男性同性愛者の性的行為は未成年者との性的行為だけを犯罪と見なすとした。だが一九八七年、東ドイツ最高裁が「同性愛は異性愛と同様、性行為の一つである。同性愛者は、社会主義社会の枠外にいるわけではない。市民権は他の市民に対するのと同様、同性愛者にも保障される」として、一五一条によって下された有罪判決をすべて破棄した。東ドイツ政府は翌一九八八年、同性愛に関する一五一条を刑法から削除。同性愛の自由が合法化された。ウーヴェによると、それによって東ドイツでは同性愛者に対するタブー視が終わったという。

西ドイツは建国後二〇年経った一九六九年に、刑法一七五条を改正。未成年者に対する男性同性愛者の性的行為だけを犯罪とした。しかし同性愛を規制する改正一七五条は東ドイツと異なり、そのまま生き続ける。同性愛を規制する一七五条が刑法から削除されたのは、統一後の一九九四年になってからだ。それに伴い、異性愛と同性愛の性的行為に差がなくなった。同性愛者の性行為が犯罪と見なされる年齢制限が、未成年の一八歳未満から性的行為に対して同意能力があると見なされる性的同意年齢の一四歳に引き下げられた。

東ドイツではじめてエイズ患者が出たのは、一九八五年だった。東ドイツでは、ベルリンの壁崩壊までにエイズ患者が二七人、HIV感染者が一三三人記録されている。それに対して西ドイツでは、同じ時期にエイズ患者が五〇〇〇人以上、HIV感染者が四万二〇〇〇人いたとされる。東ドイツでは、エイズ感染が格段に少なかったことがわかる。その一つの大きな要因として、ウーヴェは東ベルリンにはゲイバーがいくつかあったものの、同性愛がまだ商業化されていなかったからだとした。そのため、同性愛者には西ベルリンから東ベルリンに遊びにくるだけの魅力がなかったという。当時HIVに感染する可能性が一番高かったのは、外国人と性的行為をする場合だった。だが、東ドイツに入国して生活できる外国人はアンゴラやベトナム、キューバなど一部の社会主義国の市民に限定されていた。感染の危険のある外国人そのものが少なかった。ウーヴェは東ドイツでエイズが広がらなかったのは壁のあったおかげだとして、「ベルリンの壁は、世界で一番大きなコンドームだった」と表現した。

ウーヴェは統一後、シュタージ文書を閲覧した。秘密警察当局が一九八八年から、シュタージの協力者二〇人を使ってウーヴェを監視させていたのを知った。シュタージ文書を読むと、男性協力者の一人にウーヴェと肉体関係を持つように指示されていた。今から思うと、あの手この手で誘惑されていたのはみんな当局の指示だった、とウーヴェはいう。

ウーヴェが実際に、男性と恋に陥って恋愛関係に至るのは一九八九年春になってからだ。シュタージの差し向けた男性ではない。しかし、その関係は長く続かなかった。ウーヴェのパートナーは、西ドイツの男優が一九九〇年夏ベルリンで行われるクリストファー・ストリート・デーのゲイ・パレードを見にウーヴェのところに遊びにきていた時にその男優と関係を持つ。パートナーは、ウーヴェと男優の両方を愛しているという。しかし、ウーヴェは愛人が二股をかけるのには耐えられなかった。自分か男優か、どちらか一方を選んでほしいといった。パートナーは統一後、男優のところに引っ越すことを決心する。半年後、ウーヴェのところから去っていった。

ウーヴェのパートナーは、整形外科技術士だった。東ドイツでの月給は四〇〇マルク。西ドイツで働けば、月三〇〇〇ドイツマルク（二二万円相当）の収入を得ることができる。ウーヴェはこの経済的な差を考えると、西ドイツに移住するのはパートナーのためだったと回想する。

ウーヴェはいう。東ドイツ時代、同性愛者は少数派として社会の「すきま」で生活していた。東ドイツでは一九八〇年代後半、それもベルリンの壁が崩壊する直前になってようやく同性愛について啓蒙化が開始された。それまで同性愛は、社会の中でほとんど意識されていなかった。ウーヴェはそうした社会の中で、同性愛者同士が語り合える場、生活できる場を確保しようと戦ってきた。

ベルリンの壁が崩壊して、同性愛者に対する社会の見方は変わったのだろうか。ウーヴェは、変わっていないという。確かに、一九九四年に刑法第一七五条が削除され、同性愛者に対する社会の見方は変わった。しかし田舎にいけば、同性愛者にとってカミング・アウト（告白）するのは依然としてたいへん難しい問題だ。ベルリンのような大都市では匿名性がある。だから、同性愛者も生活しやすい。ゲイ・パレードであるクリストファー・ストリート・デーになると、ベルリンとポツダムの市役所では同性愛者の象徴であるレインボーフラッグが掲揚されるようにもなった。

ベルリンの壁の崩壊で、ベルリン全体で同性愛ビジネスが拡散している。同性愛者専用の理容室、歯医者、マッサージサロン、ホテルなども登場した。それによって、同性愛者が自分たちだけの世界に生きていけるようになった。しかしウーヴェは、こうした同性愛の商業化はむしろ「同性愛者自身によるゲットー化だ」と批判する。ベルリンで開催されるクリストファー・ストリート・デーは、世界でも最大級の規模に成長する。しかしそれは、ゲイ・パレードが商業化されてきたからだ。

クリストファー・ストリート・デー本来の同性愛者の権利を主張する政治的なメッセージは、どこにいってしまったのか。ウーヴェは憤る。少数派である同性愛者の権利を守らなければならない。同性カップルと異性カップルは平等に扱われなければならない。子どもを養子にとる権利、同性カップル間の相続権の問題など、同性カップルにも異性夫婦と同じ権利が認められなければならないという。ウーヴェの住むブランデンブルク州では、同性愛者であろうがなかろうが、すべての市民が平等の権利を有すると州憲法にはっきりと明記されている。それが国の憲法である基本法でも明記されなければならない、とウーヴェは主張した。

ドイツは確かに、同性愛者を受け入れ、寛容になってきている。でもウーヴェは、いつ同性愛者が拒否され、差別されるようになるかわからないといつも不安を抱いている。現在、同性愛に関する情報が普及してきたのはいいことだ。だが逆に、社会が同性愛に敏感になって差別が拡大する危険も大きくなっている。ウーヴェは、同性愛に寛容な大都市ベルリンでさえも同性愛者に対する暴力が増え、同性愛者に攻撃的になったと肌で感じている。ネオナチなど極右グループが、若者に反同性愛を洗脳しているからだ。

ぼくはウーヴェに、ベルリンの壁崩壊前と崩壊後では同性愛者としてどちらが生きやすかったかと聞いてみた。

ウーヴェは考えることもなくすぐに、「変わらない」と答えた。どの時代にも、いい点と悪い点があったという。変わらないのは、自分が同性愛者だと告白するのは昔も今も難しいことだといった。たとえば、ウーヴェの今のパートナーであるペーター。ペーターは西ドイツ南部バイエルン州の出身。保守的で、カトリック系市民の多いところだ。ペーターの父親はもう八〇歳になるが、ある小さな村で保守系の政治家をしていた。保守的な家庭環境に育ったペーターは、自分が同性愛に傾倒していることを家族に告白することができない。一六歳で近くの大都市ミュンヒェンに出て、一八歳でベルリンにきた。ベルリンでは、東ベルリンの一角で極左グループに属する仲間と一緒に集合住宅を占拠して暮らしていた。その時、偶然ウーヴェと知り合った。ペーターは数年前に悪性リンパ腫とわかり、何度となく強い化学療法を受けた。生死の間を彷徨っていた。骨髄移植手術をしたほうがいいともいわれる。ペーターは家族の誰かに、骨髄細胞を提供してもらおうかと思ったこともある。でもペーターは、ウーヴェとの関係を秘密にするため、家族にはまだ聞くことができない。

裸の自由

ある夏の週末、レギーナの家族と一緒に車で郊外に出かけることになっていた。前の晩、レギーナから電話がくる。明日はフォルカーの家族と一緒にFKKに行くことになったけどいいかという。

FKK（エフ・カー・カーと読む）は、Fが「自由」、はじめのKが「からだ」、次のKが「文化」のこと。「自由に裸になる文化」とでもいえるだろうか。「ヌーディズム」のことだ。FKKのエリアには、裸でないと入れない。

ぼくは一瞬、躊躇した。

FKKは、外からなら「のぞき体験」したことがある。でも、自分で実際に裸になって体験するのははじめてだ。かつてFKKを体験した日本人の友人のことが、すぐに思い出された。友人はFKKで、一緒の仲間とともに記念写真を撮られた。その写真を後で見たドイツ人の友人が、「イスト・ダス・アレス（それだけ）？」と聞いたという。自信のないぼくもこういうことになったら、どうしようと思った。平静に保っておれるのかどうかも、自信がなかった。

しかし、ここまできて引き下がるわけにはいかない。ぼくは清水の舞台から飛び降りる気持ちで、

「よし、行こう」といった。

翌朝は、幸か不幸かすばらしい天気。内心ハラハラというか、諦めの心境というか、複雑な気持ちで出発した。

行ったのはリープニッツ湖。東ベルリンから北へ車で小一時間くらいのところ。東ベルリン周辺では一番水のきれいな湖だ。だが日本人のぼくには、水はお世辞にもきれいとはいえない。ＦＫＫのエリアは、湖の真ん中にある小さな島にある。湖畔からエンジン付きの渡し船で渡った。

船を降りて少し歩くと、ＦＫＫのエリアが眼前に広がってきた。四方八方見渡す限り、スッポンポンの人ばかり。痛いくらいに真っ赤に日焼けした肌、小麦色に焼けた肌がまぶしい。見てありがたいものもあれば、見たくないものまで陳列されている。

一瞬、下界から「楽園」に着てしまったのではないだろうかと錯覚してしまう解放感。裸の楽園の絵の中に、吸い込まれていく思いがした。だが、すぐに現実に戻る。洋服を脱ぎ捨てて裸になると、自信のなさが不安に拡大していく。しかし周りが裸ばかりなので、裸でないほうが不思議になってくる。できるだけ目をキョロキョロさせないように努めた。でも、ついつい辺りを見渡したくなる。

持ってきた新聞を読みながら日向ボッコをしているうちに、ついうとうと寝入ってしまった。目を覚まして見上げると、目の前に巨大な女性の足の裏が四つ平行に並んでいた。目がすぐに、股間の暗いトンネルに吸い込まれていった。

みんながみんな裸だと、エロチックな感じがしないのは不思議なことだ。湖では、子どもたちが水浴を楽しみ、遠泳している大人もいる。湖の畔では、キラキラとした日差しを浴びながら、本を読んだり、おしゃべりをする。ただ、それだけのことだ。それで一日をのんびりと過ごす。ここには、そういう自由があった。

その後、ぼくは何か一皮むけたような気分になっていた。タブーや束縛、恥ずかしさから解放されたのだと思う。

ＦＫＫ（ヌーディズム）の運動は、東ドイツ特有のものではない。その起源を探ると、一八世紀はじめにまで遡ることができるのだという。東ドイツ時代には、北部のバルト海沿岸や湖の畔にたくさんのＦＫＫエリアがあった。

東ドイツでは、一九五〇年はじめにバルト海沿岸のアーレンスホープというところで芸術家やインテリがＦＫＫをはじめたのだという。しかし、水着を着る派と水着を着ない派で争いが起こる。地元当局がＦＫＫを禁止した。水着を着ない派はそれでは収まらない。両派の争いがエスカレートしていった。それを西ドイツの政治雑誌『シュピーゲル』が、一九五四年に報道した。東ドイツ当局はその記事によって東ドイツに対する風評被害が広がるのを恐れ、バルト海沿岸でのＦＫＫを全面的に禁止する。むしろ、それは逆効果だった。東ドイツ市民は、裸になる・ならないは個人の問題だとして政府の決定に反発。政府が禁止したにも関わらず、市民は勝手に裸になってＦＫＫを楽しんだ。ＦＫＫを支持するたくさんの嘆願書も政府に送られたという。その結果、政府は二年後の一九五六年にＦＫＫの禁止を撤回する。それによって、「ＦＫＫエリア」に指定されたところであれば裸になるのが合法となった。

一九七〇年代に入って、ＦＫＫは一般市民にも普及していった。八〇年代になると、社会全体に広がっていく。一般市民も裸になることを躊躇しなくなり、FKKが一般化していった。労働者の国東ドイツにおいて、労働者が自ら裸になる自由を獲得したのだった。

壁が崩壊して驚いたのは、西ドイツ市民だった。西ドイツでもFKKはあった。しかし、東ドイツほどには一般化していなかった。東ドイツのバルト海沿岸を訪れる西ドイツ市民は、東ドイツ市民は裸になり過ぎ、破廉恥だと感じるようになる。その結果、東ドイツ市民はFKKエリアを縮小するなど、自ら裸になる自由を制限しなければならなくなる。

解放された犬

ドイツ統一後、ベルリンの地下鉄では警備員二人と大きな犬一匹が一組になって四六時中警備するようになった。犬はシェパードが多く、その他にロードヴァイラーなども見かけたことがある。地下鉄で、暴力やバンダリズム（蛮行）が増えたからだ。統一後に、急に警備犬が増える。ぼくは、犬たちはもしかすると、東西ドイツの国境に配置されていた東ドイツ国境警備隊の警備犬だったのではないかと疑った。

いろいろ調べてみたところ、西ドイツの動物愛護団体が国境警備犬の「里親探し」をしていたことがわかった。早速、ベルリンの動物愛護団体に問い合わせてみた。すると、ロス広報担当は「それは、もう過去のことです」と、意外に素っ気なかった。壁の崩壊直後、全体で五〇〇〇匹以上の国境警備犬がいたという。主にシェパードだった。これといって特別に訓練されたわけでもなく、普通の犬と変わらなかった。

犬は、東西ドイツ国境を超えて西ドイツに逃亡しようとする東ドイツ市民を脅す目的で使われていた。それが、壁の崩壊とともに一夜にして必要とされなくなる。動物愛護団体がすぐに、新しい飼い主を探してやろうと活動をはじめた。動物愛護団体は東ドイツ国防省と交渉をはじめ、一九九〇年一月に「里親探し」を発表した。

その反響は、すごかったという。発表と同時に電話が鳴り止まず、引き取り希望者からたくさんの問い合わせがあった。「何でそんなことをするのか」と、批判や中傷もあった。国境の警備犬は一般家庭で飼うのは無理だとか、牙が特別なヤスリで鋭く磨いてあると脅すものもあった。中傷は特に西ドイツからで、犬の販売市場が乱れるのを警戒したペット業者が意図的にやったらしい。

東ドイツ市民ははじめ、警備犬のことを憎んでいた。だが西ドイツで悪質な中傷や宣伝がはじまると、東ドイツ市民は国境警備犬に同情するようになった。

犬の里親を探すので一番問題になったのは、引き取り希望者がまじめに犬を飼おうとしているのか、どうかだった。直接聞き取りしたり、手紙でやり取りを重ねながら、本当に犬が好きな飼い主を見つけていった。犬を引き渡した後も犬が大事に飼われているか、愛護団体は調べるのを怠らなかった。

仲介した犬の九九%が、西ドイツにもらわれていったという。そのほとんどが一般家庭だった。警備会社からもたくさんの問い合わせがあった。しかし犬を民間の警備用に訓練し直すには年を取り過ぎていて、警備会社にもらわれていった犬はほとんどいない。

何か変な問い合わせがなかったかと聞くと、「韓国からは食用に買い付けにきましたね。アメリカからは、ご婦人がベルリンの壁の記念にしたいとわざわざ飛行機できましたよ」と教えてくれた。「もちろん、そういう方たちには渡しませんでした」と、付け加えることを忘れなかった。

ベルリンの地下鉄で警備する犬はどうなんだろうか。東西ドイツ国境で警備していた犬はいるのだろうか。ロス広報担当は、「ほとんどいません。いたとしても、二、三匹でしょう」と答えてくれた。

東西ドイツ国境で警備していた犬たちは、壁崩壊後すぐに「普通」の犬に戻ることができたのだった。

議会制民主主義に失望

ノイエス・フォールムのセバスチァンがベルリンの壁崩壊後に、ノイエス・フォールムの代表として円卓会議に参加し、自由選挙前に挙国一致内閣で無任所大臣となったことはすでに書いた。だがその時、政治体制はまだ民主主義的な体制ではなかった。セバスチャンがはじめて民主主義、正確には議会制民主主義を体験するのは、ベルリン市議会議員になってからのことだ。セバスチャンは、ドイツ統一後の一九九〇年一二月のベルリン市議会選挙で当選して市議会議員になった。

セバスチャンを含め東ベルリン選出の議員にとって、それがはじめての議会制民主主義だった。東ベルリンで当選した議員のほとんどは党内で活動した経験もなく、統一後いきなり当選して議員となる。ほとんどの議員はそれまでの職を捨てて、議員活動を全うするしかなかった。

それに対して西ベルリン選出の議員は、長い間党のために活動して当選した議員だった。弁護士や公務員として働くなど社会的地位も高く、仕事の傍ら議員活動をしていた。セバスチャンにとって、ほとんど違う人種だったという。

セバスチャンはここではじめて、議会制民主主義とはどういうものなのか、その実態を体験する。

しかしセバスチャンにとって、市議会は民主主義の場ではなかった。民主主義が演技されている舞台にしか映らない。議員一人一人の意見は無視され、人格も顧みられない。議会はすべて各政党の議員団の規律によって運営され、議員は議員団団長のいう通りに動くしかない。議員団はすべて、経験豊な西ベルリンの議員に牛耳られていた。東ベルリンで選出された新米議員の出る幕はなかった。

東ベルリン選出の議員は会派を超えて、東ベルリンの利益を考える超党派議員グループを造ろうとした。しかし東ベルリン議員の試みは、各党議員団団長の鶴の一声でことごとく潰される。

それは、セバスチャンが東ドイツ時代に想像していた議会制民主主義ではなかった。セバスチャンが考えていた議会制民主主義は、議員一人一人が自主性を持って、市民のために政治を行うことだった。そういう民主主義はどこにもなかった。東ドイツで民主化運動を起こして政治家になった議員は、誰もがそう思ったという。

セバスチャンは、これが現実の議会制民主主義だと悟る。議会制民主主義といえど、政治はごく少数の政治家によってしか行われていない。どうして、それが可能なのか。セバスチャンには、それが理解できなかった。形式的には、議会制民主主義かもしれない。でも、民意どころか、議員一人一人の考えさえも反映されない政治なら、東ドイツ時代の独裁政治とどこが違うのだろうか。独裁政治に抵抗してきた市民の一人として、セバスチャンは失望せざるを得なかった。

西ベルリンの政治家の中にも、セバスチャンと同じように感じ、議会制民主主義の現状を変えなければならないと戦っている政治家がいた。しかし、ごく少数だった。セバスチャンは同じ志を持つ議員と協力してこの現実を少しでも変えようとして戦った。しかし、現実の壁は想像以上に高く、頑丈だった。ベルリンの壁と違い、この高い壁を崩壊させることはできなかった。

セバスチャンは議員活動を数年続けただけで、議員活動を続けるのに限界を感じる。一期議員として活動しただけで、議員を辞める決心をした。議員を辞めることは、セバスチャンにとって失業して収入源を失ってしまうことだった。議員活動を終えると、セバスチャンはベルリンの壁が崩壊する前と同じように、再び市民運動に身を捧げていくようになる。

ベルリンの壁崩壊前に東ドイツの民主化運動をリードしてきた市民のほとんどは、セバスチャンと同じような運命をたどる。統一後政治家となっても辞めてしまうか、はじめから政界に入ろうとはしなかった。東ドイツの民主化運動出身で、統一ドイツの政界で活躍できた数少ない政治家の一人が、前ブランデンブルク州首相で社会民主党党首にまでなったマティアス・プラツェックだ。マティアスははじめは、東ドイツの市民グループによって設立された九〇年同盟に属していた。九〇年同盟が西ドイツの緑の党と合併することになると、社民党に移った。その後、ポツダム市長、ブランデンブルク州環境大臣を経て州首相となる。特に州の環境大臣時代に、同州を流れるエルベ川の大洪水において果敢に動いて堤防の決壊を食い止めたことで注目される。それ以来、「堤防伯爵」と呼ばれるようになった。

ドイツのシュレーダー元首相（社民党）は、マティアスを自分の後継者にと考えていたという。外務大臣就任を要請したこともある。しかしマティアスは、自分は州議会選挙で選挙民に任期を全うすることを約束しているので、東ドイツのブランデンブルク州を離れるわけにはいかないと固執した。その後、社民党内のごたごたで新しい政治を期待されて新党首に就任。ここではじめて、東ドイツから全国区に進出した。しかし、州と全国区を両立する政治的な重圧に耐えきれずに党首を辞任。ブランデンブルク州に戻って、州首相としての任務に専念する。しかしそれも、健康上の理由から任期途中で州首相を辞任した。

マティアスは、新しいタイプの政治家だといわれていた。決して政治権力を嵩にかけず、互いに納得できるコンセンサスを求めて対話する。政治家として出世することに固執せず、政治家として自分に何ができるかを慎重に考えるタイプだった。しかしマティアスのような新しいタイプの政治家は、国政の政治家としては十分に実力を発揮できないままに終わる。地元のブランデンブルク州と違い、統一ドイツ全国区では西ドイツの政治権力構造がそのまま残っているからだ。

ドイツでは現在、国家元首だが、政治権力をほとんど持っていないドイツ大統領がヨアヒム・ガウク、行政権を握る連邦首相がアンゲラ・メルケルと、東ドイツ出身の人物が統一ドイツの首脳となっている。ただこの二人は、ベルリンの壁崩壊前の東ドイツの民主化運動において活発に活動した民主化運動家ではなかった。

裁かれない過去

統一によって、東ドイツの過去がすべて清算されたわけではない。東ドイツの独裁体制による暴力、弾圧、横領、腐敗など政治犯罪をどう追求して裁くのか。特に、東西ドイツ国境で西ドイツに逃亡しようとして射殺されたか、死亡した東ドイツ市民約八五〇人に対する責任が追求されなければならなかった。ただ東西ドイツ国境での死者数は、壁が崩壊して二五年経った今もまだはっきり解明されたわけではない。

東ドイツの独裁体制の責任を裁く法的基盤になるのは、統一ドイツの刑法ではない。東ドイツの刑法だ。それは、統一ドイツの憲法に相当する基本法第一〇三条第二項で、犯罪行為が行われる前にそれが犯罪だと法的に規定されていない限り、その行為を罰してはならないと規定されているからだ。たとえ生きる権利など基本的人権を侵害する犯罪であっても、東ドイツ時代に行われた政治的な犯罪は、当時有効だった東ドイツの刑法でそれが犯罪行為と規定されていない限り、その行為を裁くことはできない。これは、法治国家の基本だ。

東西ドイツ国境線での射殺行為に関しては、統一ドイツの検察当局が全体で六〇〇〇件以上について捜査を開始した。そのうち、起訴されたのはわずか一一一件しかない。そのための裁判を俗に「壁裁判」といった。壁裁判では、ほとんどが執行猶予付の判決が下された。実刑判決（自由刑）が下されたのは、二五件にすぎなかった。

クリス・グェフロイ、当時二〇歳。クリスは、ベルリンの壁で射殺された最後の犠牲者だ。東ベルリン地方紙に掲載された死亡広告には、一九八九年二月六日死亡とある。クリスは同じ二〇歳のクリスティアン・ガウディンとともに、東ベルリン南西部のトレプトウ運河沿いの壁を乗り越えて西ベルリンに逃亡しようとした。

二人はまず、東ベルリン側のコンクリート壁を乗り越えた。そこから、西ベルリン側の金網の壁に向かっているところで発見される。事件当時西ベルリン側で国境からの音を聞いた目撃者によると、国境警備隊の兵士がまず「止まれ、伏せろ！」と、静止命令を出した。それからすぐに、銃声が二発聞こえたという。その後、照明弾が撃たれ、さらに銃声が続いた。

一九八九年二月七日の西ベルリンの地方紙は、五日から六日にかけた深夜に男性一人が東西ベルリンの壁を乗り越えて西ベルリンに逃げようとしたが、失敗したと報じている。銃声が一〇発聞こえ、男性は地面に倒れた後に兵士に連れ去られたという。記事は、西ベルリン側の目撃者の証言を元に書かれたものだった。記事には、東ドイツ外務省は武器の使用を否認したとある。

当初、西ドイツの人権擁護団体はクリスティアンも射殺されたとしていた。しかしクリスティアンは、足に銃弾を受けて拘束されたが、一命をとりとめていた。

二週間後の二月二一日、東ベルリンの地方紙『ベルリン新聞』に次のような死亡広告が掲載された。

私たちには、信じられません
まだこんなに若かったのに
ある痛ましい出来事によって逝ってしまった
クリス・グェフロイのことを
私たちは深く心を痛め、心から悲しんでいます

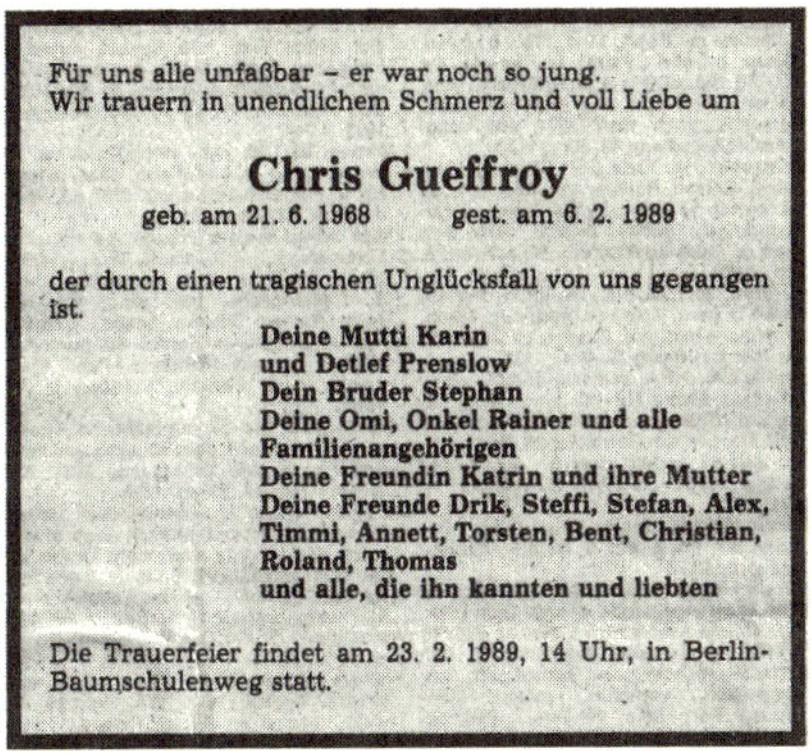
Für uns alle unfaßbar – er war noch so jung.
Wir trauern in unendlichem Schmerz und voll Liebe um

Chris Gueffroy
geb. am 21. 6. 1968　gest. am 6. 2. 1989

der durch einen tragischen Unglücksfall von uns gegangen ist.

Deine Mutti Karin
und Detlef Prenslow
Dein Bruder Stephan
Deine Omi, Onkel Rainer und alle Familienangehörigen
Deine Freundin Katrin und ihre Mutter
Deine Freunde Drik, Steffi, Stefan, Alex, Timmi, Annett, Torsten, Bent, Christian, Roland, Thomas
und alle, die ihn kannten und liebten

Die Trauerfeier findet am 23. 2. 1989, 14 Uhr, in Berlin-Baumschulenweg statt.

1989年2月21日の東ベルリンの地方紙『ベルリン新聞』に掲載されたクリスの死亡広告（筆者撮影）

この死亡広告が東ベルリンの新聞に掲載されたこと、それも「痛ましい出来事」という表現が使われたことは、当時としては全く異例なことだった。クリスの家族は事件のあった二日後に当局に呼び出され、身元確認をして遺体を引き取った。クリスの家族が西ドイツの人権擁護団体に送った手紙によると、クリスは七発の銃弾を受け、即死し

た模様だったという。

壁裁判の中で最初に裁判となったのは、このクリス・グェフロイ射殺事件だった。当時国境を警備していた四人の元兵士が起訴された。発砲を命令した上官と、実際に発砲した兵士三人だ。

一九九二年一月二〇日、ベルリンの地方裁判所が四人の兵士に対する判決を下した。発砲を命令した上官と足を狙い撃ちした兵士は無罪。二人には、殺意がなかったからだ。クリスとクリスティアンの二人の頭上に、何発も射った兵士は執行猶予付きの禁固二年。クリスに致命傷となる銃弾を射った兵士に、禁固三年半の実刑判決がいい渡された。

裁判では、西ドイツ出身の検察官が起訴し、西ドイツ出身の裁判官が判断した。裁判の法的基盤になったのは、東ドイツの国境法だ。有罪判決を受けた元兵士は、起訴状では殺人罪に問われた。ここで焦点になったのは、逃亡者を撃った兵士を東ドイツの刑法でその刑事責任を問えるかどうかだった。国境を警備する兵士には、東ドイツの国境法で発砲することが認められていた。東ドイツの司法体制、軍の命令体制からすると、兵士がこの場合に発砲するのは義務だった。合法だったということになる。

本来、人を殺す行為は犯罪だ。しかし特殊な事情があれば、人を殺しても刑法上犯罪とはならない。たとえば、死刑執行人や軍の兵士、正当防衛などがそうだ。死刑執行人にしろ、軍の兵士は、国家の命令にしたがって実行している。だから、人を殺しても正当な行為と見なされ、法的には犯罪とはならない。

クリスを撃った元兵士は、無罪なのか。

ベルリン地方裁判所の裁判官は最終的に、国境兵士を（東ドイツの）法律で裁くことはできなかった。

判決の基盤になったのは、法律ではなく、基本的人権だった。クリスを撃った兵士は、「人権の核に違反した」とされた。狙い撃ちして人を殺すことに対して、良心の呵責もなく国家の命令にしたがった。判決は、国境兵士に自分自身の良心で判断できる余地を認め、兵士は死刑執行人と異なり、逃亡するクリスを必ずしも射殺する必要はなかったはずだとした。それが、兵士を有罪とした根拠だった。

ここで、疑問が生まれる。クリスの死と兵士の射殺行為に、直接の関係があるのは確かだ。かといって、命令系統の末端で武器を使用する兵士だけを処罰していいのか。兵士は、上下関係のある命令系統の下で射殺したはずだ。兵士の上には、直属の上司から国境警備隊、人民軍、国防省の最高責任者、さらに国の最高権力者であるホーネッカー国家評議会議長がいる。さらにその上には、ソ連の首脳がいるではないか。また、戦後東西冷戦の緊張をもたらした両極体制には責任はないのか。

検察当局は、まず末端の現場兵士で有罪を確定させ、その後に実行犯の背後で命令を下していた上司、権力者の責任を追求したいという戦略だったといわれる。しかし、実際に壁裁判において処罰されたのは、ほとんどが国境を警備していた末端の現場の兵士だけだった。兵士たちに対して射殺を指示、命令した上司や東ドイツの首脳の責任はほとんど裁かれなかった。

ホーネッカー国家評議会議長に対する裁判は、最終的に高齢による健康上の理由で取りやめられた。長年に渡って秘密警察シュタージを指揮していたミールケ国家安全保障大臣は、一九三〇年代はじめの警官射殺行為に対して六年の有罪判決を受けたにすぎない。別件で有罪になったということだ。ミールケも最終的には、裁判中の身柄拘束期間を含め四年間拘束された後、高齢を理由に執行猶予付きで釈放された。

壁裁判は、法治国家の限界を露呈させてしまったといえる。

ぼくは、壁裁判の結末を正当化するつもりはない。でも、現在世界各地で起こっている紛争や戦争を見ると、壁裁判のように、紛争と戦争に関わるすべての権力者、政治家、兵士、テロリストを武器製造者も含めて基本的人権によって裁きたくなる。

3章　計画経済から資本主義経済へ

グッバイ・レーニン

二〇〇三年、ヴォルフガング・ベッカー監督の「グッバイ・レーニン！」というドイツ映画が公開された。

映画の舞台は、ベルリンの壁崩壊前後の東ベルリン。東ドイツ建国四〇周年記念の一九八九年一〇月七日、つまりベルリンの壁が崩壊する一カ月前、アレックスの母親は偶然路上で、反体制デモに参加する息子アレックスが拘束されるのを目撃した。母親はそれにショックを受け、その場で心筋梗塞で倒れてしまった。母親は一命はとりとめたものの、意識不明の植物人間となる。しかし母親は八カ月後、奇跡的に目をさましたのだ。

母親はその間、ベルリンの壁の崩壊はおろか、東西ドイツが統一される予定であることも知らない。東ドイツの社会は、通貨統合を経てすでに資本主義化されようとしていた。倒れる前、社会主義体制のために精力的に働いてきた母親。統一の現実を知らせてしまうと、ショックですぐに逝ってしまいかねない。自宅のアパートに戻って養生する母親のため、アレックスは現実を知らせないまま、母親の部屋だけを東ドイツ時代の生活に復元させることにした。

だがそれは、資本主義化途上の社会においてはとても難しいことだった。社会はすでに西ドイツ化され、東ドイツ時代の商品はもう店頭には並んでいない。アレックスはふと、ベルリンの壁が崩壊する前に空になったアパートがあることを思いつく。住民が東ドイツを捨てて西ドイツに逃亡してしまったからだ。そこには、当時の東ドイツの製品が残っているはずだ。アレックスは空になったアパートに忍び込み、当時のまま残っていた東ドイツの品物を拝借してくる。

母親の部屋では、こうして東ドイツ時代が再現された。母親に東ドイツを演出するため、「東ドイツの」テレビニュースも見せたい。アレックスは友だちのデニスと一緒に当時の東ドイツスタイルで定期的に偽造ニュースをつくっては、母親に見せた。

母親はある日、アレックスが留守にしている間に病後はじめてひとりでアパートから下界に出た。その時母親が目にしたのは、ヘリコプターで撤去される巨大なレーニン像だった。

映画は、東西ドイツ統一に絡んだ物語をコミカルなタッチで描いていく。映画には、東ドイツ時代のことを知らないと理解できないのではないかと思われるところがないではない。しかし映画は、あまり知られていない社会主義体制下における一般市民の生活と、ベルリンの壁崩壊後に資本主義経済へ移行する東ドイツ社会における生活の変化を十分に垣間見せてくれた。

通貨統合

ベルリンの壁崩壊後一九九〇年になっても、東ドイツを捨てて西ドイツに移住する市民が後を絶たなかった。むしろ、ますます増えていくばかりだった。東ドイツ市民は国内のデモで、「(西) ドイツマルクを手にできれば、（東ドイツに）留まろう。さもないと、お前たちのところ（西ドイツ）にいくぞ」と、脅しまがいのシュプレヒコールをあげはじめる。

そうなって困るのは、西ドイツだった。東ドイツからの移民の負担だけではなく、東ドイツから安い労働力が移住してくると、西ドイツ市民が失業することが心配された。西ドイツで、大きな社会問題となる危険がある。それを避けるには、西ドイツが財政破綻状態の東ドイツを財政的に支援するか、できるだけ早く通貨を統合するしかない。西ドイツのコール首相は、東ドイツからの移住にブレーキをかけるには、できるだけ早く通貨を統合するしかないと考えていたという。

東西ドイツの経済力に大きな隔たりがあることを考えると、たとえ通貨を統合しても、東ドイツを財政的に支援して経済格差を少なくしていかなければならない。それも、西ドイツにとって大きな負担となる。リスクも大きかった。西ドイツの中央銀行である連邦銀行の総裁をはじめとして、西ドイツの金融、経済界は通貨統合を慎重に行うべきだと考えていた。

通貨統合とともに消滅した東ドイツマルク紙幣

だが、コールは政治判断で通貨統合を決断する。

一九九〇年五月一八日、東西ドイツは通貨統合に関する国家条約に調印した。一九九〇年七月一日から東西ドイツの通貨が（西）ドイツマルクに統一され、西ドイツの経済制度と社会福祉制度が東ドイツに導入されることになる。

ここで最も重大で、難しい問題は、通貨統合する時の東西ドイツ通貨の交換レートだった。東ドイツ側では、(西)ドイツマルクと(東ドイツ)マルクは一対一で交換されていた。それが公式の為替レートだった。しかし当時西ドイツでは、一(西)ドイツマルクは八から一〇(東ドイツ)マルクになった。(東ドイツ)マルクは西側経済では、(西)ドイツマルクの一〇分の一程度の価値しかなかったということだ。この差を緩和するため、東ドイツは国際貿易において通貨価値を調整し、一(西)ドイツマルクを四・四四(東ドイツ)マルクと換算していた。東ドイツは、こうして二つの公式為替レートを使い分けていた。

為替レートの問題を解決するため、東西ドイツの中央銀行首脳が通貨統合を前に何度となく話し合いを続けていた。だが西ドイツのコール首相は、金融専門家同士の話し合いを無視。一九九〇年三月に東ドイツではじめて自由選挙が行われるのを前に、七月一日に通貨を統合すると政治決定する。東ドイツ市民は一人当り四〇〇〇マルクまで、年金生活者は六〇〇〇マルクまで一対一で、それ以上の額は一対二で(西)ドイツマルクに交換できるとした。

これは、三月の自由選挙に向けたコールの選挙戦略でもあった。東ドイツ市民の貯金額がそれほど多くないことを考えると、この為替レートだと貯金のほとんどを一対一で交換できる。コールは、(西)ドイツマルクで票を釣りに出たのだった。

コールの為替レートは、東ドイツ市民にとってはとても寛大だった。しかし、東ドイツの企業には倒産しろといっているのと同じだった。東ドイツ企業は、東欧諸国を大きな市場にしていた。だがこの為替レートでは、東欧諸国で製品を販売できるチャンスはない。負債なしに経営している企業はない。通貨統合によって、企業の負債額も人工的に実際の負債価値の何倍にも膨れ上がることになる。

経営が成り立つはずがなかった。

当時東ドイツ国立銀行の副総裁だったエドガー・モストにとって、コール首相の政治決定は東ドイツ企業を処分するのと同じだった。エドガーはコールに、一般市民と企業向けに別々の交換レートを設けてほしいと嘆願した。コールはそれを聞き入れない。逆に、エドガーを辞任させようとまでした。エドガーは自著でこの時のことを回顧して、「西ドイツの中央銀行は、中立ではない」とはっきり書いている。

翌一九九一年、西ドイツの連邦銀行総裁カール・プェールは自ら辞任した。通貨統合に向けて本来中立であるべきはずの重大な金融政策が、政治主導で決められてしまったことに反発したのだった。

通貨統合では最終的に、一四歳までの東ドイツ市民は二〇〇〇マルクまで、一五歳から五九歳までは四〇〇〇マルクまで、六〇歳以上は六〇〇〇マルクまでを一対一で交換、それ以上は一対二で（西）ドイツマルクに交換できることになった。その他、年金、給与、家賃など定期的に支払われるものについては、金額に関係なく一対一で交換することになった。

この寛大な交換レートは、ぼくのように東ドイツに住む西側社会の市民にも適用された。ぼくが東ドイツでビザをもらって働いていたからだ。ぼくの雇用主は日系企業だが、ぼくは日系企業からの給与以外に東ドイツマルクを「日当」の形でもらっていた。ぼくは近くの銀行で日当給付証明書を見せ、手持ちの東ドイツマルクをすべて一対一で（西）ドイツマルクに交換してもらうことができた。

この東ドイツマルクの「日当」というのは、東ドイツで働く西側市民が東ドイツで生活できるように東ドイツ側から給付された。日当は本来、雇用主である西側企業からその社員にそのまま渡される

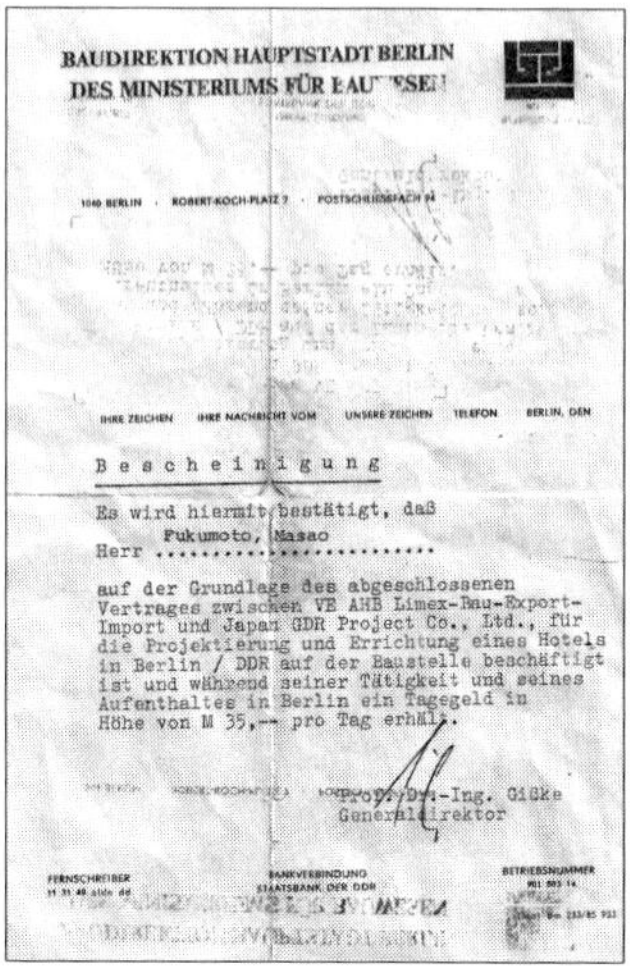
BAUDIREKTION HAUPTSTADT BERLIN
DES MINISTERIUMS FÜR BAUWESEN

1040 BERLIN · ROBERT-KOCH-PLATZ 7 · POSTSCHLIESSFACH 94

IHRE ZEICHEN IHRE NACHRICHT VOM UNSERE ZEICHEN TELEFON BERLIN, DEN

Bescheinigung

Es wird hiermit bestätigt, daß
Herr Fukumoto, Masao

auf der Grundlage des abgeschlossenen Vertrages zwischen VE AHB Limex-Bau-Export-Import und Japan GDR Project Co., Ltd., für die Projektierung und Errichtung eines Hotels in Berlin / DDR auf der Baustelle beschäftigt ist und während seiner Tätigkeit und seines Aufenthaltes in Berlin ein Tagegeld in Höhe von M 35,-- pro Tag erhält.

Prof. Dr.-Ing. Gißke
Generaldirektor

FERNSCHREIBER　BANKVERBINDUNG STAATSBANK DER DDR　BETRIEBSNUMMER

ぼくがいつも携帯していた日当給付証明書

べきものだった。だがぼくの勤めていた日系企業は、社員にその一部しか支給せず、手元に残った東ドイツマルクを裏金として蓄えていた。通貨統合で困ったのは、その日系企業だった。裏金は、正式には交換できない。日系企業は、まだ一対一で交換できる余裕のある東ドイツ市民に裏金を託し、できるだけ多くの裏金を一対一で交換してもらおうとした。

資材の調達を担当していたぼくは、通貨統合によって西ドイツの経済制度が入ってくれば、西ドイツなど国外から入ってくる製品の通関手続きがたいへん楽になるだろうと期待していた。東ドイツでの通関手続きは、そこまでやるかと思うくらいにばかばかしいことだらけだった。いやがらせをされているのかと思ったこともある。仕事が増えるだけだった。

だが実際に蓋を開けてみると、現実は逆だった。通貨統合後の通関手続きは東ドイツ時代以上に面倒で、仕事がさらに増えた。東ドイツの制度は基本だけ規制され、後は通関係官の裁量に任されていた。そのため、担当の係官といい関係を保っておけば、いろいろと融通をきかせてもらうことができた。それが西ドイツの制度が導入されたとたん、細かいところまでぎっしりと規定があるので、それを守るしかない。融通がきかないのだ。

ぼくはとんでもないことになったと、増えていくだけの書類の山を怨んだ。

企業を民営化

東ドイツの企業はすべて国営企業だった。東ドイツ政府は通貨統合前の一九九〇年六月、国営企業の財産を管理して民営化するため、「信託公社」という政府直属の管理会社を設置した。通貨統合時点で、約八五〇〇社が国営企業として登録されていた。それをすべて売却するなどして、民営化しなければならなかった。

東ドイツでは、一九六〇年代末から同業種の企業をまとめて「コンビナート」と呼ばれる企業体化が進められていた。一つ一つの企業体は、巨大な企業連合だった。企業連合では、企業体が何でもすべて自力で処理できるようにあらゆる部門が整えられていた。そのため東ドイツでは、中小企業というものが存在しなかった。資本主義経済では、こうした経済構造は機能しない。巨大企業体をまず分割して、中小企業を造っていかなければならなかった。

ぼくは当時、プラント建設現場で調達の仕事をしていた。東ドイツ時代、西側企業は通常、国営の貿易商社としか契約ができなかった。実際に製品を納入する製造メーカとは技術的な話はできるが、契約を結ぶことはできなかった。それが壁崩壊後まもなくして、次第に製造メーカと直接交渉して契約を結ぶことができるようになる。企業それぞれが生存をかけて必死になっているのが、よくわかった。

ぼくは壁崩壊後、東ドイツで買えるものは今のうちに買っておいたほうがいいと思った。工事材料や基本的な技術製品は、東ドイツのものでも品質に問題はない。西ドイツの製品よりも安いので競争力があった。工事の進捗状況からするとまだ必要なくても、必要なものはすべて一度に山のように買っておいた。倉庫にまだ必要ない断熱材などが山のように積まれているので、よく笑われたものだった。

すでに書いたが、大きな企業体にはあらゆる機能が揃っていた。特に重宝したのは、コンビナートに属する修理工場だった。コンビナート内の修理工場とも直接契約できるようになったので、図面から特別に製作しなければならない特殊部品はほとんどコンビナート内の修理工場に発注した。東ドイツでは物がない分、壊れたら自分で修理して使えるようにしなければならなかった。そのため、修理工場の加工技術能力は格段に優れていた。また、べらぼうに安かった。

だが時が経つにつれ、東ドイツの製造メーカには発注できなくなる。東ドイツのメーカが西ドイツの企業に買収されると、同じ製品はもう昔の価格では買えなくなったからだ。それはどうしてかと聞くと、まず西ドイツで製造された製品を優先的に売るように指示されているので、昔の安い価格で売るわけにはいかないのだといわれた。

通貨が統一されると、東ドイツ労働者の賃金レベルも政治判断で人工的に高く引き上げられた。西ドイツの労働組合から要求があったからだ。西ドイツ労働組合の中央組織「ドイツ労働総同盟」の委員長が公然と、西ドイツの雇用を維持するため、東ドイツの賃金レベルを西ドイツの七〇％に引き上げるべきだと発言した。東ドイツから西ドイツに安い労働力が移住してくることによって、西ドイツの労働者が失業するのを恐れていたからだ。東ドイツの賃金レベルを人工的にできるだけ高くしておけば、移住にブレーキをかけることができる。賃金レベルは通常、物価上昇率と労働生産性で決まる。当時、東ドイツ企業の労働生産性は西ドイツの三〇％程度にしかならなかった。それで賃金レベルが七〇％にされては、東ドイツ企業が経営を続けていけるはずがなかった。

東ドイツ企業はこうして、通貨統合とともに何重もの負担を強いられた。東ドイツ企業ははじめから、健全で、公平に再建するチャンスを与えてもらえなかったといっていい。

東ドイツでは、環境汚染がひどかった。排水、廃油などが垂れ流し状態で、企業敷地はひどく汚染されていた。そういう土壌汚染など残留汚染を取り除かない限り、健在な企業再建、売却は不可能だった。そのためには、莫大な資金が必要になる。その資金負担を考慮して、企業が二束三文で売却された。たとえば、ベルリン近郊のある電気関係の大手企業は、一ドイツマルク（一九九一年のレートで、約八一円）で投資家に売却された。投資家は土壌汚染を取り除いた後、敷地を工業用団地に整備。整備された土地は賃貸ないし売却された。こうして、投資家は莫大な利益を上げる。投資家には企業再建ではなく、巨大な不動産（土地）にしか関心がなかったにすぎない。

店頭から東ドイツの商品が消えた

通貨統合を前に、東ドイツの銀行の前には（東ドイツ）マルクを（西）ドイツマルクに交換するため、前日の二二時頃から市民が並びはじめていた。通貨統合初日の七月一日だけで、通貨交換に熱くなって三二人が循環器系の衰弱などで倒れ、病院で治療を受けた。ドイツマルクを手にした東ドイツ市民は、各地で一日中その喜びを爆発させた。ドイツマルク紙幣を手にかざして、涙を流す市民の姿も見られた。

待ちに待ったドイツマルク。それを手にした興奮は、そう簡単には収まらない。東ドイツ市民は、それまで西ドイツのテレビコマーシャルで宣伝されていた商品をわれ先にと買いあさりはじめる。東ドイツの消費者は、西ドイツの商品しか買わなくなったのだ。パンやバター、野菜などの日常の食料品さえもそうだった。東ドイツの消費者は、高かろうが安かろうが、西ドイツのものにしか関心を示さない。東ドイツの店頭からは、東ドイツの商品が跡形もなく消えていった。

東ドイツの農民や消費財の製造業者は、それまで通りのことをしていてはやっていけなくなった。商品が店頭では売れないので、工場や路上などで独自に安く直売するしかなかった。それでも、売れないものは売れない。たくさんの東ドイツの製造業者が倒産していった。

通貨統合後に一番変化したのは、自動車市場だった。東ドイツの各地で、空き地さえあれば中古車センターができていった。それまで東ドイツ市民は車を買うのに、申し込んでから納車されるまでに一〇年余りも待たされた。それだけ東ドイツ市民は、車を持つことに憧れていた。ベルリンの壁が崩壊すると、東ドイツ市民の関心がまっしぐらに西ドイツ車に集中する。しかし、新車は高くて手が出ない。東ドイツ市民は、西ドイツからの中古車に飛びついた。ゲアハルトはフォルクスヴァーゲンのゴルフ、ペーターはオペルのカデットと、ぼくの友人たちも西ドイツの中古車を買った。東ドイツの中古車市場だけが異常に加熱して膨らんでいった。それに対し、西ドイツの中古車市場では中古車不足が深刻となる。

東ドイツの消費者が競って西ドイツ商品を買うので、その旺盛な購買意欲は西ドイツ経済を潤した。一九八〇年代後半から、景気停滞から低迷基調に下降していた西ドイツ経済。ベルリンの壁崩壊とドイツ統一を経て、東ドイツが西ドイツ商品の新しい市場となった。西ドイツ側は東ドイツを単なる新しい販売市場としてしか見ず、東ドイツに競争相手となる新しい生産拠点が生まれるのを嫌った。

それによって、（西）ドイツ経済は活気を取り戻す。一九八〇年代末から一九九〇年代はじめにかけ、世界経済は景気後退局面に入って不況に落ち込んでいた。しかしドイツ経済だけは、統一景気のおかげで世界経済から二、三年遅れて景気が後退する。

だが、熱狂的ともいえる東ドイツ消費者の西ドイツ商品志向は、統一後数年で急激に冷めていった。食料品などを中心に、東ドイツ市民は東ドイツで生産された商品に戻りはじめる。統一直後の熱から冷めると、東ドイツ市民には子どもの時から人生をともにしてきた味や商品名が思い出されてくる。小さい時に体験した味は、からだに染み付いてしまっていた。

東ドイツ南部テューリンゲン地方出身のウルリヒは現在、オランダに暮らしている。今もベルリンにくる毎に、地下鉄エバースヴァルト通り駅ガード下にあるソーセージスタンド「コノプケ」で焼きソーセージを食べるという。ソーセージと一緒に出されるパンが、東ドイツ時代そのままの味を残しているからだ。ベルリン名物「カレーソーセージ」に使うケチャップにも、コノプケ独自の伝統の味がある。一九六一年八月にベルリンの壁ができると、東ベルリンではケチャップを手に入れることができなくなった。そのためコノプケでは独自のレシピでケチャップをつくり、カレーソーセージに使った。その味が、今も東ドイツ市民に愛されている。

コノプケの前では、東ドイツ時代の伝統の味を求めて今も長い行列ができる。

居住権を無視

東ベルリンの外国人用国境検問所チェックポイント・チャーリーが取り壊されると、跡地に大きな空地が残った。ここは、西ベルリンに逃亡しようとしたペーター・フェヒターが射殺されたところだ。ペーター・フェヒターについては、*1*章の「壁犠牲者の明暗」で述べた。この地は、ベルリンの中でも中心中の中心。この一等地を見逃すはずがない。アメリカの投資家グループが土地を取得し、アメリカン・ビジネス・センターを建設することを計画する。

だがここで問題となったのは、土地の所有権だ。取得された土地の一部に対して、アメリカに住むユダヤ人家族がその所有権を主張した。

東ドイツ時代は一部の例外を除くと、土地は基本的に人民所有とされた。それは名目だけで、実質的には国家のものだった。だが土地には、それぞれ過去があった。統一後の土地は大きく、次の五つに分類できると思う。

①　ナチスによって没収された土地
②　戦後の一九四五年から四九年にかけてソ連によって没収された土地
③　その後、東ドイツ政府によって没収された土地
④　土地所有があいまいなまま、東ドイツ政府の強制管理下に置かれていた土地
⑤　東ドイツ政府によって東ドイツ市民に所有が保証されていた土地

東ドイツの土地問題は、複雑だった。統一後ドイツ政府は、財産帰属法や未処理財産問題処理法などを成立させて、土地問題を解決しようとした。基本となったのは、旧所有者に土地を優先的に返還するということだった。次に、旧所有者が土地の返還を望まなければ旧所有者に補償する。旧所有者の中には、ナチスによって土地を没収され、アメリカに移住したユダヤ人や、ナチスやソ連、東ドイ

ツに土地を没収され、西ドイツに移住した市民が多かった。

旧所有者は土地を返還してもらいたい場合、土地返還請求を一九九二年末までに申請しなければならなかった。この期限を過ぎると、土地の権利所有権者はもう出てこないと見なされた。

統一後東ベルリンのあちこちに、「土地返還請求権を買います」と書かれた大きな看板が目立ちはじめる。不動産業者は土地返還請求権を旧所有者から買い取って、土地を転売して一儲けしようという魂胆だった。不動産市場が混乱し、土地がうなぎ上りに高騰していく。土地返還を申請しても、申請書が処理されるまでに何年もかかった。所有権を巡って裁判沙汰になると、所有権が確定するまでさらに何年もかかった。その間、土地は高くなるばかり。土地所有権が確定しないと、土地に投資することもできない。その結果として、東ドイツでは再開発が大幅に遅れた。

国家所有だった土地も、民営化するために売却されていった。売却の対象となったのは、たとえば国営農業共同体で運用されていた農地などだ。ただ多くの場合、まず農地は売却されず、農地を運用する共同体と期限付きで賃貸契約が結ばれた。賃貸契約の期限が切れると、農地は売却対象となる。だが農地が巨大なだけに、農地を運用する共同体や農民に農地を買うだけの十分な資金力がない。農地は農業を工業化する西ドイツなどの大手企業に売却され、農民は土地を失っていった。

公共道路の一部や湖などの自然の一部も、民営化の名目で売却されていった。困ったのは自治体だ。自治体は道路の一部を買い取ったり、湖を賃借りするなどして、市民に開放するしかなかった。そのコストは、すべて自治体が負担しなければならなかった。

この土地返還優先政策は、一般の東ドイツ市民にも大きな問題をもたらした。東ドイツ時代、当局を信じて十分な法的な根拠もなく土地にお金をかけ、家屋やガーデンハウスを建てた市民がたくさんいたからだ。統一後、西ドイツなどから突然旧所有者が現れる。これは自分の土地だから、すぐに明け渡すよう求められた。居住者は、過渡的な措置として一九九四年末まで保護された。それ以降は、法的には一切保護されなかった。旧所有者が出てくると、居住者は何の補償を得ることもなく、立ち退かなければならなかった。ベルリン郊外では、居住者が立ち退かないので、旧所有者が家屋をブルドーザーで壊して居住者を追い出したこともある。

旧所有者にしてみれば、権力によって強制的に没収された土地。返還を要求するのは当然といえる。でも、居住者の居住権はどうなるのか。通常であれば、居住者の居住権が保護され、それが保護できないと補償するなどの措置が講じられるはずだ。ぼくは、東ドイツ市民の居住権が保護されないのは法的におかしいと思っていた。

統一後、統一に関連する諸問題を処理、解決する政府機関がベルリンに設置された。一九九二年の夏の暑い日だったと思う。ぼくは知人の紹介で、偶然にその政府機関で土地所有問題を担当する官吏を訪ねることができた。ちょうどいい機会だったので、ぼくは担当官にこの疑問をぶつけてみた。担当官はぼくの思っていた通り、まず居住者の居住権を保護しなければならないといった。それならなぜ、統一後はそうならなかったのか。担当官は、困った顔つきをした。法案の最初のドラフトでは、まず居住者の居住権を保護することになっていたという。担当官は自分で法案を作成したので、間違いないといった。ところが、法案に対して「西の方角から圧力がきた」と、担当官は西の方角を指差しながらいった。西ドイツからの政治的な圧力で、担当官は法案を書き換えて旧所有者への返還を優先せざるを得なくなった。担当官は「(政治的な圧力に)抵抗のしようがなかった」と、諦めたような口調でいった。

最近になってぼくはこの土地所有問題で、ドイツ五大経済研究所の一つifo経済研究所の専門家と話す機会があった。経済専門家は、経済的に見ても、土地返還を優先させるよりも、旧所有者に補償したほうが合理的だったという。この経済専門家は、土地の返還を優先させたことで再開発への投資が遅れ、東ドイツの経済発展を阻害したと指摘した。

資本主義を初体験

クリスマスが近づくと、ぼくはいつもクラウスのことを思い出す。

それは、統一後の一九九〇年一二月二三日のことだった。ぼくは当時、「ロイナ工場」というところでプラント建設の調達の仕事をしていた。ロイナ工場はドイツ化学産業の発祥地。戦前は、石炭を液化した「ロイナガソリン」で有名だった。ベルリンから車で、約二時間南に走ったところにある。

ぼくは二三日の午後三時に、クラウスのところに無理を承知で依頼した工場内社員食堂の空調設備の設計・工事の見積書を取りに行くことにしていた。元々は、ユーゴスラビアの業者にその他の工事とまとめて発注してあった。だがこの業者が長い間何も手配していないので、急遽別の業者を探さなければならなくなった。クラウスは、ドレスデンにある東ドイツ最大の設備会社に勤めていた。

ところが、その日は朝からてんてこ舞い。無停電電源装置のバッテリーがイタリアから到着したのに、予定していた倉庫に入れることができない。やっと別の倉庫を見つけたと思ったら、荷下し中に作業員がバッテリーの載ったパレットをトラックから落としてしまった。バッテリーから酸が流れ出し、倉庫一面に広がった。早くアンモニアで酸を中性にしなければならない。

ぼくは作業を見守りながら、時計を気にしていた。何度となく倉庫から現場事務所に戻って、電話でクラウスに連絡を取ろうとした。だが、電話がつながらない。電話回線の容量の小さい当時としては、当然のことだった。

後始末の作業が軌道に乗り出したのが、午後三時前だった。クラウスの事務所までは、車で二時間近くかかる。事務所に戻って、クラウスに今日は行けないとお詫びの電話をいれるしかなかった。何回も何回もダイヤルを回すが、つながらない。やっとつながった。ぼくは、クラウスに事情を説明した。クラウスは、ぼくが来るまで待っているという。ドレスデンに着くのは午後五時を過ぎると説明したが、構わないという。いつもは、午後四時に仕事を終えるはずだ。それもクリスマスイブの前日に残業までして待たせるのは、申し訳ないと思った。

ぼくは、真っ暗な高速道路をドレスデンに向かって突っ走った。クラウスの会社の駐車場に着いた時は、もう五時半を回っていた。入口を入って薄暗い階段を上ると、電気の消えた廊下の端にクラウスの部屋から漏れる灯りだけが見えた。

ぼくは、クラウスの部屋の前に立った。ドアをノックして開けると、ぼくを待っていたのはワインのボトルにクリスマスのクッキーだった。ぼくが遅れてくるというので、クラウスは同僚数人とともに、ぼくも入れて一日早いクリスマスイブを祝おうとしていたのだ。

一日中食事をする暇もなく、気の休まることのなかったぼくにとって、この心遣いはたいへんありがたいものだった。からだの中から、ストレスがスッと引いていくのを感じた。

まずは、仕事の話だ。クラウスのことばの端々から、短時間に見積りするのがいかにたいへんだったかを感じた。自分たちの努力に報いるため、クラウスはどうしても約束の日に見積書を渡し、クリスマス休暇を迎えたかったのだ。

仕事の話を早々に終えると、ぼくたちはワインを飲み交わした。統一前の旧体制時代のこと、壁崩壊後のたいへんさについて語り合った。話が弾んで、時間が経つのも忘れていた。ぼくがクラウスの会社を出た時、時計はすでに午後九時を回っていた。

翌年はじめ、ぼくはクラウスに発注できないことを告げなければならなかった。クラウスの会社の見積が一番魅力的だった。だが土壇場で、元々発注してあった業者に任せることに方針が変わってしまった。たいへん残念だった。壁崩壊後の新しい資本主義社会において会社を存続させていくためには、クラウスはこの仕事を取りたいと思っていたはずだ。受注できる自信もあったと思う。

ぼくは、クラウスに隠すことなく発注できない事情を説明した。クラウスはただ、無言でぼくの説明を聞いている。ぼくは、クラウスの目に光るものがあるのを感じていた。ぼくの説明が終わると、クラウスは「今回は、どうにもならないということですね。仕方ありません」といった。すると、隣に座っていたクラウスの同僚が慰めるように、「これが、資本主義というものなんだろうな」といった。

ぼくは、この時のこのことばが今も忘れられない。

あれから二〇年ほど経って、ぼくはクラウスに会いたいと思った。クラウスがその後、資本主義社会をどう体験したのかを聞きたかったからだ。その間、クラウスとはコンタクトを失ってしまった。

インターネット上でいろいろ調べ、これが多分クラウスの自宅の電話番号ではないかと思って電話をしてみた。すると、クラウスが電話に出た。ああ、覚えている。すぐに、この声だったとわかった。クラウスも、ぼくのことを覚えているという。

早速、クラウスを訪ねることになった。その日は、朝から小雪がちらついていた。東ドイツ南部のドレスデンからローカル線のディーゼル車に乗って、ドレスデン郊外に出た。無人駅を降りて歩いて一五分くらい。道中、クラウスはどんな顔つきだったかと思いを巡らせていた。

でも、思い出せない。

ぼくは、クラウスの自宅の前にきていた。ベルを押すと、玄関から初老の男性が出てきた。ああ、クラウスだと思った。ぼくたちは再会を喜び合った。ぼくはすぐに居間に通された。広い居間には、大きなソファとテーブル、ダイニングテーブルがあった。ダイニングテーブルの上には、すでにケーキとコーヒーカップが並んでいる。東ドイツ時代と変わらない暖かいもてなしだった。

世間話もそこそこに、ぼくはあの時のことを話した。クラウスは、同僚が発したあのことばをもう覚えていないという。ぼくには忘れられないことば。しかし、クラウスの記憶には残っていなかった。

当時の会社の状態を聞いてみると、そのわけがわかった。クラウスの勤めていた会社は、東ドイツでも業界で最も優秀なトップ企業だった。当時から西ドイツ企業とも一緒に仕事をし、クラウスは技術的に西ドイツ企業に負けないことを自覚していた。技術的に負けなくても、東ドイツには必要な材料がなかった。材料がないから、自分たちの技術をうまく使うことができなかった。資本主義経済となって材料を自由に調達できるようになれば、西ドイツ企業も恐くないと思っていたという。あの時仕事がほしかったのは確かだ。でも、また次の仕事を取れると楽観していたという。

統一後会社が民営化される時、クラウスは会社首脳と一緒に再建について協議する立場にあった。自分の会社がこれからどうなっていくのか、逐一知らされていた。クラウスは、会社の将来、職業人としての自分の将来について、当時まったく心配していなかったと振り返る。

最終的に、クラウスの会社は西ドイツの会社に買収された。会社全体で一八〇〇人いた従業員が八五人に削減された。クラウスは、会社には必要ない労働力がたくさんいたのだから、資本主義社会で会社を効率的に経営していくためには大幅な人員削減は避けられなかったといった。

社長が、西ドイツの親会社から送られてきた。最初の社長は専門的な知識もあり、会社を育てようという意欲もあった。でも、しばらくして社長が交代させられる。クラウスはおそらく、西ドイツの親会社に融資している銀行の意向だろうという。新しい社長には、専門知識も、意欲もなかった。西ドイツからの出向という理由で、月曜日が移動日で火曜日から出社した。金曜日も西ドイツに帰る移動日になるので、「火水木社長」と呼ばれていた。その間ドレスデンに滞在する住宅の家具も社費で購入し、毎日酒気を帯びて出社していた。数字の上だけで会社の業績が少しでも上がれば、それで良しとするタイプだったという。わずか数ドイツマルクの無駄も、社員は口うるさくしかられた。クラウスには、それは目先の利益しか追求していないとしか映らなかった。東ドイツ時代は、将来仕事が続くことを考えて多少の損失を出しても立派な仕事をしてきた。しかし、そういうことはもう無理だった。目先の金勘定がすべて。それが資本主義ということなのか、とクラウスは思った。

クラウスは、地元公共放送局の新社屋の設備工事の仕事を受注する話をまとめてきた。受注額は、八〇〇万ドイツマルク（約六億円に相当。一九九八年の為替レートで換算）だった。地元の公共放送局の新社屋。それは、会社にとって威信をかけても取らなければならない仕事だった。しかし社長から、受注してはならないという指示が出る。それに代わって社長からあてがわれたのは、その四〇分の一の二〇万ドイツマルク（約一五〇〇万円相当。同じく一九九八年の為替レートで換算）の仕事だった。

西ドイツの親会社は、東ドイツの子会社を縮小、整理しようとしているのだった。クラウスによると、買収当初、東ドイツ企業の民営化を促進するため、東ドイツの企業を買収すると公的補助が給付された。東ドイツでは、地元州での仕事は優先的に地元企業に発注されていた。だが統一後時が経つにつれ、西ドイツの親会社にはそのうま味がなくなっていく。クラウスは、会社がいずれ整理されるのを感じた。

それをきっかけに、クラウスは長年勤めてきた会社で働く意欲を失ってしまう。ちょうど、定年退職年齢の六五歳に達していなくても早期定年退職できる条件が整っていた。クラウスは、六五歳を前に早期定年退職する決心をした。

クラウスは、自分の技術者としての技術能力に自信を持っていた。東ドイツ時代は、その能力を一緒に仕事をした西ドイツの技術者にも認められていると感じていた。しかし統一後、技術者としての業績や能力を正当に評価されなくなったと感じるようになる。東西ドイツ技術者の間には、技術的に差がないはずだ。でも西ドイツの技術者は先生気取りで、東ドイツの技術者を二流の技術者としてしか扱わない。クラウスは、東ドイツの技術者はまじめすぎたのかもしれないという。そのまじめさが西ドイツの技術者から見ると無能に見え、うまくつけ込まれていたのかもしれないといった。

クラウスは、「友人や知人が次々に失業していったのをみると、失業する心配のなかった自分は幸運だった」と語る。現在、教員だった妻と一緒に年金で十分満足した生活ができるという。クラウスは「それだけで、十分幸せな人生だ」といった。

失業する女性

東ドイツ時代、離婚率が非常に高かった。ソ連に次いで世界第二位だった。それは、若くして結婚するカップルが多かったうえに、女性の就業率が高く、女性が経済的に自立していたからだ。若くして結婚するのは、住宅難だった当時、結婚して子供をもうければ、それだけ早く住宅があてがわれたからだ。二〇歳前後の若者が、お互いのことをよく知らないうちに結婚して子供をもうける。または、結婚前に子供をつくってしまう。そして、「わが家」を手に入れた。離婚率が高くなるのが、社会的、政治的にプログラミングされていたといってもいい。

たとえ離婚が成立したとしても、分かれた夫婦のどちらか、一般には夫側が新しい住居を見つけない限り、分かれた夫婦はそのまま同居していなければならなかった。たとえば友人のレギーナは、一年以上も分かれた夫と同居していた。その間、レギーナは毎日緊張した生活に憔悴しきっていた。それがレギーナの息子と娘に悪い影響を与えている、とレギーナはよくいっていた。しかし、住宅難で別居することができない。レギーナの場合は、運良く仕事のコネで新しい住居を見つけることができた。レギーナはすぐに、子どもを連れて出ていった。

社会主義体制下の東ドイツでは、女性も男性と同じように貴重な労働力だった。夫婦のほとんどが共働きだった。女性が働くための社会環境も整っていた。たとえ離婚したくても、女性が幼い子どもを連れて自立して生活していけるのかのどうか。多くの場合、離婚した後の生活が問題だ。

東ドイツには、「クリッペ」という幼い乳幼児を預かる託児所があった。託児所も幼稚園も、朝五時半から保護者が迎えにくるまで子供を預かってくれた。職場に保育所を設けている企業も多かった。家賃は給料に応じて決められ、児童手当も支給されていた。

離婚に対する偏見もない。困っている人があれば、お互いに助け合う土壌があった。ぼくの友人の娘は小学校が終わると、母親が迎えにくるまで近所のお宅に預けられていた。お互いに協力し合うことのできる社会。女性は子供を育てながら、一人で生きていくことができた。

だがベルリンの壁崩壊と統一が、東ドイツの女性に非常に大きな影響を与える。一人で生きていく女性を取り巻く環境が大きく変わったのだ。一九九四年八月の時点で、東ドイツの失業率は一六%。そのうちの六一%以上が女性だった。東ドイツ時代に重要な労働力だった女性がまず、統一後に職を失っていった。女性を労働力としていた繊維産業などが統一後、東欧市場の崩壊や西ドイツ商品の流入などによって破綻していったからだ。それまで女性の職業とされてきた事務系の職種に、男性が進出してきたことも女性に打撃を与えた。

社会環境の変化も、女性には大きな痛手となる。企業の保育所はなくなり、託児所も減っていく。残業しなければ、職を失う危険もあった。当然、帰宅時間がまちまちになる。子供はどうすればいいのか。今まで協力し合ってきた友人との関係もうまくいかなくなった。職を得て生きていくためには、親しい友人同士といえども競争しなければならなくなったからだ。ぼくの友人たちは、それが一番つ

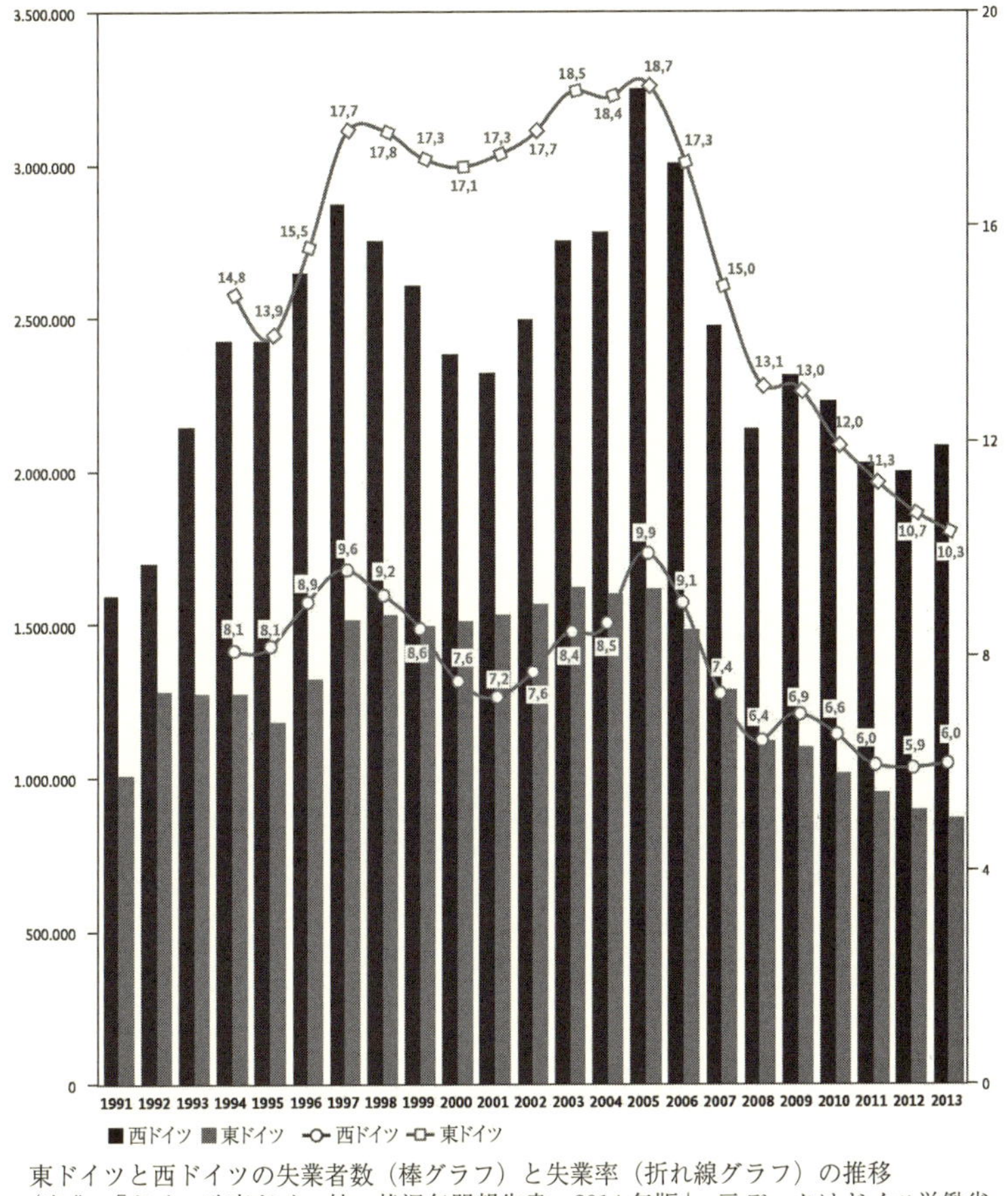

東ドイツと西ドイツの失業者数（棒グラフ）と失業率（折れ線グラフ）の推移
（出典：「ドイツ政府ドイツ統一状況年間報告書、2014 年版」、元データはドイツ労働省からのもので、2014 年 4 月時点のもの）

らいと嘆いた。

一度失業してしまうと、女性の再就職はたいへん難しい。失業者雇用促進事業で、特別に一年間働くことができることもあった。でも、その後はまた失業者となった。新しい職業を身につけるには、三年間職業訓練を受けなければならない。女性は、パートなどの不安定な職種の対象としか考えられなくなっていく。

ドイツ失業者協会会長のマリオンは、統一後男は外で働き、女は家庭に残って家庭を守るものだという家父長制的な原理が西ドイツから復活してきているとも分析する。それが、東ドイツで女性が失業していく一つの要因だという。

女性の場合、失業しても主婦として家庭に留まったり、パードで働く場合が多い。そのため、統計上失業者として把握されていない女性も多い。マリオンは、東ドイツでは実際の失業者数は統計で把握されている失業者数の倍以上になるだろうと推測する。女性の失業の実態が、統計には現れてこないからだ。

東ドイツでの失業の状況についてマリオンは、長期失業者が俄然多いと指摘する。四〇歳以上で失業してしまうと、再就職のチャンスはないといった。その後は、長期失業者として生活保護を受け、定年退職年齢の六五歳で年金の給付を受ける。しかし、長期間失業していた影響で年金だけで生活できる人はほとんどいない。年金があっても、生活保護を受けて最低限の生活を続けていくしかない。今後さらに、長期失業後に定年退職年齢に達する東ドイツ市民が増えていくことが予想される。マリオンは、東ドイツではこれから高齢者の貧困がとても深刻な問題になると指摘した。

もう一つの問題は、若者の失業だ。失業者の家庭で育った子どもは学校を中退したり、学校を卒業できても職が見つからない場合が多いという。マリオンはベルリン市の委託で、東ベルリンの集合団地地域で個人破産した市民の相談を受けている。相談にくる市民の三分の一は二〇歳前後の若者だ。マリオンはその経験から、「親の失業は子どもの失業を予約しているようなもの」だと警告する。

マリオンは嘆いた。東ドイツ時代には、お金がなくても好きな本を買って読むことができた。休暇で旅行することもできた。現在、壁がなくなっていつでも好きな所に旅行できるようになった。でもお金がないと、旅行どころか、本を読むこともできない時代になった。

歴史とは皮肉なもの。ドイツでは現在、東ドイツ時代のように、国力を再生する上で女性の力がたいへん貴重な存在だと認められるようになった。女性の力を有効に生かすためには、男女平等と女性の就業を促進しなければならない。そのためドイツ、特に西ドイツでは、幼い子どもを持つ女性が働けるように託児所と幼稚園の整備が急務となっている。東ドイツで実践されていたことが、統一ドイツで再び必要になっている。

取り残される楽器職人

マアクノイキアヒェンは、東ドイツの南端フォークトラント地方にある小さな町。一七世紀中頃から楽器製造の町として発達し、一九世紀から第二次世界大戦前までドイツだけでなく、世界の楽器製造の中心だった。一九一三年には、世界全体のギターなど弦をはじいて音をだす撥《はつ》弦楽器の約七五％、ハーモニカの五〇％以上、ヴァイオリンなど弦を弓などで振動させて音を出す弦楽器の約四〇％を製造していた。終戦となる一九四五年には、まだ二一人の楽器富豪が暮らしていたという。町のあちこちには今も庭付きの豪華な邸宅が並び、当時の繁栄の跡が感じられる。当時の楽器ブローカーの邸宅だった。現在、町には楽器ブローカーはもう一人もいない。

マアティンは、トランペット製造職人。マアクノイキアヒェンの楽器製造家庭に生まれた。これまでトランペット製造一筋に生きてきた職人だ。楽器製造の上級マイスターで、マイスターを教育してマイスター資格を認可する資格を持っている。

マアティンのトランペットは、すべて手作り。小さいパーツからバルブ、楽器本体まで丁寧に組み合わせて仕上げる。トランペットにはB管、C管、E管などいくつも種類があるが、すべて勘で寸法を決めていく。マアティンの工房には、一枚の図面も見当たらない。工房にある機械や工具は、どれもこれも骨董品に近いものばかり。それがマアティンの職歴を物語る。

1970年代のマアティン（マアティン提供）

マアティンは最初、父親と叔父の楽器製造工房で管楽器の製造を学んだ。その後その他の工房で修行を積み、一九六四年にトランペット製造職人として独立した。後に国家評議会議長となるホーネッカーが東ドイツで政治的な実権を握ると、一九七二年に東ドイツの経済構造が大幅に改革された。個人を含めて企業それぞれが、業種毎にコンビナートと呼ばれる巨大企業体に統合されていった。マアティンも楽器製造の企業体と組合の傘下に入り、その指示にしたがってしかトランペットの製造ができなくなる。マアティンは、トランペットを買いたいという顧客と直接接触することも、交渉することもできなくなった。独立しているといっても、国営企業体と組合から課せられたノルマを毎年達成すればいいだけの仕事が続いた。当時、仕事は安定していた。でも自分の造りたい楽器は造らせてもらえず、仕事としては楽しいものではなかったという。

マアティンのトランペットは、日本にも渡っていた。東ドイツ時代にベルリン国立歌劇場のオーケストラなどが日本公演した時に、楽団員がこっそりとマアティンのトランペットを持ち出して売ってきてくれた。マアティンはこうする以外に、楽器職人として外貨を手に入れることができなかった。

マアティンの仕事の環境は、統一とともに一変する。マアティンはそれまで楽器を造るノルマを果たすだけの環境から、個人営業の楽器製造職人としてはじめて部品調達からトランペットの製造、営業まで、すべて自分一人でこなさなければならなくなった。マアティンの楽器を製造するための機械や工具はもう古い。すべてが時代遅れになっていた。長い間トランペットを造ってきたとはいえ、楽器の販売ルートもほとんど知らなかった。マアティンは一人、資本主義の荒海に放り出された。

マアティンはまず、自分のトランペットを宣伝するチラシを造った。外出する時は、いつもチラシを持って歩いた。機会ある毎に、チラシを配布して回った。東ドイツ時代にただ一人知り合った西ドイツの楽器販売業者にも、自分のトランペットを販売してくれないかと頼んでみる。

しかし、まったく相手にされなかった。統一とともに、部品、材料費が東ドイツ時代とは比較にならないくらいに膨らんでいた。それぱかりか、通貨統合において東ドイツマルクの価値が人工的に引き上げられた影響で、マアティンのトランペットは東ドイツ時代に比べて数倍も高くなった。楽器販売業者からは、それでは手作りのトランペットはもう高価すぎて買い手がないといわれる。マアティンはメッキの方法を簡素化するなどして、製造費を下げようとした。でも、手作りの高級トランペットはそんなに売れるものではなかった。

問題は、それだけではなかった。統一とともに、西ドイツの厳しい環境基準がそのまま入ってきたのだ。個人職人としてトランペットを製造する権利が保護され、環境基準を満たすまで時間的な猶予が与えられた。でも、二年間の猶予しかなかった。使った薬品の処理、工房内の換気など細かく規定された環境基準を守らなければならない。マアティンは、「何もかもがはじめてだった。そんな（環境の）ことはそれまでまったく気にしていなかった」といった。マアティン一人が工房で作業をするという条件で、規制は緩和された。しかしそれによって、マアティンは上級マイスターとして職人を教育することができなくなった。

職人として、事務処理も自分一人でしなければならない。毎月の経理、決算、税金の申告、社会保険の手続きなど。これら事務処理も、マアティンにははじめてのことだった。

マアクノイキアヒェンで長年に渡って楽器職人として働いてきた中高齢者は、みんなマアティンと同じような運命をたどっている。「高品質の手作りの楽器製造は、統一ドイツではもう不可能だ」と、マアティンはいう。

手作りの楽器製造の伝統を誇ってきたマアクノイキアヒェンも、時代の流れには勝てない。マアクノイキアヒェンは伝統的な手作りの楽器製造を諦め、楽器を機械で大量に安価生産する方向に転換する。町は今、楽器製造から音楽教育までの新しい音楽の町としていろいろな催し物を企画して、町を再生しようとしている。

ぼくがはじめてマアティンを訪ねたのは、統一から一年ほど経った一九九一年だった。その時マアティンは、仕事としては安定しないが、今のほうが自分の好きなようにトランペット造りができて楽しいといっていた。ただ長い間職人仕事をしてきた影響で、手がもう思う通りには動かない。楽器造りはもう四、五年が限界だろうといった。それが、ちょうど定年退職年齢に達する頃だ。でもマアティンは、からだがまったく動かなくなるまでトランペット造りをしたいと語っていた。その時のマアティンはとても明るく、希望を持っていた。

あれから二〇年経った二〇一〇年、ぼくは再びマアティンを訪ねたいと思った。前もってマアティンに電話を入れると、妻のクリスタが大病を患っているので、治療のためにクリスタを定期的に病院へ連れていくので忙しいのだという。ぼくは、マアティンの悲観的な声がたいへん気になった。

マアティンを訪ねていいのだろうか、そっとしておいたほうがいいのではないかと、ぼくは不安だった。ぼくは重い気持ちで、マアティンの工房の前に立ってベルを鳴らした。二〇年前と同じように、工房の作業台の前に座った。工房は、もうあまり使われていない感じがした。

マアティンによると、トランペットを造ってほしいという注文はもうないという。でも、まだ西ドイツや米国などから、マアティンの造った古いトランペットを修理してほしいという問い合わせがある。先日も、親子三代で使っているトランペットだが、まだ修理できるかという問い合わせがあった。マアティンは、もちろん修理できると答えた。「手作りのトランペットだからこそ、長持ちするのだ」と、マアティンは誇らしげだった。

マアティンの年金は月六一四ユーロ（約九万円相当）。妻のクリスタとともに、今もたまにトランペットを修理しながら楽器職人として生活している。それでも、他の楽器職人に比べると恵まれているほうだという。

リサイクル社会からの後退

東ドイツ時代は、アルミ缶というものがなかった。缶詰はあった。だが、缶ビールや缶ジュースはまったくなかった。飲み物はすべて瓶詰めだった。飲み物は瓶代込みで買った。空き瓶をスーパーマーケットに返すと、そのデポジットが返ってきた。瓶は何回も再使用されるリターナブル瓶なので、瓶の表面が擦れて白くなっていた。ラベルも張り替えられないので、はがれてちぎれているものもあった。瓶を何回も使うので、瓶の口が少し欠けているものもあった。そうなると、ビールは気が抜けてしまっていて、コップに注いでも泡一つ出なかった。瓶詰めのジュースは、飲まないまま長く置いておくと、発酵してよく破裂した。全くアルコールの飲めない友人がジュースを飲んで、急に顔中真っ赤にして赤狸のようにひっくり返ってしまったことがある。ジュースが発酵して、アルコール化していたのだ。

東ドイツ時代には、プラスチック製の使い捨てコップもなかった。だから、スタンドや屋台でもビールやジュース、ミネラルウォータはガラスのコップやジョッキで飲んだ。買う時にコップのデポジットが請求され、コップを返すとデポジットが返ってきた。コップやジョッキのデポジットは、ビールの代金の数倍もした。はじめてスタンドでビールを飲んだ時、それを知らなかったので社会主義国ではビールはこんなに高いのかとびっくりしたことがある。社会主義の下ではビールも贅沢品かと大事に

デポジット付きのジョッキでビールを飲む東ドイツ市民（筆者撮影）

飲んだ。だがジョッキを返したら、支払ったお金のほとんどが返ってきたのでさらにびっくりした。

東ドイツのスーパーマーケットにいくと、出入り口の脇に大きな布製のかごが置いてあった。はじめは、何のためのものか分からなかった。単なるゴミ箱かとも思っていた。でも上からのぞいてみると、かごの中にはプラスチック製のパックや容器がたくさん入っていた。プラスチック製の廃容器を回収して、再利用、リサイクルするためのものだった。たとえば卵のパックは、そのままリユースされていた。

スーパーマーケットの店頭では、きれいにサランラップでパックされた生鮮食料品は見たことがない。野菜は泥のついたまま、並べてあった。リンゴは欲しい数だけとって、後で重さを測って買った。肉は肉売り場で「五〇〇グラムお願いします」とほしい重さをいうと、秤で量って紙に包んでくれた。ここでも、ゴミが出るのが最小限となるように工夫されていた。

家庭から出るゴミは生ゴミだけを分別して、生ゴミ専用の回収容器に入れた。回収された生ゴミは、家畜の飼料となると聞いた。

東ドイツ時代は、ゴミを出さない、物を大事に使って再利用する生活が徹底されていたと思う。それは日常の生活においてばかりでなく、産業界においてもそうだった。機械が壊れてもすぐに予備品が手に入らないので、壊れた部品を直して使った。社会全体で、物を浪費しないで何度となく大切に使うことが徹底されていたといえる。

ゴミを出さないのを徹底していた東ドイツ。だが、東ドイツは西ドイツで排出されたゴミを引き取っていた。それによって、外貨を稼いでいた。たとえば西ベルリンで回収された家庭のゴミは、ゴミ回収車がそのまま東ドイツのゴミ堆積場へいって捨てていた。産業廃棄物は、東ドイツ北西部の西ドイツ国境沿いにあるシェーンベアクという小さな町で堆積処分されていた。そこは、ヨーロッパ最大の産業廃棄物堆積場だった。今堆積場は、巨大な丘のようになっている。西ドイツばかりでなく、西ヨーロッパ諸国からも産業廃棄物が「輸入」されていた。

東西ドイツが統一されると、一九九一年六月に包装令という実施命令が施行された。それによって、容器包装廃棄物を産業界の自主規制で回収して、リサイクルを促進する制度が導入された。何度も再使用するリターナブル容器の普及率も規定された。それが達成されないと、使い捨てのワンウェイ容器にデポジット制を導入するとしていた。規定されたリターナブル容器の普及率が達成できないので、現在使い捨てのワンウェイ容器にはデポジットを支払わなければならない。包装令は、物の使い捨て、ゴミの発生を抑制して、再利用とリサイクルを優先させる社会に切り替えることを目的とするドイツで最初の規則だった。

でも東ドイツ時代には、すでにリサイクル社会が確立されていた。物資不足だったからだといってしまえば、それまで。だが東ドイツ時代を見ると、リサイクルは特別、環境保護や持続可能な開発などの意識がなくても実現可能なことがわかる。今は、何でも物が豊かにある。それが当たり前。ぼくたちには、物が有限でいずれなくなるという意識がない。だから統一ドイツでは、使い捨て社会から脱皮して資源を持続的に利用するために、リサイクル社会を構築するとわざわざ特別にいわなければならなくなっている。

マイカトラリーとマイバッグ

ぼくは東ドイツ時代、「ロイナ工場」という化学・石油精製工場でプラント建設の仕事をしていた。その時、工場内の社員食堂で食事をした。はじめてその社員食堂で食事をする前に、自分専用のカトラリー（ナイフ、フォーク、スプーン）を持っていくようにいわれた。社員食堂には、ナイフやフォークを置いていないのだという。事前に用意して持参しなければならなかった。アルミ製のナイフ、フォーク、スプーン（大と小）のカトラリーセットを買った。カトラリーは、チャック付きの布製の細長い袋に入っていた。

社員食堂の建物に入ると、出入り口横に水道の蛇口がいくつも並んだ大きな洗面台があった。最初は、なぜかわからなかった。社員食堂で食べ終えると、使ったナイフやフォークをそこで水洗いするのだという。洗ったナイフやフォークは、また布の袋にしまう。洗剤は使わず、水洗いするだけだった。

今風にいえば、「マイカトラリー」ということか。当時は、使い捨て食器のようなゴミは出さなかった。洗剤も使わないので、洗剤の混じった排水も出さなかった。今だったら、東ドイツは環境負荷を軽減していた優等生だと賞賛されそうだ。

実態は、環境保護のためではなかった。東ドイツでは、物不足が深刻だったからにすぎない。使い捨てのプラスチック製の食器はほとんどなかった。洗剤も品不足なので、節約して使うしかなかった。ないから使えない、節約するということだった。

買い物する時もそうだった。何を買おうが、ほとんどの商品は包装紙で包んでもらえなかった。本屋では、汚い再生紙が出入り口に置かれていた。必要あれば、自分でその紙で本を包んでいけばよかった。デパートでも、商品は包装紙で包んでくれない。レジ袋にも入れてくれない。スーパーマーケットにもレジ袋はなかった。買い物に出る時は、買ったものを入れるために手提げ袋を持って出るしかなかった。手提げ袋は、買い物する時の必需品だった。

一般市民はよく、買い物用の手提げ袋として編み袋を持って買い物をしていた。ぼくもそれに習って、編み袋を持ってスーパーマーケットへ買い物に行った。日本風にいえば、それがぼくの「エコバッ

上：手提げ袋を持って買い物にでる東ドイツ市民
下：ぼくの使っていた「エコバック」
（いずれも筆者撮影）

ク」、「マイバック」だった。いつも買い物用の編み袋を持って歩く。自分も社会主義の仲間に入れてもらったような気分になっていた。東ドイツ市民の中には、西ドイツのデパートやスーパーマーケットでもらえるビニール袋を持って買い物をする市民もいた。何回も使うものだから、かなり傷んでいた。それでも、西ドイツのビニール袋を持っているのは自慢の種で、「ステータスシンボル」だった。

壁が崩壊する前、西ベルリンを含め西ドイツのスーパーマーケットでは、レジ袋は有料だった。それは、統一後も変わっていない。最近では、ビニール製のレジ袋ではなく、コンポスト化できるレジ袋も出回っている。

その有料レジ袋に代わるものとして、西ドイツでは一九八〇年代に何度も使える買い物袋が普及しはじめる。布製のものもあれば、大きな紙袋もある。それをレジで買う。何度も使える布製バックが普及するのに伴い、官庁や企業は布製バックを宣伝用グッズとして使いはじめる。ぼくの場合は仕事柄その宣伝用の布製バックをもらう機会も多く、買わなくても貯まる一方となっている。

現在の布製バックの一例。写真は壁崩壊25年記念バック、オーガニックコットン製(筆者撮影)

この何度も使える買い物用布バックを「エコバック」というのだそうだ。最初は、エコバックとはわざわざ何でと驚いた。日本では、環境を意識したちょっとお洒落なバックというイメージで、人気があると聞いてさらにびっくり。単に買い物用の布製バックではないか。それをわざわざ環境保護と結びつけないといけないのが、現代社会の病んでいるところではないか。

今はまだ、再使用やリサイクルといって資源を有効に使おうと悠長にいっておれる。だが資源は有限なのだから、いずれなくなる。現代社会は今、物の豊かさに酔いしれていないだろうか。このまま何もしなければ、東ドイツ時代のように物のない時代がもう目の先まできている。この問題を技術開発で回避できるのかどうか。技術開発も含め、使い捨て社会から脱皮するためには長い準備期間が必要だ。

でも現代社会には、そのために十分な時間が与えられているのだろうか。それは、ぼくたち自身の意識にも依存する問題だ。

黒いトマト

東ドイツ時代、スーパーマーケットに行ってもくだものはほとんど手に入らなかった。野菜・くだもの売り場に並んでいたくだものは、リンゴくらい。たまに、キューバ産のバナナとオレンジが並んでいた。バナナもオレンジもまだ青く、オレンジは硬くて皮をむくのがたいへんだった。リンゴはテニスボールよりも小さく、虫に食われた跡や傷みがあった。はじめはこんなもの食べられるかと思った。それが、とんでもない話だった。見た目にはお世辞にもうまそうに見えないリンゴ。洗って皮ごとガブッと噛み付くと、これがたいへんうまい。身はもう柔らかくなってしまっている。でも、自然そのものの味、香りが口一杯に広がった。特に、収穫時となる秋に食べるリンゴは最高だった。秋が深まるにつれ、店頭に並ぶリンゴの傷みがひどくなった。そのうち冬になると、リンゴも店頭から消えてしまった。

夏になると、市場や道ばたで（運よくその場に出くわせばの話だが）、スイカやサクランボ、イチゴを売っていることがあった。サクランボとイチゴは、経木（柔軟性のあるほど薄く削られた木の板）で編んだカゴに入っていた。「人の行列を見たら、普段ないものがあるから並んで待ちなさい」とよく聞かされたが、こういう時は大抵、イチゴやサクランボがあった。

リンゴ以外で手に入りやすかったのは、くだものではないが、トマトだった。当時、トマトは小さく、きれいな整った形をしていた。タマゴを少し丸く、大きくした感じだった。トマトは赤いというよりは、赤黒いというか、黒い色をしていた。はじめて見た時は、こんなに黒いトマトを食べて大丈夫かと不安だった。でも、はじめて丸ごとかじった黒いトマトのことは、今も忘れられない。ぼくが日本で小さい時に食べたあのトマト本来の味、忘れかけていたトマトの臭みが、この黒いトマトにあった。黒い色をしていて、身が柔らかそうで、お世辞にも新鮮そうには見えないトマト。しかし、そのトマトには自然の味があった。

ぼくが日本で小さい時に食べたトマトには、独特の臭みがあった。ぼくは、トマトにソースをかけて食べるのが大好きであった。それに、熱々のご飯さえあればよかった。トマトの臭みとソースの独特の味。それが口の中で混合する。それが何ともいえず、快感だった。

ぼくの小さい時、この快感は夏にしか味わえない特権だった。臭みのある、うまいトマトは夏にしか手に入らなかったからだ。当時のトマトは形が悪く、はちきれんばかりにデコボコしていた。太陽の光をたくさん浴びて、新鮮さをそのまま形に現わしていた。ピチピチということばがぴったり当てはまるような大きなトマト。それが冬になると、温室栽培されたトマトに代わった。でも温室育ちのトマトはひ弱な感じで、トマトの味がしない。ぼくにとって、トマトは小さい時から夏に食べるものだった。

現在、トマトはいつでも食べられる。冬でも、それなりにおいしいトマトが出ている。でも、今のトマトはもう小さい時に食べたトマトではない。今のトマトは、夏に出ているトマトでも赤い色が濃くない。水分は十分あるものの、トマト独特の臭みがない。太陽の光を十分吸収しないまま、早く摘み取ったり、温室栽培したものだからだ。ぼくは今、小粒のプチトマトのほうを好んで食べる。プチトマトは味が凝縮されていて、まだトマトらしい味があるからだ。

有機栽培されたトマトが出はじめた時、ああ、これは昔のトマトの味に戻ったと思った。しかし有機トマトが普及するにつれ、トマトの味は薄くなっていく。需要が増えるにつれ、有機トマトを国外から輸入するからだ。現在、ベルリンのスーパーマーケットにはスペイン産やイタリア産など南欧からのトマトが並んでいる。遠路はるばる輸送されてくるトマトは、太陽エネルギーをまだ十分吸収していない状態で早摘みされる。だから、味が薄い。

それでも、ドイツで食べるトマトはまだおいしい。帰国した時に日本で食べるトマトは、ぼくにとってはトマトではない。これはトマトに限らず、日本の野菜やくだものすべてにいえることだと思う。日本のものは見た目にはきれいで、形が整っている。でも、みんな素材の味がしない。リンゴなどは、品種改良の味がして自然の味がしない。

東ドイツ時代、ぼくは黒いトマトを買ってはそのまま口にほおばって食べた。くだもの代わりだったといってもいい。でもそれは、毎年秋口までに限られていた。トマトは夏を過ぎると、一層柔らかくなり、ひどく傷んだものが出回りはじめる。そのうち、店頭から跡形もなく姿を消してしまった。次にトマトを食べるには、翌年の夏まで待たなければならなかった。

東ドイツでは、トマトはトマトの季節にしか買うことができなかったということだ。当時、東ドイツでトマトが温室栽培されていなかったわけではない。工場からの排熱を利用して、温室ハウスでトマトが栽培されていた。でも温室栽培されたトマトはすべて、西ドイツへ輸出されていた。それで、外貨を稼いでいた。

壁が崩壊して東西ドイツが統一されると、ぼくの黒いトマトはもう二度と店頭に並ばなくなった。トマトは、春夏秋冬いつでも買うことができるようになる。リンゴも、いつでも手に入るようになった。それは一つに、豊かさの証拠である。でも、その豊かさに隠れて失ったものはないだろうか。

日本には、ぼくが小さい時に食べた独特の臭みのあるトマトはもうない。現在ドイツには、東ドイツ時代に食べた黒いトマトももうない。今うまいトマトを食べたいと思うと、ベルリン近郊の地元で有機栽培されたトマトを買うしかない。

東ドイツのビールとワイン

ぼくが自宅で飲むビールは、「ヴェアネスグルューナー」と決まっている。外で飲む生ビールはだいたい「ラーデベルガー」。黒ビールは「ケストリッツァー」を飲む。いずれも東ドイツ南部産のビールだ。先日、東ドイツ南東部のゲェアリッツという古い町にいった。そこでは、戦前一〇〇以上の地ビールがあったという。それが、今は「クローネ」というビールしかない。地元の人がこのクローネは世界で一番うまいビールだと自慢するので、飲んでみたくなった。ちょっと軽い感じもするのだが、西ドイツ南部バイエルン州の白ビールや西ドイツ北部の苦いビールと違って、ビールの味に濃い深さが感じられた。

マスタードは、バウツェンのからしがピリッと辛くていい。ピクルスはシュプレーヴァルト産。白アスパラガスはもちろん、ちょっと高いがベルリン近郊のベーリッツのものが最高。ときどき手に入るベルリン近郊のヴェアダー産の野菜は新鮮でうまい。ケチャップもヴェアダー産。リンゴは外見がきたなくて小さくても、秋になってベルリン近郊で特売されるリンゴがリンゴらしい自然の味がする。食べ物ばかりではない。洗濯洗剤は「シュペー」、マッチはリーザのマッチ、などなどなど。後で気がついたのだが、丈夫そうなので買ったアイロン台は東ドイツ南西部テューリンゲンで造られたものだった。

なにを隠そう。これらはすべて、東ドイツ産なのだ。ぼくが東ドイツにいたことがあるので、特別にひいきにしているというわけではない。ビールや食べ物は、単にそのほうが安くてうまいから買っているにすぎない。価格と品質を優先している。

数年前、東ドイツ南西部を流れるザーレ川とその支流のウンシュトルート川の辺りでサイクリングを楽しんだことがある。この地域では、昔からゼクト（ドイツ産シャンパン）の「ロートケプヒェン（赤ずきんちゃん）」が生産されている。東ドイツ時代、東ドイツでゼクトといえばロートケプヒェンしかなく、愛飲されていた。統一後、ロートケプヒェンは民営化の過程で経営難に直面し、倒産かといわれていた。しかし社員有志数人が、共同で会社を買取って再建される。今は、逆に西ドイツの大手ゼクトメーカ「ムム」を買収するなど、ドイツのゼクトメーカの最大手のひとつに数えられるようになった。

その時はじめて知ったのは、この地域が比較的北に位置するにも関わらず、伝統的にワインの産地であるということだ。ザーレ川とウンシュトルート川を囲む丘には、ぶどう畑が広がり、ワイン醸造業者がいくつもあった。驚かされたのは、そのワインのおいしさ。ドイツワインの愛好家には申し訳ないが、ぼくは普段、ドイツワインは飲まない。ドイツワインは、ぼくにはちょっと酸味が強すぎる。

しかし、ザーレ／ウンシュトルートのワインにはそれほど酸味がない。ぶどうからの果実の香りと樽からの木の香りが口の中で程よく広がり、一般のドイツワインにはない気品と高級感が感じられる。ザーレ／ウンシュトルートのワインが、昔からこれほど高品質だったというわけではないという。統一直後はまだ酸味が強く、それほどの高級感はなかったらしい。ぶどうの品質を改良するため有機栽培に転ずるなど試行錯誤を重ねて、現在の品質にまで洗練されてきたのだそうだ。

ウンシュトルート川沿いに、哲学者フィヒテとニーチェが勉強していた寄宿舎付きの学校がある。学校は元、一二世紀にできた修道院だった。修道院はぶどう畑を所有して、ワインを醸造していた。宗教改革後に修道院から学校に変わっても、ワイン醸造は続けられていた。その伝統は今も続き、自家醸造されたワインが学校の門の横にあるワインショップで販売されている。

技術者が変わる

クラウスディータと二〇年ぶりに再会した時、いきなりクラウスディータが東ドイツの秘密警察シュタージの文書を閲覧した話になった。一六五頁に及ぶ文書があったという。それだけたくさんの文書があったということは、一つの「勲章」だ。閲覧する前にまず閲覧料を請求されたので、クラウスディーータはびっくりした。その理由を聞くと、「あなたは被害者ではなく、加害者だからだ」といわれた。加害者は閲覧料を支払わなければならない。まったく身に覚えがない。クラウスディーータはショックを受けた。よく聞くと、クラウスディーータの文書には誰かに被害を与えたという事実は認められない。シュタージの職員が定期的にクラウスディーータの自宅にきて、仕事の状況について質問していた。クラウスディーータがそれに答えていたことが、「加害者」となった理由だった。

クラウスディーータは仕事上、西側の技術者と一緒に仕事をしたり、オーストリアや西ドイツなど西側諸国に出張することがあった。そのため、クラウスディーータはシュタージにとって重要な情報源だった。シュタージの文書には、シュタージ職員がはじめてクラウスディーータと面談した後、シュタージの協力者として適任だと評価されていた。

文書を次々に読んでいくと、隣人の女性に監視されていたことがわかった。女性は、クラウスディーータのことをたいへん仕事熱心だとシュタージに報告していた。週末になると、クラウスディーータが通勤に使っていた会社の自転車をていねいに掃除していたからだという。クラウスディーータは閲覧室で、思わず大声で笑わざるを得なかった。文書には、はじめてシュタージ職員と会って話してから二年後に、クラウスディーータがシュタージの協力者としては適さないとの記述があった。クラウスディーータは、それでホッとした。

ぼくはベルリンの壁が崩壊する直前、日系企業が受注した化学プラントの建設プロジェクトのため、「ロイナ工場」というところにいた。その時、クラウスディーータはロイナ側の石油精製プラントの技術担当者だった。

それから二〇年後の二〇〇九年、ぼくは外国人記者会の取材ツアーでロイナにきていた。東ドイツ最大の化学・石油精製プラントが統一後どう再建されたのか。その変化を見学するための取材ツアーだった。

ロイナ工場の民営化は統一後、たいへん難航した。従業員三万人の巨大企業体。どこを見ても骨董品のようなプラント。民営化で二転三転した後、フランスの石油大手エルフ（現在のトタル）に売却された。エルフはその後、老朽化したプラント横の更地に新しい石油精製プラントを建設。ヨーロッパ最新の石油精製プラントが誕生した。エルフへの売却では、当時のコール・ドイツ首相が賄賂スキャンダルに巻き込まれるなど、何かにつけて悪いイメージが付きまとっていた。

バスで工場内に入ってびっくりしたのは、当時あった古いプラントが一部を除いてほとんど影も形もなくなって、更地になっていたことだ。更地となった敷地は工業団地として賃貸され、ところどころに新しい小さなプラントが建っているだけだった。

ロイナ工場が産業博物館のように古いプラントだったのは事実。でも統一直後は、一部を新しいプラントに代えていけばまだまだ使えるのではないかと見られていた。実際、英国の石油大手ＢＰは一九九二年に、その方向ですでにロイナの再建を開始していた。ところが、政治判断で一転。仏エルフが新しい石油精製プラントを建設する条件で、買収することになる。古いプラントは解体してインドで再利用されたり、スクラップとしてリサイクルされたのだという。

古いプラントがなくなってしまっていたのを目の当たりにして、ぼくは、当時一緒に仕事をしたロイナの技術者はどうしているのだろうかと不安になった。古い名刺帳から当時の名刺を探し出し、技術者の名前を思い出していた。当時の仕事ぶりからして、新会社に残っているだろうと思われたのが、クラウスディータだった。クラウスディータがエルフで研修を受けるため、パリにいったということも小耳に挟んでいた。

ぼくはいろいろ調べてみて、クラウスディータが新会社で販売部長になっていることを知った。優秀なクラウスディータが統一後の激しい時代をどう乗り越えてきたのか。ぼくは聞いてみたかった。すぐに、広報部にインタビューを申し込んだ。

二〇年ぶりに再会したクラウスディータは、当時とほとんど変わっていなかった。クラウスディータは新しい石油精製プラントの建設にはじめの段階から携わり、プラントの運転副部長になった。その後販売部長になって、一年ほど経ったばかりなのだという。まったくの更地に新しい石油精製プラントを建てるのはそう体験できることではない。技術者としてたいへん幸運だった、とクラウスディータはいった。東ドイツ時代とは違って、早いテンポで新しいプラントが建設されていく。でもクラウスディータは、これが資本主義経済なのかと実感することはなかった。資本主義になったという意識もなく、単に新しいプラントとともに仕事を続けてきただけだという。それは、東ドイツ時代とはそう変わらなかった。

自分が担当していた古いプラントが解体される時、クラウスディータは解体される前日に仕事が終わってからこっそりとプラントの前に立っていた。そして、プラントに「ありがとう」と、別れを告げてきた。

当時、ロイナでは三万人ほどが働いていた。その従業員たちはどうなったのだろうか。クラウスディータによると、たくさんの従業員が解雇された。でも、新しい石油精製プラントとともに周辺に関連の中小企業がたくさん誕生した。解雇された従業員の多くは、こうした中小企業に吸収されていったという。また、定年退職年齢の六五歳に達していなくても早期に定年退職できる制度を利用するなどして、人員が削減された。実際には、失業者はそれほど多く出ていないはずだ、とクラウスディータは説明した。

これまでどういうところで資本主義を実感したか、と聞いてみた。すると意外にも仕事ではなく、個人の生活においてだという。住宅の家賃は一〇倍になった。食料品も高くなった。東ドイツ時代には生活に必要なものが安かっただけに、価値観が変わったという。スーパーマーケットでは、たくさんの商品が並んでいることに不安を抱いた。同じバターでも、たくさんの種類がある。健康保険も東ドイツ時代は、保険会社が一つしかなかった。今は、どの健康保険会社に加入するか、自分で選択しなければならない。自分の生活は、自分で責任を持って決める。老後のためにも、自分で蓄えておかなければならない。たくさんのことがはじめての体験だった。

当時と今を比較するつもりはない。「当時は、まったく違う時代だった」と、クラウスディータはいった。だから、当時のほうが良かったとか、悪かったと評価するつもりもない。むしろ、計画経済と資本主義経済において二つの違う生活を体験できたことを感謝している。自分の生活が、自覚しやすくなったからだ。「それは（二つの違う生活を体験できたというのは）、特別なことなのだ」と、クラウスディータは強調した。

ぼくは最後に、「東ドイツ時代から今に持ってきたいものはないか」と聞いた。

クラウスディーターは少し考えて、「柔軟性と創造性だ」といった。東ドイツ時代は物がなかった。プラントを故障のないように長く運転していくには、いつも工夫しなければならなかった。部品が壊れても予備品（スペアパーツ）がないので、部品を工夫して直さなければならなかった。技術者は何かある毎に、柔軟に対応してどうすればうまくいくか考えなければならなかった。しかし今は、何でもある時代。部品が壊れたら、スペアパーツに取り替えればいい。だからクラウスディータには、今の若い技術者には柔軟性と創造性がなくなったと映る。

クラウスディータは別れ際に、もう後五カ月で六〇歳になるといった。それで、早期定年退職するのだという。ぼくは、どうしてと思った。「仕事に追われない第二の人生を楽しみにしているのだ」と、クラウスディータはうれしそうにいった。

キャリアウーマンへの道

アンケは学生時代、東ドイツ南部エアツ山地地方の町シュネーベアクで織物芸術を学んでいた。

アンケは元々高校の先生から、大学で情報工学を専攻するよう奨められていた。でも自分では、物理学を専攻したいと思っていた。東ドイツ時代は物理学を専攻しても、大学卒業後は学校の先生になるか、原子力関係の仕事につくしか可能性がないといわれる。アンケは、どちらもいやだった。

外国語にも関心があったので、フランス語かスペイン語、ポルトガル語などロマンス語を専攻しようとも思った。事前に、東ベルリンにあるフンボルト大学に相談してみた。外国語学部の場合、外国学部としてしか入学を申請できないといわれる。大学側が、どの外国語を専攻させるかを決めるので、学生には選択権はないという。アンケの場合は、英語か中国になる可能性が高いといわれた。アンケは、専攻する外国語を選択する自由がないのはおかしいと思った。

もう一つの問題は、西ドイツにおじがいるなど親戚が何人も西ドイツにいることだった。その場合、英語、ロマンス語など資本主義国の外国語を専攻することになると、西ドイツにいる親戚とはもうコンタクトしないと一筆書いて署名しなければならなかった。おじのことはよく知らないし、会ったこともない。でもアンケには、おじとはもう会いませんと誓うことはできなかった。

シュネーベアク時代のアンケ（アンケ提供）

芸術にも関心があった。母親が芸術関係の仕事をしていて、子どもの頃からよく展示会につれていってもらっていた。東ドイツでは、芸術が政策的に振興されていた。芸術家は定期的に仕事をもらい、芸術だけで生きていくことができた。アンケはできるだけ早く自立したいと思っていたので、芸術を専攻するのは自分の希望にも合っていると思った。応用美術であれば、後で自分で自由に好きな分野を専攻することができるという。アンケは、織物芸術を選んだ。

アンケがシュネーベアクで織物芸術を勉強している時、東ドイツで民主化運動が起こる。アンケは民主化運動グループのアピール文を手に入れ、毎晩遅くまでタイプ打ちをしていた。コピー機のない時代。カーボン紙を使って何回も同じアピール文を手動タイプライターで打ち上げ、配布するビラをつくった。市民と警官隊が衝突した時には、目撃者の証言を細かくタイプ打ちして記録していた。

壁崩壊後、アンケは大学を卒業して、東ドイツ中部ライプツィヒにある出版社に入社した。だが、出版社は入社三カ月で倒産。再就職を試みるが、東ドイツ時代に取得した学位が統一ドイツでは認められないことを知って愕然とする。織物芸術という学科が西ドイツの大学にはなかったからだった。アンケの最終学歴は統一後、大学入学資格取得（日本でいえば高卒）となってしまった。再び大学で勉強したいと思った。でも一度大学で勉強したので、大学生向けの政府奨学金を受給する資格がない。学位は認めない、奨学金もだめ。かといって、親にも頼りたくない。働いてお金を貯めてから、大学にいくしかなかった。

母親の友人が西ドイツのフランクフルトで部屋を貸してくれるというので、アンケは仕事を探すために、西ドイツにいく決心をした。英語、フランス語、ロシア語が堪能で、スペイン語も少しできた。この語学力を使ってガイドのような仕事ができないか。まず、旅行会社で職探しをした。しかし、ガイドの仕事はないという。明日から事務職の募集をはじめるので、明日またきなさいといわれた。しかし無理に、今日その面接試験をしてほしいと粘り、すぐに採用されることになった。

アンケは、旅行会社の社長がユーゴスラビア系の移民だったから自分を採用したのではないかと思うといった。西ドイツ人が社長だったら、東ドイツ出身の自分は採用されなかっただろう。でも後でわかったのだが、アンケの給与は社内でも最低だった。お金を貯める一心で、最低限の生活をしながらがむしゃらに働いた。三年後に退社する時には、社員の中で最高給取りになっていた。

アンケは、できるだけ早く大学に入りたかった。だから、三年で退社した。勉強を再開するには、奨学金がほしい。でも、公立大学では政府奨学金を受ける資格がない。どうすればいいか、労働局（公的な職業紹介所）に相談した。そこではじめて「国際経営学」ということばを知る。将来仕事につくことを考えると、すぐに経営学がいいと思った。フランクフルト近郊の町に、私立の経済専門大学がある。そこで新しい職業資格を取る目的で勉強すれば、労働局の再教育制度で補助金をもらうことができる。

アンケはその経済専門大学で学位を取得した後、英国ニューカッスルのニースハンブリア大学に一年間留学。そこで、マスターの学位を取得した。その後すぐに、アセンチュア、マッキンゼーと世界大手のコンサルティング会社で企業コンサルタントとして働く。

ウソの社会

こうしてアンケは、西側の資本主義社会で仕事をはじめることになった。でもすぐに、東ドイツで職業人として働いていた時との間に大きな差を感じるようになる。東ドイツでは、同僚と仕事のこと、個人の生活のことをオープンに話し合えた。それで、同僚との間に連帯感が生まれていた。それに対して、西側の仕事社会では仕事のことと個人のことを分け、仕事では個人のことについては話さない。一人の人間が、どうして自分の中で個人のことと仕事のことを分けることができるのか。そこには、一人の自分しかいないはずだ。アンケには信じられなかった。個人が会社人間化されていると感じた。仕事をしていても、同僚同士が助け合っていると感じたこともなかった。すべてが競争だった。アンケはそんな競争社会で、激しく戦って勝ち抜いていくしかなかった。

アンケは西側資本主義社会で、一〇年以上も企業コンサルタントとして働いた。その時、資本主義経済では実質のない主張、主義が多いことに気づく。環境保護、男女平等、企業の社会的責任などきれいごとが主張される。でも、それは表向きだけの宣伝。実際には、企業は目先の利益しか追求せず、きれいごとには実質が伴っていないことがわかった。

東ドイツでも、独裁体制はプロパガンダで自国を美化していた。でも資本主義社会を体験してみると、東ドイツの国を美化するプロパガンダは、資本主義社会に比べると大したことはなかった。アンケは、東ドイツのプロパガンダのほうがまだずっと正直だったと感じるようになる。東ドイツでは、誰もがプロパガンダだと知っていた。それでも、プロパガンダが行われていた。「わかりきったウソ」だったという。資本主義社会では、人を騙すために「本当にウソをつこうと思って、ウソがつかれている」。この違いは大きい。そのことが働いていて、アンケをイライラさせた。

アンケは社内で、よくぶつかった。自分の主義、主張を押し通して、出世してきた。企業コンサルタントのアンケにとって、物のない東ドイツ社会と東ドイツでの民主化運動からドイツ統一を体験したことがたいへん役に立った。アンケは、企業改革に携わっていた。企業改革がうまくいかないと、東ドイツ出身の企業コンサルタントが担当させられたという。東ドイツ出身の人材のほうが柔軟性、創造性があり、貫徹力があったからだ。物のない社会で生きるには、柔軟に考え、工夫する必要があった。民主化運動で命がけで独裁体制を倒した市民には、ガッツがあった。その経験が、企業改革に生きた。

アンケは三三歳で、男の子を出産する。その時、すでに大手コンサルティング会社で企業コンサルタントとして働いていた。アンケは子どもを持つ女性として、働くために戦わなければならなくなる。男女平等に対するアンケの強い意識は、女性が貴重な労働力だった東ドイツの社会と、共に自立して働いていた両親からの影響が大きいという。たとえ一歳以下で子どもを託児所に預けても、東ドイツでは「悪い母親」のレッテルを貼られることがなかった。アンケにとって、子どもを持ちながらも職業人として生きていくのは当然のことだった。

でも、現実は違った。男女平等を宣伝文句にする会社であっても、男女平等は子どものいない女性だけが対象だった。子どものいる女性は男女平等の対象ではなく、社内で出世できるチャンスはない。子どもがまだ幼い時に就業時間を短縮する制度を利用すると、女性は将来、管理職につくことはできなかった。

アンケは男性中心の資本主義社会で、何度となく落胆させられた。今から思うと、自分が東ドイツ出身でなければ挫折していたかもしれないという。アンケは負けなかった。上司が男女を差別すれば、女性の管理職の多い部門へ配置転換してほしいと希望した。他の会社から、もっといい条件で引き抜かれようとしたこともあった。でも会社に子どものいる女性をサポートする体制がないと、条件がよくても断り続けた。

女性が結婚して子どもをもうけるのは、管理職になってからのほうが多い。だから、三〇代終わり頃になってようやく結婚して第一子を出産する場合が多い。アンケは、それでは男女は平等に扱われていないという。男女平等は、管理職や重役における男女の割合だけで判断してはならない。若くして出産しても女性が管理職、重役になれない限り、男女平等は実現されない。最近の調査によると、東ドイツで管理職になった女性が第一子を出産した平均年齢は二三歳だったという。アンケは、こうでなければならないといった。

アンケはいつのまにか、経済界における女性の地位向上に貢献したとしてベルリン市の女性賞を受賞していた。

ぼくはアンケにも、当時の東ドイツから持ってきたいものはないかと聞いてみた。アンケは、託児所／幼稚園、学校教育制度、男女平等の三つを挙げた。東ドイツ時代のような託児所／幼稚園は、すでに「失業する女性」の項でも書いたが、女性が働いていく上で必要不可欠な前提条件だ。それが、男女平等を実現するためのインフラでもある。

当時東ドイツでは、一六歳まで児童、生徒はみんな同じ学校に通った。それに対して、西ドイツでは一〇歳ないし一二歳で、大学に進学するか、職業訓練を受けて職業資格を取得するかを決め、その後は別々の学校に分かれて勉強した。ドイツでは現在、西ドイツの制度がそのまま踏襲されている。アンケは、子どもがまだ一〇歳ないし一二歳で、将来の進路を決定しなければならないのは残酷だという。

もう一つ東ドイツの学校教育制度の特徴は、生徒同士がお互いに教え合う仕組みがあったことだ。成績のいい生徒が放課後に成績の悪い生徒の勉強を手伝う。アンケは、それによって生徒それぞれが他の生徒のことにも責任を持つ意識が生まれていたと説明する。そういう連帯意識が今の学校教育にはない。アンケは、それが今の学校教育の大きな問題だと思っている。東ドイツ時代には、成績の悪い生徒であっても、他にすばらしい能力を持っていることが生徒同士で認識し合うことができた。それによって、能力は学校の成績だけで判断してはならないことがわかったという。この生徒同士が教え合う制度は、成績のいい生徒はよりできるようになり、成績の悪い生徒の学力も伸びるという二重の効果をもたらした。フィンランドは東ドイツからこの制度を学び、現在自国で実施している。そのフィンランドは、経済協力開発機構（ＯＥＣＤ）が行っている国際的な生徒学習到達度調査（ＰＩＳＡ）でいつも上位にランクされている。

ウィキリークスのスポークスマンだったダニエルを取材するため、ダニエルにコンタクトする方法を探している時、ぼくは偶然、アンケがダニエルの妻だということを知った。東ドイツの出身であることも。その時、アンケはドイツ・マイクロソフト社で働き、電子政府化に向けてドイツ政府にロビー活動する責任者だった。アンケはマイクロソフトで働く傍ら、ネットの完全自由化を求めていた。市民と企業が単に情報を受動的に受けるのではなく、積極的に情報を発信する送り手となることも主張していた。マイクロソフトとウィキリークスという奇妙な組み合わせ。でもアンケもダニエルも、ネットの自由化を求める思いは変わらなかった。

ぼくは、ダニエルをインタビューするため自宅にいった。自宅の居間の壁に、日本の帯が掛けられている。ぼくの視線に気づいたダニエルは、アンケがシュネーベアクで織物芸術を勉強していたからだと説明してくれた。東ドイツで織物芸術を専攻していた女子学生が、マイクロソフトの管理職にまで上り詰める。ぼくは、アンケの経歴に関心を持たないわけにいかなかった。

それから数週間後、ぼくはベルリンのあるカフェでアンケと会った。

アンケはインタビューしている時、まもなくマイクロソフトを辞め、自立する予定であることをぼくに教えてくれた。まだ内緒にしておいてほしいという。自分の思う通りに仕事をしていくには、既存企業の枠で働いていてはダメだと感じるようになったからだという。アンケはその後、党員となっている緑の党からも出て、ネットの完全自由化を求める海賊党に入党した。二〇一三年九月に行われた連邦議会(下院)選挙では、海賊党から比例区で立候補。一時の勢いを失ってしまった海賊党だけに、海賊党は選挙では一議席も獲得することができなかった。アンケはその後、海賊党からも脱党している。

ぼくはアンケの話を聞いて、最後にどうしても聞いておきたいことがあった。ぼくは、「今、ドイツ人と思っているか、それとも東ドイツ人と思っているか」と聞いた。アンケは躊躇することなく、すぐに「東ドイツ人よ。自分がドイツ人だとは思えないわ」と答えた。

4章　極右化と市民の勇気、そして戦後問題

政治と社会の困惑

ベルリンの周りを取り囲むブランデンブルク州に、ゴルヴィッツという小さな村がある。住民約一〇〇人程度の静かな部落だ。このゴルヴィッツがたいへん大きな注目を浴びたことがある。発端は、ブランデンブルク州がゴルヴィッツにある老朽化した文化会館に、ユダヤ系ロシア人移民約五〇人をロシアから受け入れようとしたことだった。村民は、平和な村に突然嵐のように襲ってきた話に反対して受け入れを拒否。これが反ユダヤ主義だ、人種差別主義だと報道されるようになる。

当時のブランデンブルク州シュトルペ州首相があるニュースのインタビューで、「住民の気持ちは理解できる」と発言。この発言も反ユダヤ主義だと誤解を生み、話は一層複雑になった。ニュースの報道を聞いたブービス・ドイツユダヤ人協会会長がすぐに、ゴルヴィッツはけしからんと過剰反応する。話は、ますますスキャンダラスになっていった。

ゴルヴィッツは、これまでほとんど外国人に接したことのない小さな部落。その村に、住民の半数の外国人が移住してくる。誰が素直に賛成できるのだろうか。ベルリンのように大都市であれば、問題ない。しかし住民一〇〇人の村に、五〇人の外国人。これは、どうみても問題になる。

友人のゲアトは、喜劇俳優で喜劇作家だ。両刀使いでもある。ゲアトは統一後、ベルリンから車で二時間ほど離れた村で古い農家を買って生活していたことがある。春から晩秋にかけて、そこで愛犬と一緒に暮らしていた。寒い冬と仕事がある時はベルリンで生活し、それ以外は村で庭いじりをして楽しむ。優雅な生活だった。ゲアトはドイツ人だ。しかし村の住民にとって、ゲアトは「よそ者」以外の何者でもなかった。村民は戦々恐々としながら、よそ者の生活を覗き見していた。でも、その村はまだいいほうだった。その前に買った農家では村人のよそ者扱いに耐え切れず、買った農家をすぐに売り払ってしまう。

ゲアトは、愛犬と一緒に静かに暮らしたくて農家を買った。ちょっと変わった感じの喜劇俳優。ゲアトはかなりの異邦人であったに違いない。長閑な村に暮らす村人にとっては、単なる都会人以上の感じがしたはずだ。ゲアトの場合は少し極端だが、都会人が田舎に移住して「よそ者」扱いされるのは、どこでもよくある話ではないだろうか。

ゴルヴィッツの問題にしても、住民の感情は「よそ者」に対するものではなかったのか。それをすぐに反ユダヤ主義だ、人種差別主義だと断定するのは、ナチス・ドイツの過去が重く伸し掛かっているからではないか。

ゴルヴィッツの問題では、政治の責任も非常に大きいといわなければならない。シュトルペ州首相が「住民の気持ちは理解できる」と発言するのであれば、なぜその前に住民と話し合うなどして手を打たなかったのか。

外国人問題、移民問題では、こうした政治側の無策な対応は統一後の一九九〇年代、東ドイツにおいても、西ドイツにおいても見られた。政治が、ゴルヴィッツのような小さな出来事が社会の極右化を加速させる温床になることに気づいていなかった。ベルリンの壁崩壊後に東西ドイツの二つの国が一つになろうとする激動のプロセスの影で、極右化傾向がドイツ社会にじんわりと浸透していく。

西ドイツのモェアン（一九九二年一一月）とゾーリンゲン（一九九三年五月）では、トルコ系移民の住宅が放火され、死亡者を出した。東ドイツのホイアースヴェアダ（一九九一年九月）とロストック（一九九二年八月）では、難民収容施設などが襲撃された。ドイツ南西部のバーデン・ヴュアテンベアク州では、一九九二年の州議会選挙で極右政党の共和党がはじめて議席を獲得した。

今ドイツ社会にショックを与えているのは、東ドイツ・イェーナ出身の若者三人が属していた極右テロ組織「国家社会主義地下組織（ＮＳＵ）」が引き起こした連続殺人事件だ。ＮＳＵは、一九九〇年代の東ドイツにおける極右化傾向から生まれた。二〇〇〇年から二〇〇六年の間に、ドイツ各地でトルコ系移民八人とギリシア系移民一人を連続して殺害していた。その他、ドイツ南西部で女性警官も殺害していたと見られる。事件は当初、警察当局が親族を含め被害者周辺に犯人がいるものとして捜査を続けていた。極右テロによる犯行だとは、誰も思ってもいなかった。決定的な証拠がないまま、月日だけが経っていた。

これら一連の射殺事件が極右テロ組織による連続殺人事件だとわかったのは、二〇一一年一一月になってからだ。ＮＳＵの三人の若者のうち男性二人が東ドイツ・アイゼナハで、銀行強盗をした後にキャンピングカーで自殺。そのキャンピングカーの中で、射殺された女性警官のピストルが見つかった。もう一人の女性が東ドイツ・ツヴィッカウで三人で暮らしていたアパートを爆破させた後、警察に出頭したからだ。

三人は一九九〇年代から、極右組織とつながりを持ち、何回も治安当局から監視されていた。爆弾製造の容疑でも取り調べを受け、極右的な行動から民衆扇動罪で罰せられたこともある。それにも関わらず、治安当局は三人による連続殺人事件を防ぐことができなかった。NSUの三人には、ドイツ全国に二〇〇人に及ぶ支援者、協力者がいるともいわれる。だが、その全容はまだまったく解明されていない。現在進行している生き残った女性の裁判を見ても、司法当局、検察当局に事件の全容を解明しようという意志があるのかどうか疑問に思うことがある。

NSUによる連続殺人事件は、極右派グループの武装化、テロ化を示すドイツで戦後はじめての事件だ。反憲法的活動を監視するドイツ憲法擁護庁の年報によると、二〇一三年で極右派は全国に二万人余り。そのうち、約四分の一がナチズムの復興を求めるネオナチだ。極右派全体の半数近くの九六〇〇人が暴力的だという。しかし、そのうちの何人が実際に武装してテロ化しているかの情報は、年報には記載されていない。極右活動に詳しい専門家は、数千人が武装・テロ化しているとも推定している。

NSU事件は、治安当局のずさんな監視体制と組織的な欠陥も浮き彫りにした。監視する側の当局が調査記録を破棄していたことも発覚した。この事件の根底には、治安当局や司法当局ばかりでなく、政治も含めた社会全体が一九九〇年代からの極右化の傾向、極右の武装・テロ化の危険を真剣に見ようとしなかったことがある。

ベアントは東ドイツの元警察官。現在、極右グループからの離脱者を支援するプロジェクト「エクジット（ＥＸＩＴ）」を主宰している。一九九〇年代はじめ、極右化傾向に対する政治と治安当局の無意識さに飽きれ、警官を辞めてしまう。その後、独自に極右離脱者を支援するプロジェクトを立ち上げた。

反ファシズムとネオナチ

東ドイツが建設した東西ドイツ国境の壁は、「反ファシズム防御壁」といわれた。東ドイツでは、反ファシズムは国是だった。東ドイツにはナチスの残党はおらず、ファシムズの問題もない。独裁体制化で政治組織を結成するのは不可能。極右組織はおろか、極右活動も禁止されていた。東ドイツに極右問題はない。それが、東ドイツの表向きの主張だった。

しかし、現実はそうではなかった。ナチズムの思想を継承するネオナチが地下で活動し、一九七〇年代末から八〇年代にかけて単発的な極右的な行為「極右シーン」が見られた。これは組織化された活動ではなく、若者による「アクション」的な行動だったといっていい。極右離脱者を支援するプロジェクト「エクジット（ＥＸＩＴ）」を主宰するベアントは、社会正義などの点で、社会主義とナチスの国家社会主義の間にたくさんの共通点があるのだから、社会主義国家東ドイツで極右シーンがあったことは不思議ではないという。

東ドイツ時代、ぼくはよくベトナム人に間違えられた。ベトナム人が契約労働者として東ドイツにたくさんきていたからだ。契約労働者はベトナム、モザンビーク、アンゴラ、キューバなど社会主義諸国からきていた。こうした契約労働者が東ドイツで生活する外国人のほとんどを占めていた。契約労働者は東ドイツ市民から隔離されたお粗末な宿舎に閉じ込められ、過酷な労働条件で機械労働や肉体労働などに従事していた。

当時、ぼくは東ドイツの知人からよく聞かされたことがある。「ベトナム人が東ドイツで子供用自転車を買い込んで、祖国に送っている。だから、東ドイツには子供用自転車がないのだ」という。物資不足が恒常化していた東ドイツ。子供用自転車はなくて当然だった。そう主張していた市民は少数だったとはいえ、子供用自転車不足の責任をベトナム人に押しつけていたとしかいえない。ぼくはベトナム人に対する批判に、外国人敵視や外国人差別の匂いを感じていた。しかし社会主義国家東ドイツには、イデオロギー上は人種差別があってはならなかった。ここにも、現実と表向きの主張に違いがあった。

そして、ベルリンの壁が崩壊する。東ドイツでは経済が破綻し、仕事を見つけることのできない若者がたくさんいた。社会的弱者となった若者の一部は、組織されていないアクション的な行動をとるネオナチや極右派ロックバンド、極右的なサブカルチャーを志向するスキンヘッドへと走る。若者たちは集まると、極右ビデオや外国人などを憎悪するチラシを造った。町の一角にたむろすることもあった。

あるネオナチの若者がいった。「統一後、東ドイツ市民はドイツ全体で少数派と見られるようになった。少数派として、社会に受け入れてもらえるところがあればいい。でも受け皿がないと、極左か極右になって戦うしかなかった」。その若者はネオナチといいながら、つき合っている友人にドイツ人はいない。ボスニア人やクロアチア人など外国人が友人なのだという。

ネオナチが外国人とつき合う。そこには、外国人を敵視するネオナチのイデオロギーはない。イデオロギー上の背景のない若者は、イデオロギーに感化されやすく、狂信的になりがちだ。社会への不満から、無政府的な行動をとることに意欲的となる。こうした東ドイツの若者は、西ドイツの既成極右政党、極右組織にとって大きな魅力だった。

西ドイツでは、極右派は反ファシズムの一九六八年運動で激しく左派と対立した。その後、低迷状態が続く。極右政党間で協力体制ができていくものの、それも長く続かず、極右運動は停滞傾向にあった。そこに、ベルリンの壁が崩壊してドイツが統一された。新鮮で生きのいい東ドイツの若者は、西ドイツの極右政党や極右組織がリクルートするターゲットとなる。西ドイツの極右運動を活性化させる絶好のチャンスだった。元警察官で、エクジット（ＥＸＩＴ）のベアントによると、壁崩壊後、東西ドイツの極右グループがすぐにネットワーク化していったという。東ドイツは、西ドイツ極右派を再生させるための「作戦地帯」となる。

人工の町

東ドイツ南東部にあるホイアースヴェアダは戦後、「シュヴァルツェ・プンペ（黒いポンプの意）」と呼ばれた石炭ガス化工場の従業員の居住地として発展してきた。石炭ガス化工場は、一九五五年に建設が開始された。ホイアースヴェアダのあるラウジッツ地方は、低品位石炭である褐炭の露天掘りの盛んなところ。その褐炭をガス化する工場がシュヴァルツェ・プンペだった。

当時ホイアースヴェアダでは、できるだけ早くたくさんの住宅を建設するため、あらかじめ工場で製造された鉄筋コンクリート製の部材を現場で組み立てるだけの簡単なプレコン集合住宅が次々と建ち並んでいった。それは、社会主義国家特有の住宅像だった。プレコン集合住宅は時とともに次々にモダン化され、新しいタイプのプレコン住宅が建設されていく。ホイアースヴェアダは、東ドイツのプレコン集合住宅の歴史を物語る博物館の町といってもいい。戦後直後七〇〇〇人程度の住民しかいなかった町は、最盛期には七万人以上に膨れ上がった。ホイアースヴェアダは、近くに立地する石炭産業に依存するだけの人工的に造られた産業の町となる。モノトーン化した町だった。

ぼくは一九八〇年代終わりに、この地域を車で走ったことがある。露天掘りの跡地は砂地となり、辺り一帯は灰色で荒廃しているように見えた。緑地化するため、砂地のいたる所に木が植樹されていた。木はまだそれほど育っておらず、弱々しく見えた。人の姿はほとんど見かけなかった。人類が撲滅して荒廃した地球を描くサイエンスフィクション映画を見ているかのようだった。

シュヴァルツェ・プンペの町に入ると、すぐに強い悪臭に襲われた。一秒足りともおれないくらいだった。ぼくは、慌ててアクセルを踏み込んで町を通り過ぎた。

ラウジッツ地方では、今も褐炭の露天掘りが続いている（筆者撮影）

東西ドイツ統一後、シュヴァルツェ・プンペの石炭ガス化工場の閉鎖が決まる。跡地は工業団地となる。しかし、石炭火力発電所以外に新しい産業を誘致することができない。それでは、雇用を維持することができなかった。

ピーク時には人口七万人を誇ったホイアースヴェアダ。だが、統一後の過激な変化によって大打撃を受ける。人口は減る一方。現在人口は、ピーク時の半分以下の三万人程度になっている。町では今、主な雇用主は町役場とドイツ大手の電話通信会社ドイツ・テレコム、それに小さな町工場がいくつかあるに過ぎない。空き家となった巨大な集合住宅は次々に取り壊され、町のいたる所に空き地ができている。元々の町のある旧市街と、プレコン集合住宅とそれが取り壊されて空き地となった新市街。町は、ほとんど分裂した状態になった。

これが、一つの産業だけに依存してきた人工の町の運命だった。

ホイアースヴェアダでは現在、集合住宅の跡地が空き地になったままになっている（筆者撮影）

難民を収容

ホイアースヴェアダは、一九九一年五月に難民を受け入れることになる。ホイアースヴェアダには、シュヴァルツェ・プンペにある石炭ガス化工場の閉鎖でプレコン集合住宅にたくさんの空き部屋があった。それを難民収容施設として、難民を受け入れることを決めた。「難民」とは、母国が戦争状態にある、あるいは母国で政治的に弾圧を受ける危険があるので母国から逃亡して庇護を求める外国人のこと。豊かな生活を求めて移住してくる経済難民は、難民としては受け入れられない。

難民を受け入れるのがはじめてのホイアースヴェアダ。その前に知識と情報を得て準備するため、ドイツ南西部からすでにドイツに長く生活しているアフリカ人の移民二人とアフガニスタンからの難民にホイアースヴェアダに来てもらった。ホイアースヴェアダ教区のフリードハアト・フォーゲル新教監督が仲介して実現した。会合には、町役場、警察、消防、教会など関連機関が参加し、その後共同で対応を検討した。

一九九一年五月に受け入れた難民は、二〇カ国から二〇〇人以上に及んだ。アフリカ人、イランなどからのイスラム教徒、ルーマニアからシンティ・ロマ人など。宗教も、文化も、生活習慣も異なった。これは、町側が想定していた範囲をはるかに超えていた。二〇カ国からきた難民すべてと意思疎通できるだけの通訳は、もちろん用意されていなかった。

難民は、新市街にあるプレコン集合住宅の一角に、アフリカ系黒人とそれ以外の難民に分けて別々の棟に収容された。アフリカ人の間では出身種族によって紛争が続いていること、イスラム教徒であれば宗派が違うとお互いに受け入れられないことは知らなかった。受け入れる町側には、宗教、文化、生活習慣が違うとはどういうことなのか、知識も経験もまったくなかった。それが後で、難民同士が争う種ともなる。

ことばの問題は、難民の子どもたちにドイツ語を教えることで解決しようとした。子どものほうが、早くドイツ語を覚えるからだ。子どもを通して、親たちにドイツでの生活の違いを伝えようとした。

最初はよかった。町に、これまでまったく知らない「異邦人」がきた。エキゾチックな感じが、町の住民から新鮮に受け止められる。住民は協力的だった。難民が集合住宅の中庭で羊を丸焼きにしても、寛容に受け止められた。地元住民の一人が、必要ないからと好意で自動車も提供してくれた。でも難民が、その自動車でちょっとした事故を起こしてしまう。自動車には、保険がかけられていなかった。自動車の修理代は誰が負担するのか。問題が起きた。難民には、ガスコンロを使ったことがない人、あるいはガス供給不足でガスコンロの使用が制限されていた国からきた人が多かった。難民宿舎では、ガスコンロはいつでも使えた。難民はキッチンで、ガスコンロを四六時中つけたままにして使った。宿舎の窓からは、ゴミが捨てられることもあった。

こうした問題は、文化や社会環境、生活習慣の違いから起こったものにすぎない。しかしドイツ人住民には、それが何回も続くと許せなくなっていく。ちょっとした出来事の一つ一つが、難民すべてに当てはまるかのように一般化されていった。難民に対する悪評が町中に広がっていく。住民の中に、難民に対する不信と不満が貯まっていった。住民と難民の関係が緊迫した。相互理解を深めるため、難民と住民が交流できる出会いの場や催し物が企画できればよかった。でも統一直後とあって、誰もそこまで気のつく余裕がなかった。新教監督のフリードハアトによると、統一後の大きな変化から、地元住民は自分のことだけで手一杯だった。難民のことをもて余していたという。

難民施設を襲撃

ホイアースヴェアダのプレコン集合住宅が並ぶ新市街の一角に、褐炭露天掘り炭坑で働く契約労働者の宿舎があった。ベトナム人とモザンビーク人がそこに住みながら、シフトで働いていた。契約労働者たちの宿舎の周辺には、同じく炭坑で働くドイツ人炭坑労働者も暮らしていた。契約労働者の集まる宿舎は、シフト交代で人の出入りが激しい。さらに宿舎では、契約労働者が夜遅くまで飲み食いして騒いだり、唄ったりしていた。

契約労働者の契約は統一後に解約され、外国人の労働者たちはまもなく帰国しなければならなかった。それに対してベトナム人は、帰国せずに自立して食べていく道を探るためにタバコの闇販売をはじめていた。その権利を巡り、ベトナム人同士の間でも熾烈な争いが起こっていた。こうした騒々しい状況に対して、シフトで働くドイツ人隣人から何回となく苦情が出ていた。

その苦情には、誰も対応しない。契約労働者の宿舎責任者や警察、町役場は、両者が話し合う機会を設けるなどして何か対話する措置を講じるべきだった。しかし、何も起こらなかった。そのため、ドイツ人の隣人住民にはかなりの不満が蓄積していた。

ホイアースヴェアダのドイツ人住民の間では、シュヴァルツェ・プンペにある石炭ガス化工場の閉鎖で生活への不安が広がっていたのも事実だ。町では、すでにたくさんの労働者が失業していた。

毎週火曜日、新市街のラオジッツ広場には市場が立つ。一九九一年九月一七日火曜日午後遅く、市場に酔っぱらったスキンヘッドが数人入ってきた。スキンヘッドは市場をあちこちうろうろしながら、出店者をからかうなど嫌がらせをして歩いていた。スキンヘッドが市場で闇タバコを販売するべトナム人を見つける。すぐにベトナム人に襲いかかった。スキンヘッドの外国人狩りだった。

ベトナム人は一目散に駆け出し、近くの契約労働者宿舎に逃げ込んだ。スキンヘッドは宿舎までベトナム人を追っかけ、罵声を浴びせる。宿舎前で、にらみ合いが続いた。騒動が長くなれば長くなるほど、周辺に人が集まり出す。スキンヘッドは宿舎に向かって、石や火炎瓶を投げつけはじめる。ベトナム人たちは、ゴミコンテナをバリケードにするなどして身の安全を守ろうとした。

そのうちに、スキンヘッドが石や火炎瓶を投げつける毎に拍手が起こり、「外国人出て行け！」とシュプレヒコールがはじまった。宿舎周辺に住むドイツ人住民だった。目撃者の証言では、炭坑で一緒に働くベトナム人の同僚もいたという。スキンヘッドでさえ、ドイツ人住民の行為にびっくりしていたといわれる。

この時警察は、パトカーを二台送っただけだった。暴動を鎮めるための装備はない。事態を鎮静化しようという意欲もなかった。目撃者によると、警官のほうが怖がっていたという。警察は、東ドイツの独裁体制下の人民警察から民主化された社会の新しい警察へと改革をはじめたばかり。新教監督のフリードハアトは、いずれ解雇されるはずの人民警察の警察官にやる気がなくて当然だったと語った。

翌日水曜日も午後遅くなると、スキンヘッドたちがベトナム人宿舎の前に集まりはじめる。木曜日も同じだった。しかしこの二日間、警察は契約労働者宿舎周辺の見回りや警備をまったくしていなかった。

翌二〇日金曜日になると、暴動の矛先が契約労働者宿舎近くにある難民施設に向けられる。ホイアースヴェアダのあるザクセン州の州都ドレスデンや北部のベルリン、ハンブルクなど遠方の大都市からきた車が、難民施設へ向かっていった。ホイアースヴェアダでスキンヘッドがベトナム人を襲っていることを知ったネオナチなどの極右派グループが、東ドイツばかりでなく、西ドイツからもホイアースヴェアダに集まってきたのだ。だが警官隊は、止めようとしない。警察は、警官予備隊一〇〇人を配置して待機させるだけだった。予備隊は、翌日午前三時に撤収した。

ホイアースヴェアダに、再び静けさが戻った。しかしそれは、嵐の前の静けさにすぎなかった。難民施設では、施設の職員や難民がまたネオナチがくるのではないかと不安な気持ちでいた。

突然、若者二人がスクータに乗って難民宿舎の前に走ってきた。すると若者の一人が、空気銃を空に向けて一発、地面に向けて一発撃った。それは、襲撃の号砲だった。宿舎前にいたネオナチたちが宿舎の中へ突入する。宿舎前には、ゴミコンテナがバリケード代わりに置かれているだけだった。

この日も、周辺住民が暴動を見守っていた。住民は、ネオナチの行動一つ一つに歓声をあげた。「外国人出て行け!」という声も聞かれた。ネオナチを煽るようでもあった。少し経ってようやく、防盾とヘルメットで防御した機動隊が現場に到着した。

フリードハアトはこの日、ネオナチが難民宿舎前に集まっていると聞いてすぐに難民宿舎へ急いだ。フリードハアトは目を疑った。難民宿舎前には、ネオナチの若者ばかりでなく、近くの老人ホームや集合住宅の住民など知った顔も喝采している。多い時で五〇〇人くらいが、暴動に加わったり、暴動を見て歓声をあげていたという。

フリードハアトはすぐに、難民宿舎に入って難民を慰めた。警官隊とも対策を協議した。ホイアースヴェアダの近くに、教会の持っている宿泊施設がある。子どもと女性だけでも、まずその宿泊施設に移そう。警官隊がバスを用意し、子どもと女性を乗せる。フリードハアトもバスに同乗して道案内をした。バスを追っかけてくるのは、ネオナチばかりではない。取材にきていたジャーナリストたちもバスを追っかけてくる。フリードハアトはわざわざバスを迂回させ、追っかけてくるネオナチとジャーナリストたちを撒《ま》かねばならなかった。

子どもと女性を無事教会の宿泊施設に届けたフリードハアトは、難民宿舎に戻ってきた。すでにもう夜があけ、明るくなっていた。フリードハアトは難民たちに、子どもと女性が安全な場所で無事であることを伝えた。

フリードハアトはぼくに、「一部住民がバカなことをした。それは確かだ。でも、外部からあれだけたくさんのネオナチがくるのはまったく予想していなかった。われわれには、手の打ちようがなかった」といった。

ポスト社会主義者

ネオナチによる難民施設の襲撃は、二三日月曜日まで続いた。契約労働者宿舎と難民宿舎にいた外国人がホイアースヴェアダを離れることになり、それで襲撃は収まった。ホイアースヴェアダはネオナチから、ドイツではじめての「外国人がいない」町といわれるようになる。これは、反ユダヤ主義的なことばである「ユダヤ人がいない」から派生させたことばだった。

この事件は、単なるスキンヘッドやネオナチなど極右グループによって行われた外国人狩りではなかった。地元住民が外国人狩りをする極右グループを応援していたことが問題だった。それが、大衆紙で大々的に報じられた。ホイアースヴェアダにはすぐに、「極右の町」というレッテルが貼られる。

ぼくはあれから二〇年近く経って、ホイアースヴェアダにいくことになった。英国ケンブリッジ大学社会学修士課程に在学中のドイツ人学生フェーリクスが、ホイアースヴェアダでホームステイしながらフィールドワークをしていると知ったからだ。フェーリックスがフィールドワークの途中に、「ホイアースヴェアダは、まったく普通の町だ」と発言したことが、ドイツのメディアで注目されていた。ぼくは、フェーリクスと話してみたいと思った。

ぼくがホイアースヴェアダに取材にいくというと、友人や知人が心配し出した。ぼくのようにすぐに外国人とわかる外国人がホイアースヴェアダにいって大丈夫なのか。危なくないのか。ぼくは逆に、他のドイツの町と変わらないだろう、心配しなくていいよと、友人たちを安心させなければならなかった。

当日は雨だった。高速道路を走っている間、結構激しい雨に悩まされる。高速を降りてホイアースヴェアダに近づくにしたがい、雨は小降りになった。東ドイツ時代に灰色でモノトーンだった地帯では、植樹された木が大きくなり、森林の中を走っているようだった。露天掘り跡地を人工池に開発して、観光資源とする工事も行われていた。

ぼくはフェーリクスと、町役場の前で待ち合わせていた。ぼくがその前に、町役場でインタビューのアポイントがあったからだ。フェーリクスは、小柄な好青年。とてもオープンな感じがした。一つお願いがあるという。同じくベルリンから女性ジャーナリストのアンネが取材にきている。一緒に行動していいかという。ぼくは問題ないといった。アンネは週刊新聞『金曜日（Der Freitag）』の依頼で、「ポスト社会主義者」の取材をしてくるようにいわれたのだという。『金曜日（Der Freitag）』が中道左派系の新聞とはいえ、フェーリクスがホイアースヴェアダのことを擁護しただけで、「ポスト社会主義者」にされるとは。フェーリクスとぼくは、アンネに同情するしかなかった。

フェーリクスは東ベルリンの出身。よく聞いてみると、ぼくが東ベルリンにいた時、ぼくのいた巨大集合集宅の近くに暮らして学校に通っていたのだという。元隣人だった。ホイアースヴェアダでフィールドワークをすることにしたのは、ポスト社会主義社会において社会主義体制下で人工的にモノトーンに造られた都市がどう変化したのかを調査するためだった。東欧諸国の町でもよかったし、東ドイツの他の町でもよかった。偶然、フェーリクスのガールフレンドがホイアースヴェアダに知り合いがいてすぐにホームステイできることがわかった。それで、ホイアースヴェアダを選んだだけだった。一九九一年の極右暴動事件のことで、ホイアースヴェアダを調査の対象にしたのではなかった。

フェーリクスはホームステイ先を転々と変えながら、できるだけたくさんの住民の生活に入り込もうとしていた。フェーリクスの話しぶりから、地元住民と深く溶け込んでいる様子も伺えた。もちろん、極右問題も調査の対象だった。イラン人家族のところにホームステイしたことがある。ネオナチにヒアリングしたこともある。あの事件後の町の取り組みについても詳しく調べた。そうしていくうちにフェーリクスには、ホイアースヴェアダは日常において特別極右に染まっているわけではない、まったく普通の町、むしろ、極右問題に対する取り組みでは模範的な町だと映った。

ぼくは、ギムナジウム（大学入学資格を取得するための中学・高等学校）の生徒会長リックや文化センター館長のウーヴェと、ホイアースヴェアダの極右問題について直接話すことができた。リックの学校では、生徒のイニシアチブで立ち上がったプロジェクトでナチスの過去についてみんなで一緒に調べ、話し合っている。文化センターでは、青少年たちと一緒に一九九一年の難民襲撃事件をテーマに創作劇をしたこともある。ウーヴェは、特別極右化対策だと意識しているわけではない、青少年の集まる場として様々なプログラムを企画していることが、極右化の予防になっていると思うといった。

リックとウーヴェの話を聞いて、ぼくは一九九〇年代後半から国や州、自治体などがそれぞれ独自にポーランドにあるアウシュビッツ強制収容所博物館やドイツ国内の強制収容所博物館で若者たちを体験教育させるプロジェクトが行われていることを思い出していた。ドイツでも戦争体験者が高齢化し、戦争を語る生存者が少なくなっている。戦争を知らない若い世代に戦争の悲惨さをどう継承していけばいいのか。それは、現代ドイツにとって重要な課題だ。リックは、リックのように戦争を知らない若い世代もナチス・ドイツが強制収容所で犯したホロコースト（大量虐殺）の過去を知らなければならないのは当然だといった。こうした残酷な犯罪は、もう二度と繰り返してはならないという。

暴動当日、難民宿舎の前に保護盾をもってネオナチに立ち向かった住民女性がいた。新教監督のフリードハアトは事件直後、ネオナチが再び難民宿舎を襲撃するのに備えて住民から支援者を募った。ネオナチの襲撃があった場合に難民を受け入れてくれる住民、炊き出しをしてくれる住民など、襲撃時に難民をいろいろ助けてくれる住民名簿を作った。一〇〇人以上の住民が申し出てきたという。

ホイアースヴェアダでは、ネオナチやスキンヘッドがもう集まらなくなったわけではない。ベトナム人狩りの発端となったラオジッツ広場には、今もネオナチやスキンヘッドがたむろしている。そのラオジッツ広場にある洋品店が、ネオナチやスキンヘッドの着る黒の革ジャンバーを店頭に並べはじめたことがある。すると、住民が猛反対。店側は、黒の革ジャンバーを店頭から撤去しなければならなくなった。

ネオナチが外国人狩りすることはニュースになる。でも、極右に対抗する住民のイニシアチブがメディアで報道されることはない。ホイアースヴェアダはメディアの報道によって、「極右の町」の代表にされてしまった。永遠に、その汚名に苦しまなければならない。フリードハアトは、「大衆紙にやられてしまった」といった。そのことばが、今も印象に残る。

フリードハアトもぼくも、極右化問題では市民自身がそれに抵抗することが非常に大切だと思っている。でもどうして、ホイアースヴェアダでは一部少数の住民しか抵抗する勇気を持てなかったのだろうか。東ドイツ時代、東ドイツの市民が独裁体制下で権力に抑えられて受動的に生きてきたからだろうか。

フェーリクスはむしろ、それは逆だという。東ドイツ時代のほうが、市民が積極的に勇気を出せる社会構造があった。生活が保障され、失業する心配がなかったからだ。民主化運動でベルリンの壁が崩壊したように、その社会基盤が市民が権力に抵抗できる余裕を与えていた。フェーリクスによると、東ドイツ時代のほうが日常生活で市民が権力や暴力に抵抗していたことがたくさん観察できるという。でも統一後、市民は政治権力に牛耳られなくなった反面、抵抗する社会基盤を失ってしまう。市民は失業の不安を抱え、抵抗するだけの勇気を持つ余裕も失った。市民は今、自由を得て活発に生きていけるようになったと見える。でも実際の日常生活では、市民はお金中心の資本主義社会で経済権力に管理されて、受動的に生きていかなければならなくなった。フェーリクスは、はっきりと断定しようとはしなかった。でも、その社会構造の変化がホイアースヴェアダの事件を生んだ一つの背景だといいたかったのではないか。

それは、社会主義独裁体制後のポスト社会主義社会の問題だともいえる。

手づくりの反戦博物館

　ぼくが東ドイツ時代に知り合った中で、忘れられない人物の一人がベアントだ。ぼくがベアントと知り合ったのは、一九八八年だった。東ベルリンに平和図書館・反戦博物館があると聞いて、訪ねた時だった。ベアントは、その設立者だった。ぼくにとってベアントは、市民運動、草の根運動はこうあるべきだと実践しているお手本だったといっていい。

　ベアントの活動を見て、ぼくはたくさんのことを学んだ。ベアントは決して、自分たちの活動を自己宣伝しなかった。自分たちの活動を見て評価してもらえればいいといった。自分の名前が表にでることも拒否した。みんなで共同で行っている活動だ。自分一人の名前が表に出てはならないといった。だから、メディアの取材は受けようとしなかった。ベアントは、自分たちの活動によって自分たちの主張を市民に押しつけてはならないともいった。活動の目的は、市民が考えるきっかけをつくることだといった。平和運動では、事実を伝えることが一番大切だ。事実は、創作されたものでは伝えることができないというのが持論だった。ベアントはだから、ヒロシマやナガサキの被爆者の描いた絵も展示会では使おうとしなかった。あまりに残酷すぎる写真も使ってはいけないといった。残酷なものを見ると、もう見たくないとそこで思考が止まってしまうからだ、と。

　ぼくはジャーナリストとして、このベアントの持論によく考えさせられることがある。一時間インタビューしても、「事実」を伝えるはずのドキュメンタリーやニュースでさえもそこから使うのはごくわずかしかない。多くて十数秒だ。そこでは、どうしても自分の主観から都合のいい発言を選

平和図書館・反戦博物館の展示会（ベルリンの商業訓練学校で筆者撮影）

んでいる。それで事実は伝わったのだろうか。現代のネット時代では、一時間のインタビューをそのままネット上にアップすることもできる。それは、それでたいへんいいことだ。でも、一時間すべて見てもらえるだろうかという疑問も残る。ベアントがいうように、創作されたものでは主観的な表現になるので事実が伝わらないというのはよくわかる。事実は一つだが、われわれが見ている事実は一つではない。一つの事実でも見方が変われば、事実は違ったものに映る。ベアントが使う写真にしても、事実の一部を撮影したにすぎないはずだ。だからぼくは、事実はいろんな方法で伝えられたほうがいいのではないかと思う。その多様性によって、むしろ事実の核がはっきりしてくるのではないだろうか。

　ベアントは平和図書館・反戦博物館の名で、平和問題に関する移動展示会を行っていた。テーマは平和に関すること。戦争や市民の抵抗に関する写真とその説明文で、市民に平和の大切さを伝える。写真は、すでに発表された写真を大きく焼き増しして紙のパネルに貼った。説明文はできるだけ短くして、手書きするか、アルファベットを切り刻んだ判子で文字を組んだ。見出しは、判子を使って文字組みした。

写真を貼ったパネルは、一つ一つ木製幅木で格子状に組まれた骨組みにホックのようなもので取りつける。このやり方は、簡単に移動展示会ができるようにベアントたちが考案したものだった。この方法は、今も踏襲されている。この方法を黙って盗み、勝手に使っているグループもあるという。

写真の焼き増しや説明文の作成、展示物の展示などは、協力者が分担して行う。すべて手づくりの展示会だ。

現在はデジタル化された社会。でも、これまでのやり方は変わっていない。カメラのデジタル化でパソコンを使わなければならないこともある。でもそれ以外はパソコンなどを使わず、依然として手づくりが基本だ。そのほうが、質のいいものができるし、コストもかからないという。

展示会以外にも、東ドイツ時代には毎週木曜日夕方に、原爆記録映画「にんげんをかえせ」のドイツ語版が上映されていた。映画のフィルムは、岡山県倉敷市で有志によって集められたカンパで購入され、東ベルリンのベアントたちに寄贈されたものだった。

平和図書館・反戦博物館は、ナチス時代前の一九二三年から三三年までベルリンにあった反戦博物館をお手本にしている。ナチスの登場とともに、反戦博物館は閉鎖させられた。ベアントは、その過去のアイディアを復興させようとした。国がやらないことは、市民がやるしかない。ベアントはまず、教会の平和シンポジウムで反戦博物館を立ち上げることを提案した。一九八一年一二月のことだった。それから半年後の一九八二年六月、東ベルリンで平和に関する展示会が行われる。東ドイツでは、はじめての一般公開された平和展だった。教会施設内で行ったまだ小さな展示で、当局からはこれといった反応はなかった。それから、定期的に平和展示会が行われるようになる。それをベースにして、ベアントを中心に八〇年代中頃に平和図書館・反戦博物館ができた。

しかしベアントは、二〇〇四年に急にガンで亡くなってしまう。現在、ベアントの右腕だったヨッヒェンが共同代表の一人として活動を続けている。

東ドイツでは、市民活動は教会の枠組みでしかできなかった。教会が市民の活動する場を提供するとともに、国家権力に対する防御壁の役割を果たしていた。たとえ教会内での活動であっても、秘密警察シュタージが協力者を送り込んで活動を監視している可能性もあった。統一後にシュタージの文書を閲覧した限り、平和図書館・反戦博物館にはシュタージの協力者はいなかった。

ヨッヒェンによると、手作業で展示会を準備するには、根気よく単純作業を続けなければならない。意欲がないと続かない。シュタージが協力者を送っても、平和運動に対して意欲がないので、すぐに離脱していったのだろうという。平和図書館・反戦博物館の活動に協力したくて入ってきたが、シュタージの圧力で離れていった市民もいた。ヨッヒェンによると、当時いつも協力してくれたのは一〇人から一五人程度だったという。

現在、ヨッヒェンらの平和活動に協力したいという市民はますます少なくなってきている。協力者を見つけるのが難しくなった。ヨッヒェン自身も、現代社会で平和運動を続けていくことの難しさを痛感している。働かないと生きていけないという従属感。市民活動をしていて、生きていけるのかという不安。生活の保障がない中で、市民として平和運動を続けていく負担が大きくなっている。これまで活動を続ける中で、戦争の生き証人など普段知り合えない人々とたくさん知り合うことができた。でも今は、それだけでは生きていけない。

若者に平和運動を浸透させようと、学校と協力して平和をテーマにしてプロジェクトを行うこともある。しかし若者たちは、その時にしか関心を持ってくれない。若者から、「こんなことをして何の得があるのか」と聞かれたこともあるという。東ドイツ時代には、耳にしたことのない質問だった。

東ドイツ時代は、写真を貼る紙を手に入れるのにたいへん苦労した。今は何でも手に入る。でもお金がないと、手に入らない。すべてがお金で解決される。支援者からのカンパだけで活動しているヨッヒェンたちにとって、それがいつも悩みの種だ。経費を削減するため、自分たちでできるものは自分たちでやるしかない。その分、一人一人の負担が増えている。ヨッヒェンは、活動の至るところに資本主義の余波を感じている。

図書館の活動も、統一後に大きく変わった。東ドイツ時代には、図書館の利用者は約一五〇〇人登録されていた。小さな図書館としては、たくさんの読者を持っていた。しかし、今は利用者が減っていくばかり。本を読まなくなった。本は今、東ドイツ時代とは比較にならないくらい出版されている。しかし今、困った時に本はどの程度市民の役に立っているのだろうか。ヨッヒェンは自問せざるを得ない。

平和運動を続けるのが難しくなっている状況で、今もヨッヒェンに地道に平和運動を続けさせているものは、何なのだろうか。ぼくには関心があった。

それは一つに、正義感だという。東ドイツ時代も社会正義は大切だった。しかし現代社会では、社会正義がもっと大切になっている。平和は、必要不可欠な生活基盤だ。でも、平和な社会ではそれが忘れられている。平和な社会は武器を輸出し、その武器で紛争や戦争が行われている。市民が理由もなく命を落とし、戦争難民が増えるばかりだ。この現実は、過去も今も変わらない。そして今、平和な社会は戦争難民を受け入れようとしない。そこに社会正義はない。少しでも社会正義を回復できないだろうか。ヨッヒェンはそう願っている。

もう一つは、今のままを容認して何もしなければ、事態は自然に悪くなるだけだからだといった。それは自己を破壊することでもある。何かを改善しようとすること、そしてそれを人々に示そうとすることで、自分を少しでもよくするチャンスがあるのではないか。ヨッヒェンは、そう思って活動している。

ドレスデン空襲

一九四五年二月一三日二一時四五分、ドイツ南東部の大都市ドレスデンで空襲警報が鳴った。ノーラは当時一三歳。ドレスデン旧市街のヨハンシュタット地区に暮らしていた。ノーラはすぐに、母親と弟とともに近くの地下防空壕に避難した。

その日は、雲一つない夜だった。星がキラキラと輝いていた。空襲警報から約三〇分後、英国空軍の爆撃機がたくさんの焼夷弾を投下しはじめる。爆撃は一五分間続いた。その間に、ドレスデン旧市街の四分の三は瞬く間に火の海と化した。

ノーラはまもなく、このまま防空壕にいてはいけないと直感した。防空壕を出ると、どこもかしこも火の海。幼なじみのアニータの家も燃えている。ノーラは翌一四日未明にはじまった第二波爆撃の中、母と弟と一緒に燃え盛る町並みを逃げて歩いた。

ノーラは、それで助かった。もし防空壕に残っていたら、逃げ場を失って助かっていなかっただろう。防空壕は「(死への)落とし穴」だったという。

　夜が明けると、ノーラが小さい頃から見ていた建物はほとんどすべてなくなっていた。顔見知りもどこにもいなかった。ノーラが暮らしていた集合住宅は、火事で崩れて廃墟になっていた。廃墟のあちこちから煙が上がっていた。ノーラの学校の校舎は外壁だけが残り、今にも崩れそうになっている。幼なじみとよく遊んだ自宅近くの広場には、死体が山のように積まれていた。ノーラがそれまで生きてきた証しは、一夜にして跡形もなく消滅した。ノーラの人生は、一夜にして変わってしまったのだ。ノーラは家族と一緒に、ドレスデン郊外に疎開した。そこには、アニータをはじめ一緒に遊んだ幼友だちはもういなかった。

　ロルフは空襲の時、六歳。ドレスデンに連れてこられてから、まだ数年しか経っていなかった。ロルフの本名はヴァツラフ・ゼーレンカ。チェコ人だった。

　一九四二年五月、ナチス・ドイツに占領されたプラハでナチス親衛隊幹部で国家保安本部長官のラインハアト・ハイドリヒがチェコ人のレジスタンスグループに襲われ、死亡した。その報復に、ナチス・ドイツは暗殺事件とは何の関係もないプラハ近くの村リディツェに保安警察部隊を送る。一五歳以上の村民男性がすべて虐殺された。村はことごとく破壊され、消滅する。女性一九五人はドイツのベルリン北にあるラーフェンスブリュック強制収容所に、子ども九八人はポーランドにある強制教育施設に送られた。その多くは、後に強制収容所のガス室で殺害される。子どものうち、ゲルマン系の顔立ちをしてアーリア化に適するとされた子ども一三人だけが、オーストリアの施設からドイツに連れていかれた。ドイツ人家族の養子にするためだった。

ロルフはそのうちの一人だった。ドレスデンの養父母にもらわれ、ロルフ・ヴァグナーとなる。空襲後、養父母家族はドレスデンを離れた。ロルフは戦後一九四七年になって、リディツェに連れ戻された。ロルフは再び、ヴァツラフとなる。

ドレスデンでは、二月一三日夜の空襲から一五日の昼までの間に、全体で四回大がかりな空爆があった。最初の二回が英軍、後の二回が米軍によるものだった。四回の空爆で、全体で約一三〇〇機の爆撃機が飛来。三〇〇〇トン以上の爆薬が投下された。ドレスデンはヨーロッパ中世の三大文化都市。バロック様式の美しい街で知られる歴史のある街だった。しかし空爆によって、旧市街の約八五%が破壊された。

空襲後の報道では、プロパガンダもあって死者は数十万人といわれた。ただ、正確な死者数を把握するのは不可能で、これは推定値にすぎない。最新の調査では、死者は約二万五〇〇〇人とされている。空襲前のドレスデンの人口は約七〇万人だったといわれる。だが強制収容所などに難民が二〇万人いたともいわれ、実際に空襲時にドレスデンにいた人数ははっきり把握できない。それが、空襲による死者数を確定するのを難しくしている。

空襲から四日後の一九日、ドレスデン郊外の施設では一五歳の女児が一人静かに亡くなっていた。女児の名はウアズラ。ウアズラは下半身麻痺で歩くことができず、六歳の時に身体障害者として施設に入れられていた。ナチス・ドイツは一九三九年秋から、病人や障害者を次々に殺害し出す。戦場で負傷した兵士を収容する場所を確保するためだ。ウアズラの入っていた施設でも、一九四一年夏までにたくさんの障害者がドレスデン郊外のガス室で殺害された。ウアズラはその大量虐殺を免れる。だが、一九四三年にいずれ殺害する目的で別の施設に移されていた。

その施設で、ウアズラのからだは空襲前から胃痙攣を起こし、弱りはじめていた。殺害する目的で、ウアズラに強い睡眠薬が与えられた。咳反射や吸引反射を麻痺させ、肺炎を引き起こさせるためだった。ウアズラは、二月一四日から高熱を出す。そのまま衰弱して一九日に息を引きとった。

ドレスデン空襲の記憶を記録

ウアズラの死は、ドレスデン空襲とは直接には関係がない。しかしドレスデンに住む医師と職員がウアズラの死と関わりがあるのだから、ウアズラの死もドレスデンの戦争記録として残していかなければならない。マティアスはそういった。マティアスにとって、ドレスデンに都合のいいことも、都合の悪いことも、すべてがドレスデン空襲に関係のある記憶として重要だという。ドレスデンには近郊も含めて強制収容所の支所が八カ所あったこと、空襲前にドレスデンの産業界が軍事産業化されていたことは、すでに忘れられている。しかし、これらすべてが戦争の記録として重大な歴史の事実だ。マティアスは、ドレスデンが重要な軍事拠点として空爆の標的となったといおうとしているのではない。戦争に関係することは、すべて記録しておかなければならないということだ。

一九四五年二月四日のヤルタ会談で、ドイツ軍が東部戦線で増強するのを阻止するため、イギリスの提案でドイツ東南に位置するドレスデンの攻撃が米英ソで合意されたといわれる。しかしドレスデン空襲は、軍事的に意味のない都市無差別攻撃だった。この時点で、ドイツの敗戦は明らかだった。それにも関わらず、ドレスデン空襲と前後してマグデブアク（ドイツ中部、一九四五年一月一六日）やプフォアツハイム（ドイツ南西部、一九四五年二月二三日）などでも大規模な都市無差別攻撃が行われた。無差別攻撃は、ドイツ市民の戦争に対する士気を低下させる意図しかなかった、と考えられる。

社会主義体制の東ドイツでは、歴史において個人の歴史を記録するのは意味がないとされていた。社会構造や階級問題が歴史の中心テーマだった。個人の戦争体験は、政治目的にマッチするように書き換えられ、政治的に利用されていた。マティアスは一九八〇年代中頃、演劇関係の仕事をしていた関係でドレスデン空襲を体験した市民と知り合った。それが、個人の戦争体験を記録に留めて継承していくことがいかに重要かを感じるきっかけとなる。

東ドイツ時代、一般市民が市民活動をするのはたいへん難しいことだった。反体制活動家として、当局から監視される心配があった。マティアスは慎重に、まず有志を募ってグループを立ち上げ、個人の戦争体験を記録する活動の許可を申請した。許可が出るまでに二年かかった。

許可が下りると、マティアスはすぐに地元紙に投稿した。ドレスデン空襲について個人の体験を語りたい市民を探している。すぐに、数百通の手紙が次から次に届いた。マティアスは「疾風怒濤のようだった」といった。一九八七年のことだった。

空襲を体験したドレスデン市民の多くは、自分の空襲体験を語りたいと願っていた。しかしその欲求は、戦後四〇年以上も満たされていなかった。ノーラもドレスデン空襲の体験者を募集しているという記事を読んで、自分の体験を語りたいと思った。ノーラは子どものように甲高い声で、「わたしもすぐに応募したわよ」と、ぼくにいった。

応募したいと思った。だが、すぐに不安になる。一体どういう人たちが募集しているのだろうか。

ナチスの残党だといやだ、と心配した。ノーラは、マティアスが戦争を知らない世代の人間であることを知って安心する。戦争を知らない若い世代が戦争体験を記録するのはとても大切だ、とノーラは思った。若い世代と一緒に戦争について考える。こんなにすばらしいことはない。ノーラはすぐに、自分の空襲体験を書いて送った。

一九八九年夏、ドレスデン空襲の体験を記録する展示会がはじめてドレスデン市立博物館のホールで行われた。ナチスに近かった市民、ナチスとは関係のなかった市民、ユダヤ人など、意図的にいろいろなタイプの市民の空襲体験、それも劇的でない一般的な体験が公開された。たくさんの市民が展示会を訪れた。

その直後、東ドイツではすごい勢いで民主化運動が全国に広まっていった。戦争体験の記録どころではない。マティアスもドレスデンで、民主化運動の中心になるノイエス・フォールムに加わった。戦争体験を記録する活動は中断しなければならなかった。

ベルリンの壁崩壊後、マティアスはドレスデンの空襲体験を記録する活動を再開する。まず、集まった空襲体験の記録を整理、保管する作業をはじめた。グループも「一九四五年二月一三日を継承する会（Interessengemeinschaft «13. Februar 1945» e.V.）」と命名、公益活動団体として登録した。一九九二年には大きな展示会を開催し、ドレスデンばかりでなくドイツ各地で展示会を行った。ドレスデン空襲の体験を集めた本も出版した。一九九五年には、戦中のドレスデンの日常生活を記録する展示会を開いた。この展示会には予想以上にたくさんの市民が訪れ、展示会はいつも一杯だった。

ドレスデン空襲の記憶を記録する試みは、大成功を収める。マティアスは、個人が自分の空襲体験

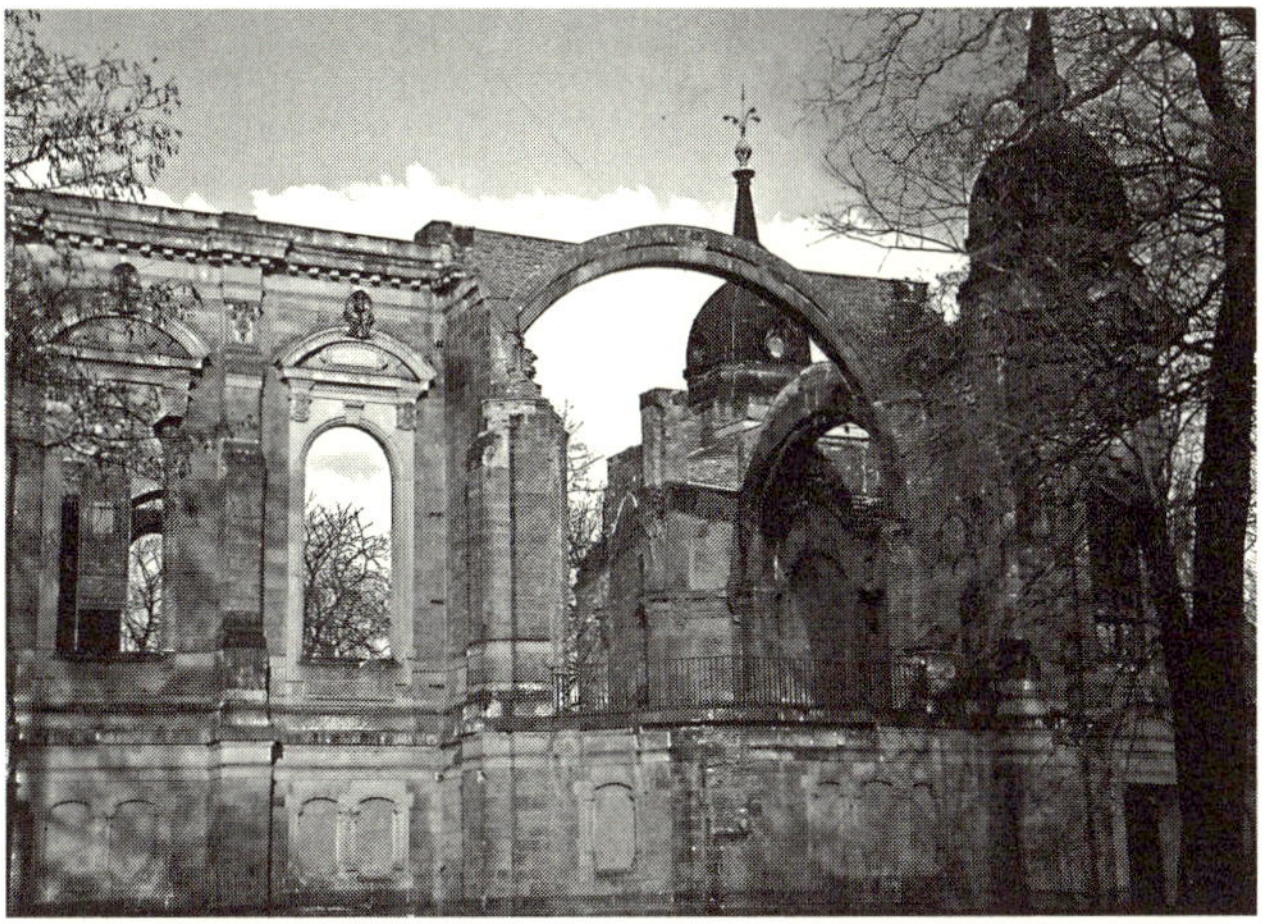

ノーラの自宅の斜め向かいには、今もトリニターティス教会が空襲で破壊されたまま残っている（筆者撮影）

について語る余地のなかった東ドイツ時代に対する反動でもあったという。東ドイツ時代、ドレスデン空襲は後で述べるように（「利用される戦争の歴史」の項）政治の道具として利用され、体制の政治に適した歴史しか伝えられなかった。でも公式の歴史の記録は、個人の戦争体験とは関係がない。市民はそのギャップを抱きながら、空襲体験の心の傷を癒せないでいた。

一九八〇年代に入り、東ドイツ社会と経済が行き詰まっていく。独裁体制は、社会の動きをコントロールできなくなっていた。八〇年代中頃になると、東ドイツでも市民による平和運動グループが誕生。ドレスデンでも一九八二年から、戦争の傷跡を残すために空襲で壊れたまま残されていた聖母教会の廃墟前に、市民がロウソクを灯すようになる。これは、体制側がドレスデン空襲を対米、対英の道具として儀式化することに対する抵抗でもあった。独裁体制に抑圧された社会に対する抵抗でもあった。ドレスデン空襲の個人体験を記録するという動きは、ちょうどこうした東ドイツの社会変化とともに起こった。

五〇年ぶりの再会

ドレスデン空襲五〇年を前に、マティアスのところに世界中のメディアから、空襲体験者をインタビューしたいという問い合わせがたくさん寄せられていた。その要望に応じるには、空襲体験者の語り部がたくさん必要だった。

ノーラの自宅のベルが鳴った。インターフォンからは、「マティアスの会のものだが、会の活動に協力してもらえないかとお願いにきた」という声が聞こえた。ノーラは「上がってきてください」といって、集合住宅入口のドアを解錠した。ノーラは自分のアパートの入口で、訪問客が上がってくるのを待っていた。

上がってきたのは、アニータだった。小さい頃、一緒に遊んでいたあの幼なじみのアニータ。ノーラは思いがけない訪問客にびっくりする。空襲で離ればなれになっていたアニータと、五〇年ぶりに再会したのだった。

ノーラは空襲から二、三年後に、トラムを乗り換えるアニータらしき人物を見かけたことがある。でもアニータはノーラには気づかず、通り過ぎていった。アニータが空襲で家族をみんな失ったことを、小耳に挟んでいた。ノーラの家族は、幸いにもみんな無事だった。ノーラは自分の幸運に対する後ろめたさから、勇気を出して大きな声でアニータを呼び止めることができなかった。

ノーラとアニータは空襲後、ドレスデン郊外の別々の土地に疎開して学校に通っていた。ノーラは、ドレスデンから北西部にある商業都市ライプツィヒで大学を卒業。その後は疎開先の親の元で、ロシア語の先生をしながら生活していた。一九六〇年代になって、空襲前に暮らしていたヨハンシュタット地区に小さなアパートを見つけ、それ以来そこで暮らしている。

アニータは、空襲で両親を亡くした。両親がヨハネ墓地に埋葬されたことから、ヨハネ墓地の空襲犠牲者慰霊碑の設置に積極的に参加していた。その後は、一九八〇年代のマティアスの呼びかけで集まった空襲の記憶を記録するグループに参加、活発に活動していた。ノーラもその時に自分の空襲体験を出している。でもアニータは、ノーラのことに気づかなかった。二人が五〇年間も離れればなれになっていたのは、まったく不思議だった。

アニータの要件は、ノーラにメディアのインタビューに応じてほしい、その他に空襲体験者を知っていたら紹介してほしいというものだった。ノーラは快く引き受けた。ノーラは一九八〇年代に自分の空襲体験を投稿していた。でもそれ以降は、仕事もあってマティアスの活動には積極的に参加していなかった。アニータの申し入れは、マティアスらの活動に参加するちょうどいい機会だった。

一九九五年二月、ノーラは空襲五〇年に際して忘れられない体験をする。世界のメディアからインタビューを受けてわかったのは、空襲体験が劇的であればあるほど、メディアが喜んでくれるということだ。空襲体験者が道具にされているだけだと思った。空襲五〇年ということで、突然世界から政治家や著名人が式典に参加するためにドレスデンに集まった。でも、実際の空襲体験者は式典には参加できない。空襲体験者がまだ生存しているのに、空襲体験者と関係ないところで空襲五〇年の式典を行うとはどういうことなのか。ノーラには我慢できなかった。何日も眠れない夜が続いた。

ふと、ブレヒトの戯曲でヴァイルが作曲した《三文オペラ》のシーンが思い浮かんだ。乞食の一団が女王の戴冠式に抗議のデモをしようとするところだ。ノーラは、乞食の一団のように抗議しようと思った。空襲体験者が空襲の日に、自分が実際に空襲を体験した場所でロウソクを灯して立ってはどうだろうかと思いつく。

ノーラは、マティアスの出版する新しい本の朗読会に呼ばれていた。その時、ノーラははじめてマティアスと知り合った。ノーラはマティアスにいきなり、空襲の日の夜に空襲に遭った家の前にロウソクを持って立とうと、空襲体験者に呼びかけてはどうだろうかと提案した。ノーラのことをそれまでまったく知らなかったマティアスは、いきなりの提案にびっくりして「ナイン（ノーの意）」といった。マティアスがやらないなら、自分一人でやる。ノーラはそう決心した。空襲の日を前に、地元紙では空襲体験者の体験談が毎日掲載されていた。ノーラはそこで、自分の空襲体験ばかりでなく、空襲の日の夜に計画している自分の行動についても話した。

当日夜になった。ノーラは、自分が空襲を体験したホルバイン通りにロウソクを灯して立った。みんな一緒に行動してくれるだろうか。それとも、自分一人だけなのか。ノーラは心配で震えていた。すると、「ノーラ、ノーラ、ノーラ」とシュプレヒコールをあげながら一団が近づいてくる。ノーラの昔の同級生たちとその家族だった。ノーラは、一人一人と抱き合って喜んだ。ロウソクを持った一般市民も、たくさん集まってきた。マティアスも自転車できていた。感動した顔つきで様子を伺っていた。

ドレスデンの極右デモ

ノーラは毎年空襲の日になると、ドレスデン北部郊外にあるハイデ墓地へ墓参にいくことにしている。ノーラにとって、空襲の日二月一三日はそれをしないことにははじまらない。三回目の空襲の後、ノーラは弟と一緒にたくさんの遺体がハイデ墓地に運ばれるのを見ていたからだ。ハイデ墓地には、空襲で亡くなった犠牲者がたくさん埋葬されている。

上の写真は、2015年2月13日の空襲の日に慰霊碑前に集まる市民たち
下の写真は、ハイデ墓地の円形広場から見たドレスデン空襲犠牲者慰霊碑(写真左奥)。慰霊碑の前は空襲犠牲者の無名墓地となっている。円形広場には、写真下のような白い柱が14本並んでいる。そのうちの7本の柱には(右側)、アウシュヴィッツ、ブッヒェンヴァルド、テレージエンシュタットなど7つの強制収容所の名前、6本の柱には(左側)、コヴェントリー、レニングラード、リディツェなどドイツ空軍、ナチスに空爆ないし破壊された町の名前が刻まれている。残りのもう一本の柱には(左側)、ドレスデンの名前も刻まれている(いずれも筆者撮影)

空襲五〇年の一九九五年二月一三日、ノーラはいつもの通りハイデ墓地にきていた。すぐに、墓参者がいつもと違うことに気づいた。墓地には、被追放者（250頁囲み参照）やその団体関係者、ネオナチなどいつもと違う人たちが集まっていた。被追放者団体というのは、第二次世界大戦によってポーランドやチェコスロバキア（ズデーテン地方）など旧ドイツ東部領土から追放されたドイツ人の利益を代表する団体。現在のドイツの東方国境線であるオーデル・ナイセ線を否認して、それより東側にある東プロイセンやシレジアなどドイツが第二次世界大戦で失った東部領土の領有権を主張する、超保守的な政治団体として知られる。

ノーラはその場に立ちすくんで、涙を流していた。ノーラが涙を流したのは、母方の祖父のことを思ったからだ。祖父は共産主義者で、一九三三年ナチスが政権を握ると、強制収容所に送られて亡くなった。ナチスに苦しめられた祖父が、ドレスデン空襲犠牲者の眠るハイデ墓地にナチスを擁護する人たちがたくさんきているこの光景を見たら、どう思うだろうか。そう思うと、涙が出てしようがなかった。

それ以降、空襲の日になると、ドレスデンに集まる極右グループやネオナチが増えはじめる。空襲の日が極右派のプロパガンダに悪用されていった。二〇〇〇年の空襲の日には、「空襲犠牲者に敬意を表す」ために「葬送行進」を行うと銘打たれたデモが、はじめて組織された。デモには約五〇〇人が集まった。デモ参加者は年々増え続け、チェコなどヨーロッパ隣国からも極右派が参加しはじめる。デモは、ヨーロッパ極右派の集まる舞台へと国際化していった。二〇〇五年には、六五〇〇人が参加。ドイツどころか、ヨーロッパ最大の極右デモに成長した。

ぼくは、二〇〇九年二月一四日「葬送行進」デモを取材するため、ドレスデンにいった。朝から小雪

ドレスデン中央駅前に集まるネオナチ（筆者撮影）

ナチ親衛隊と現在のネオナチをパロディ化する若者のグループ「リンゴ親衛隊」も登場した。ただ、このグループが本当に反ネオナチなのかどうか、その政治的位置ははっきりしない（筆者撮影）

が散らつくとても寒い日だった。極右グループやネオナチは、まずドレスデン中央駅前に集合。そこから、ドレスデン中心街に向かって順々に行進をはじめる。チェコなど東欧からきている極右派グループが、たくさん目についた。

極右デモ行進に反対する極左グループと衝突しないよう、行進は警官隊によって厳重に警備されていた。警官隊が極右グループを擁護しているかのようだった。

デモ行進のあるドレスデンの中心街は「死の街」と化していた。シーンとしている。住民がこっそり、住宅の窓越しに行進の様子を眺めていた。交通はすべて遮断され、街行く市民もわずか。何ということだ。こんなことが許されていいのか。沿道に立つ市民はみんな、心配そうな顔つきで行進を眺めていた。

◉第二次世界大戦とドイツ人の追放、そして性暴力

ドイツ東部領土や中東欧諸国には、ドイツ人が以前から少数民族として居住していた。特に、ドイツ東部のバルト海沿岸の地域は元々プロイセン王国が勢力を延ばしていた地域だった。しかし、第一次世界大戦で負けたドイツ帝国は、西プロイセンをポーランドに割譲(ポーランド回廊)。東プロイセン(ダンツィヒのある地域)が本土から飛び地となっていた。ドイツにナチス政権が誕生すると、ポーランドは西にヒトラーのナチス・ドイツ、東にスターリンのソ連に挟まれる。第二次世界大戦の勃発とともに、両国がポーランドに侵攻し、独ソ戦となる。

第二次世界大戦でドイツの敗戦が濃厚になると、戦争の終末期と戦後の一九四五年から一九五〇年にかけて、これらの地域からたくさんのドイツ人が強制的に追放されたり、ソ連軍が進攻してくるのを恐れて避難している。追放ないし避難してきた地域は、ポーランド、チェコスロバキア、リトアニア、ハンガリー、ルーマニア、ロシアのほか、旧ユーゴスラビアのスロベニア、クロアチアなどに及ぶ。

ドイツの被追放者法には、被追放者の定義が規定されているが、その事実を個人個人で確定するのは難しい。そのため、その数は正確に把握できないが、全体で一二〇〇万人から一五〇〇万人といわれる。

ドイツの敗戦後、ドイツの戦後処理を規定したポツダム協定は、暫定的にポーランドの西部国境をオーデル川とナイセ川(オーデル・ナイセ線)とし、それより東のドイツ領と東プロイセンをポーランドの管轄下に置いた。暫定的とは、ドイツが主権を獲得して和平条約が締結できるようになるまで暫定的に国境線を規定するということだった。さらにポツダム協定は、ドイツ東部領土の他、中東欧地域に居住していたドイツ人住民がドイツへ移送されなければならないと認め、その移送を秩序ある人道的な方法で行うべきだとしていた。

だが、実際はそうではなかった。

中には、ナチス・ドイツの犯罪ゆえにドイツ人の中には途中で殺害されたり、収容所に収容して強制労働をさせられた人もいる。被追放者団体はその時期だけで死者数が二〇〇万人に上ると主張している。(西)ドイツ連邦統計局も戦後当初は、死者数を二一〇万人としていた。しかし、戦後の研究で死者数を約五〇万人とする歴史家がいるほか、ポーランドやチェコスロバキアでは死者数を二〇万人ともしている。

追放されたドイツ人の帰還は、戦後の東西ドイツにとって大きな課題だった。財産を残して追放されてきた人たちを戦後の物資が不足する時にどう支援し、生活スタイルや信仰の異なる人たちをドイツ国内でどう

統合していくのか。ドイツ北部の地域では、それによって住民数が倍増したところもあった。ただ最近の研究では、ドイツに帰還したドイツ人が西ドイツの戦後復興と東ドイツの産業化に大きく貢献していたともされる。

被追放者は戦後も、過去に対する法的な権利を求めていた。一部はその権利を求めて積極的に政治活動をし、超保守的な政治団体をつくったりした。

一九九〇年代に入って冷戦が終結すると、ナチス・ドイツの犯罪の影に隠れていたドイツ人の追放問題が再びクローズアップされる。元住民が「故郷」を訪れることができるようになったからだ。同時に、没収された財産の返還ないし補償を求める声が強くなってくる。

ポーランドやチェコは、国際司法裁判所に不動産の返還ないし補償を求めて提訴されるのを恐れた。被追放者が不動産を買い戻そうとするのを防ぐため、外国人による不動産購入を制限した。

冷戦後のヨーロッパ統合のプロセスにおいて、このドイツ人追放の過去は大きな障害だった。ドイツ統一直前の一九九〇年九月の「ドイツ最終規定条約（2プラス4条約）」で国際法上の完全主権を獲得したドイツは、ポツダム協定で暫定的に規定されていたポーランドとの国境線をオーデル・ナイセ線であることを確認する。チェコとの間では、チェコ・ドイツ宣言を結ぶなどして過去の問題を政治的に解決してきた。

しかしそれは今もまだ、それぞれの政権次第でドイツと隣国の関係に微妙な変化をもたらすことにもなっている。たとえばドイツのメルケル保守中道政権は、長い間被追放者団体が求めていた反国外追放センターの建設をようやく容認した。

◎性暴力

追放されたドイツ人はドイツへ避難しなければならなくなるが、その途中、たくさんのドイツ人女性がソ連軍兵士などによって強姦され、性暴力の犠牲になった。二四万人の女性が死亡したといわれる。性暴力の被害者数は推定にすぎず、その推定数には大きなばらつきがある。これまでは、ドイツ人追放によって二〇〇万人から二五〇万人のドイツ人女性が被害を受けたと推定されていた。主にソ連兵によるものだ。

だが、今年二〇一五年にドイツの女性研究者が発表したものによると、保守的に推定して一九四四年から一九五五年までの間に全体で八六万人の女性が性的暴力の被害を受けたという。この数字には、避難中ばかりでなく、ドイツ国内での被害者数も含まれている。特に、これまではタブーだった西ドイツにおけるアメリカ兵（一九万人）とフランス兵（五万人）、イギリス兵（三万人）による性暴力の被害の実態も明らかにされた。なお、ソ連軍によるベルリン侵攻時には、ベルリンだけで二万人から一〇万人の女性が被害にあったとされる。

ちょっと裏通りに入ると、極左グループが警官隊と激しく衝突している。極右派が行進するメイン道路の異様な静けさとは対照的だった。

ドレスデンを旧市街と新市街に分けるエルベ川沿いにあるオペラハウス「ゼンパーオーパー」の前では、労組などが主催するネオナチの葬送行進に反対する集会が行われていた。集会には、約一万人ほどの市民が集まっていた。

ドレスデン市民と極右派の「葬送行進」に反対する市民は胸に、造花の「白いバラ」をつけていた。空襲の日に白いバラをつけるのは、マティアス、ノーラらの会のイニシアチブで空襲六〇年の二〇〇五年二月一三日にはじまった。ドレスデン空襲の日が極右派やネオナチに悪用されるのに抗議するシンボルだ。戦争や暴力によって、白いバラを赤く血に染めてはならないことも暗示している。

葬送行進デモは回を重ねるにしたがって、ドレスデン空襲の過去との関係を失っていく。単に、ヨーロッパの極右グループ、ネオナチが集合する場へと変わっていった。ドレスデン空襲の日は、それに利用されただけだった。同時に、市民側の反発、抗議も強まっていく。極右側のデモ主催者は市民の抗議をはぐらかすため、デモの日にちを空襲の日からずらしたり、デモコースを中心街からずらしたりしている。デモコースも直前まで公表しないで、反対デモをかわそうとしている。

人の鎖

ノーラとマティアスは、ドレスデン市長の下に設置された作業部会に参加していた。作業部会では、二〇一一年二月一三日のドレスデン空襲の日に向けて市と市民が共同で行う催し物を企画することになっていた。特に、催し物の意義について議論するのが作業部会に託された課題だった。

ノーラは、若者たちが新市街にたくさん住んでいるので、その若者たちを催し物に参加させる方法を考えるべきだと主張した。その一つの方法として、旧市街と新市街を分けるエルベ川に架かる橋で市民一人一人が手を取り合って「人の鎖」をつくってはどうだろうかと提案した。マティアスは人の鎖を、ドレスデンに空襲体験を継承していく義務があること、ドレスデンが見方の狭い人種差別や国家主義に断固として抵抗することのシンボルとして、空襲で破壊された旧市街と破壊されなかった新市街、空襲体験者と戦争を知らない新世代を「橋渡し」するものだと定義してはどうかと提案した。空襲の歴史とどう向き合い、今後それをどう伝えていくのか。市民みんなが考えなければならない。それが、人の鎖に託された意味だった。

しかしノーラとマティアスの提案は、作業部会の最終会議に出席したドレスデン市長の鶴の一声で無視される。市長はその時はじめて作業部会に出席。何ら議論もしないまま、独断で二人の提案を葬った。ノーラは、東ドイツ時代の独裁体制からまったく変わっていないと思った。

「人の鎖」は実現された。でも、ただ単にネオナチの葬送行進デモに反対する抗議デモとして。葬送行進デモはその年、人の鎖デモから数日後の二月一九日に行われている。ノーラは、「それで、人の鎖に何の意味があるの」といった。

ノーラは、考えるというのは流れの中で行われる一つのプロセスだという。空襲体験者はいつも、戦争と向き合って戦争について考えざるを得ない。それに対して戦争を知らない世代は、戦争と向き合うことを強制されていない。空襲の日にだけ戦争について考えても、戦争の過去、戦争の恐さは伝わらない。ノーラは、その違いをよく自覚している。だから、人の鎖に世代間を橋渡しする意味を持たせなければならなかった。

アニータはこの人の鎖を巡る問題から、たくさんのことを学んだといった。空襲体験者にとって、一つの大きなプロセスだったという。現在は、平和な社会。平和で当然な世の中で、平和の大切さは自覚しにくい。戦争の問題には目が向けられなくなっている。そうした現代社会で、戦争体験をどう継承していくのか。試行錯誤しながら、社会的なプロセスの中で地道に啓蒙と教育にもっと力を入れていくしかない。

和解への道

二〇〇六年夏、ぼくは広島からきた被爆者二人と一緒にドレスデンにきていた。ドレスデンの空襲体験者と広島の被爆者が交流する会に同行していた。マティアスに広島の被爆者がドレスデンにいくので交流できないかと連絡すると、ぜひ交流したいという返事がきた。ぼくはその時、はじめてノーラとアニータと知り合った。二人が空襲後五〇年ぶりに再会できたのも、その時に知った。二人はとにかく、生き生きしているという印象だった。

戦争加害国であるドイツと日本の戦争体験者が、戦争について語り合う。どんな話になるのだろうか。ドレスデンの体験者も広島の体験者も、「戦争はもう二度と起こしてはならない」といった。戦争加害国の市民であっても、戦争被害者であることには変わりがない。四人の体験者はうなずき合った。

ぼくはその時はじめて、ノーラからドレスデンの空襲体験者が当時ドイツが爆撃した都市の空襲体験者と交流していることを聞かされた。「和解」への試みなのだという。それは、戦争体験者に課せられた責任なのだともいった。日本からきた被爆者もぼくも、それを聞いてショックを受けた。ぼくたちには、返すことばがなかった。

最初のきっかけは、スペイン・ゲルニカからきた。ゲルニカの平和研究センターの設立者ファン・グティエレス所長がドレスデンにきていた時、ドレスデン空襲体験者で誰かゲルニカにきてもらえる人はいないだろうかと、マティアスたちのグループに問い合せた。一九九九年のことだった。

スペイン内戦中の一九三七年四月二六日、ドイツ空軍の爆撃隊がフランコ反乱軍を支援する形でゲルニカを空爆した。住民七〇〇〇人のうち、一七〇〇人近くが空爆で死亡した。ゲルニカ空爆は、ドイツがポーランドに侵攻して第二次世界大戦が勃発する前のことだ。この空爆が、その後の都市無差別攻撃の先例になったともいわれる。ノーラはぼくに、ゲルニカで空襲体験者から爆撃の話を聞くと、ゲルニカ空爆でドイツ空軍がとった爆撃戦略がそのままドレスデン空爆に利用されていたことがわかったと話してくれた。

ゲルニカ空爆については、画家ピカソが空爆に激怒して、平和の絵「ゲルニカ」という大作を描いたのが有名だ。

グループの空襲体験者は、誰一人としてゲルニカにいきたいとはいわなかった。その様子を見て、グループに加わってそれほど経っていないノーラだけがいこうといった。ドイツの犠牲になったゲルニカで、ドイツ人が受け入れてもらえるのか。それが不安で、みんなは行くことを躊躇した。でもノーラは、まったく心配していなかった。ソ連のレニングラード（現サンクトペテルブルク）に留学していた時、ノーラは快く受け入れてもらった経験があるからだ。第二次世界大戦中の独ソ戦で、レニングラードはドイツ空軍によって空爆され、たくさんのこどもや市民が犠牲になっていた。第二次世界大戦で最も多くの犠牲者を出したのがソ連であったことを忘れてはならない。その多くが独ソ戦によるものだ。それにも関わらず、ノーラは友人として受け入れてもらうことができた。その時の経験がノーラを安心させていた。スペイン語はできない。でもノーラは、たくさんの市民と知り合いになりたい、たくさんのことを勉強したいと、好奇心旺盛だった。

出発前、ノーラは何をお土産に持っていこうかと頭を悩ませた。いろいろ考えた末、空襲で片側だけ焼けて黒くなっている皿を一枚持っていくことにした。皿は、空襲後に父親が焼けた自宅の地下室で見つけたものだった。二枚あった。そのうちの一枚を、空襲のシンボルとしてゲルニカに持っていこう。

空襲で焼けた皿とノーラ。皿右下の絵柄が焼けて黒くなっている（筆者撮影）

ノーラを空港に迎えにきたのは、兵役義務に服役する代わりにゲルニカで社会奉仕業務に従事しているドイツ人の若者だった。ノーラは、平和研究センターの一室に入った。部屋には、空襲体験者と思われる高齢な市民が丸く囲んで座っていた。ノーラはとても緊張していた。まず、どうしたらいいだろうか。迷った。何も考えず、咄嗟に一人一人のところにいって握手をした。ノーラはそれで緊張がとれ、すぐに集まっているゲルニカの空襲体験者と打ち解け合うことができた。ドレスデンから持ってきた皿は、「和解のシンボル」だとして快く受け取ってもらえた。それ以来、ドレスデンとゲルニカの空襲体験者はお互いに行き来し合って交流している。ノーラはこれまで、三回ゲルニカを訪ねた。

二〇一〇年、ノーラは教会関係の団体からチェコのリディツェで行われるセミナーに参加してくれないかと聞かれた。まだ、誰もリディツェにいってくれる空襲体験者が見つからないのだという。ノーラは、すぐに承諾した。

リディツェは一九四二年、ナチス・ドイツが親衛隊幹部暗殺（「ドレスデン空襲」の項参照）の報復として襲撃した村だ。一五歳以上の男性はすべて虐殺され、女性と子どもは強制収容所に送られた。村は、跡形もなく消滅する。戦後一九四九年、強制収容所で生き残った女性などが戻り、消滅した村から三〇〇メートル離れたところに新しい村が再建された。

ノーラは、リディツェにいってはじめて「リディツェの子どもたち」と知り合った。「リディツェの子どもたち」とは、リディツェの虐殺後にドイツに強制的に連れていかれ、ドイツ人家族の養子にされた子どもたちのことだ。リディツェの虐殺とリディツェの子どもたちのことは、ドイツでは今、もうほとんど忘れられてしまっている。ノーラはその時、リディツェからドレスデンに連れていかれ、ドレスデンで空襲に遭った女性と男性がいることを知った。

女性は、マリー・シェビコバ。ドイツ名はインゲ・シラーだった。マリーは、ドイツの戦争犯罪を裁いたニュンベルク裁判で証人ともなっている。ノーラはマリーと、リディツェを訪ねた時に知り合った。しかし男性のほうは、セミナーに顔を出そうとはしなかった。

ノーラは、たいへんつらい気持ちだった。リディツェの虐殺は、ノーラの空襲の体験とは比較にならないくらいに惨い。穴があればどこかに入りたい気持ちで、自分の空襲体験を話した。

ノーラはドレスデンに戻って、リディツェで体験したことを話した。グループのみんなは、リディツェにいきたいという。マティアスのほか、空襲体験者と青少年の一〇人が同じ年の一〇月、バスでリディツェを訪ねた。一行は、丸一日リディツェに滞在する。その時は、ノーラとは会おうとしなかった男性も出てきていた。男性はヴァツラフ・ゼーレンカ。ドイツ名はロルフ・ヴァグナーだった。マティアスたちはマリーとヴァツラフを、一カ月後の二〇一〇年一一月にドレスデンで開催する和解をテーマとした国際シンポジウムに招待する。

シンポジウムは、「和解」とはなんだろうと、和解とその価値を批判的に見て問いただすことを目的としていた。「和解」ということばが表面的にしか捉えられていない。悪用されている。公衆の間ではもう価値が失われていると感じていたからだ。シンポジウムに招待されたのは、ゲルニカとリディツェからの空襲体験者のほか、ちょうど七〇年前の一九四〇年一一月にナチス・ドイツの空爆で中心街がほとんど破壊されたイギリスのコヴェントリーの空襲体験者、二〇〇四年に列車爆弾テロのあったスペイン・マドリッドのテロ犠牲者の家族、アイルランド独立紛争で武装闘争を行ってきたアイルランド共和軍（ＩＲＡ）によって父親を殺害された英国人女性など。個人として戦争や暴力による被害を体験しなければならなかった市民たちだ。その他、平和や和解に積極的に取り組んでいる活動家たちも招待された。全体で、三〇人くらいが集まった。

それぞれが自分の体験を語るとともに、和解の試みについても話した。自分以外にも、たくさんの市民がたくさんの戦争体験、暴力体験をしている。でも、被害者として他人の苦しみを真剣に受け止めることができるだろうか。和解するためには、歴史に関してどれくらい真実が必要なのか。自分は加害者か、被害者か。和解して赦すのか、それとも赦さないのか。それぞれが、そのプロセスに苦しんできた過程について話した。

二日間、たいへん難しい対話が続いた。結論はない。ノーラは、それぞれがいろいろな問題、感情を持っているのがわかったといった。それが普通である。赦したくない、和解したくないと思うのも当然だ。でも、過去の体験を乗り越えてどこかで新しい人生をはじめることができるのではないか。いや、いずれどこかで新しい一歩を歩みはじめなければならないのだ、とノーラはいう。同じような体験をした者同士が、お互いに近づき合うことができれば、和解の第一歩を踏み出したのではないか。それとも、そうではないのか。

アニータはいった。

「わたしは、(ドレスデンで)起こったことを赦すことはできないわ。でもわたしは、自分に和解しようといい聞かせたいと思う」

ノーラはいった。

「もともと誰も赦すことはできないのよ。でもわたしは、それでもみんなで一緒に生きていきましょうといえると思うわ。いずれにせよ、もう二度と戦争を起こさないために、一緒に考えていくことが大事なのよ」

シンポジウムは最後日に、ドレスデン空爆で破壊された教会系の病院において一般市民とも一緒に対話をして幕を閉じる。

この病院を修復する時、イギリスからコヴェントリーの若者が数カ月に渡ってドレスデンに滞在。イギリス空軍の空爆で破壊された病院の修復作業を手伝った。一九六五年のことだった。コヴェントリーはドレスデン空襲前の一九四〇年にナチス・ドイツによって破壊された町。そのコヴェントリーの大聖堂がドレスデンの病院修復のために有志の若者グループを組織したのだった。当時としては、西側のイギリスが東ドイツに若者を派遣してくるのは異例のことだった。ドレスデンを空爆したイギリスからの和解の試みだった。

第二次世界大戦は、五分早くはじまっていた

ポーランド南西部の小さな町ヴィエルニ。ヴィエルニは一九三九年九月一日早朝、ドイツ空軍の戦闘機によって爆撃された。まず町の病院が爆撃される。最初の爆弾が投下された朝四時四〇分から、わずか数分の間にヴィエルニの七〇%が破壊された。ヴィエルニには、当時約一万六〇〇〇人の住民が住んでいたと見られる。そのうち、約一二〇〇人が爆撃の犠牲となった。

ヴィエルニは軍事拠点でもなければ、交通の拠点でもない。これといった産業もなく、小さな砂糖工場がある以外は、農業中心の町だった。誰も、攻撃の標的になるとは思っていなかった。兵舎も防空壕もなく、住民はまったく無防備だった。なぜ、そういう町が攻撃されたのか。ドイツ空軍が改良した新しい戦闘機の性能を試すために、ヴィエルニを爆撃したとする説もある。

第二次世界大戦は、一九三九年九月一日早朝ドイツ海軍がポーランド北部バルト海沿岸のグダニスク（ドイツ語名ダンツィヒ）に砲撃して、ポーランドへ侵攻したことで勃発したとされている。ただ

砲撃が開始されたのは、ヴィエルニへの爆撃が開始されるよりも五分遅い四時四五分だった。ヴィエルニは、第二次大戦がはじまるよりも先に爆撃されていたことになる。

この事実が二〇〇三年、ドイツ人ジャーナリストによって明らかにされた。それを知ったノーラたちは、すぐにヴィエルニに空襲体験者はいないだろうかと問い合わせる。生存者がいるという。ノーラたちは、空襲体験者に会いにヴィエルニへ向かった。ノーラは、隣国ポーランドの戦争体験者と会って和解するのは特に大切だと思っている。

その時ゾフィアは、ドレスデンからきたノーラたちと会った。しかし、ゾフィアはたいへん重い気持ちだった。ナチス・ドイツの空爆によって兄を失い、自分の少女時代も台無しにされた。その憎い国から今更何をしにくるのか。会いたくなかった。自分はドイツ語ができない。ドレスデンの空襲体験者はポーランド語ができないだろう。空襲体験者同士が直接対話することができないのなら、会う意味などないと思った。ドイツからきた空襲体験者と会うには、憎しみの高いハードルを乗り超えなければならなかった。ゾフィアは「それは、当然でしょう」といった。

でも、ドレスデンからきた空襲体験者と会った。そこではじめて、ドイツ人がすべて悪い人間ではないことを知ったという。ゾフィアは会ってよかったと思った。そして、また再会したいと思った。その後、ドレスデン空襲の日にドレスデンに招待された。その時は、もう重い気持ちはなかった。ドレスデンでは、空襲体験者ばかりではなく、戦争を知らない若い世代とも対話することができた。それがたいへんうれしかったという。

ドレスデンの空襲体験者と知り合って親しい間柄になるのは、一つのプロセスだった。そのプロセスにおいて、ゾフィアは自分の気持ちが次第に解放されていくのを感じた。そう語るゾフィアの顔つきは、とても穏やかになっていた。

ドレスデン空襲七〇年となる二〇一五年二月一三日、ゾフィアは三王教会の会場でドレスデン市民の前に立っていた。三王教会は空襲記念日になると、戦争体験者と戦争を知らない若者が集まって交流する場となるところだ。その日で一一回目となる。ゾフィアの他、コヴェントリーやゲルニカなどドレスデン空襲と関わりのある町からも平和活動に携わる市民が招待されていた。

2015年2月13日の「空襲の日」、ゾフィア(左)とノーラ(右)はハイデ墓地の空襲犠牲者慰霊碑の前に立っていた(筆者撮影)

その日は、世代を超えて戦争体験を継承していく日だ。もう二度と戦争を繰り返さないために。そして、それは平和を求める、平和であることの大切さを伝えるということでもある。現在、世界各地で紛争が起こっている。でも、自分の身の回りに平和はないのだろうか。平和で当たり前の社会に暮らし続けて、その平和を忘れてしまっていないだろうか。

ゾフィアはその日、ナチス・ドイツの空襲で破壊された教会の基礎の破片を持ってきた。それがゾフィアにとって今、「平和の証し」だからだ。ノーラは、小さな白い花をつけた園芸植物を持ってきた。ドレスデン空襲犠牲者の眠るハイデ墓地は森の中にあり、たくさんの樹木に囲まれている。ノーラにとって、それが「平和の証し」だという。でも、樹木は大きすぎるので、その代わりに小さな植物を持ってきたのだった。

三王教会での交流の会が終わると、二人は参加者と一緒にハイデ墓地へ墓参にいった。二人は手に、それぞれの「平和の証し」を持っていた。

利用される戦争の歴史

ぼくはマティアスに、ドレスデンのグループがどういうプロセスで和解に取り組むようになったのか聞いた。

転機は、空襲五〇年の一九九五年だったという。空襲五〇年の式典には、ヨーロッパ各国から政治家など著名人がたくさん参加した。世界中のメディアからも大きな注目を浴びた。だが、空襲体験者は公式の式典には招待されない。ドレスデン空襲の歴史が、犠牲者を追悼して平和への願いを発信するのではなく、歴史のショーの舞台として政治的に利用されたにすぎなかった。それ以降、各政党をはじめとして、極右グループ、極左グループなどあらゆる政治的、社会的な団体がドレスデンの空襲をそれぞれの主張を発する舞台として利用するようになる。東ドイツ時代と同様、個人の空襲体験、戦争体験は顧みられない。個人の体験はどうでもよかった。空襲体験者たちは、政治の舞台で語られる空襲は、自分たちが実際に体験した空襲の記憶から大きくかけ離れていると感じた。空襲体験者の中に、ドレスデンの空襲が単なる政治ショーとして利用されることに対して不安と怒りが生まれていった。

ドレスデン空襲の追悼式典は、一九四六年から行われている。式典は一九五〇年代はじめまでは、ナチス・ドイツに対する反ファシズム的なものだった。それが一九五〇年代になると、西側帝国主義に対抗するものとなる。一九六〇年代に入って、対抗する標的が西ドイツとＮＡＴＯ、米国に特化されていく。一九七〇年代に東ドイツが欧州安全保障協力機構（ＯＳＣＥ）に加盟すると、社会主義だけが平和を保証する政治体制だとして、ドレスデン空襲は内政上の宣伝に利用される。一九八〇年代になって、東ドイツ社会自体が停滞。国家権力が弱体して市民をコントロールしきれなくなる。市民社会に、平和運動グループが誕生しはじめる。

東ドイツ時代、ドレスデンの聖母教会は空襲の傷跡を残すため、廃墟のまま残されていた。だがマティアスによると、それは当初それほど大きな意味を持っていなかったという。一九八〇年代に入って、廃墟のままの聖母教会は市民の間で「平和のシンボル」化されていった。それは同時に、東ドイツ社会に対する抗議であり、市民による体制批判でもあった。それが、一九八〇年代末の東ドイツでの民主化運動につながっていったといってもいい。

廃墟のまま残されていた聖母教会については、東ドイツ時代の一九八〇年代終わりに復元する動きがはじまる。ただ復元計画が本格化するのは、東西ドイツ統一後になってからだ。「和解のシンボル」として復元するという名目で、たくさんのカンパが集められた。聖母教会の復元工事は一九九三年、廃墟の残骸から石を一つ一つ掘り出す作業からはじまる。廃墟に残る壊れた石を再利用するためだ。二〇〇五年、教会の内陣が完成して教会として神聖化された。聖母教会の復元は、その前年の二〇〇四年六月にクライマックスを迎える。イギリスで製造された金の十字架が教会の上に載せられたからだ。十字架は、ドレスデンを空爆したイギリス空軍戦闘機のパイロットの息子である金工が製造。ドイツ空軍が空爆したイギリス・コヴェントリーの大聖堂が中心となって、イギリスでそのためのカンパが集められた。

こうして、聖母教会は「和解のシンボル」となった。

地元政治家の中には、それでもう和解は終わったと思っている政治家が多いという。でもマティアスや空襲体験者にとって、それは空爆した英米両国との政治的な和解でしかなかった。過去から現代という歴史的なコンテクストの中では、ドイツはナチス・ドイツが破壊したポーランドやウクライナ、ベラルーシ、チェコの犠牲者、被害者と和解しなければならない。マティアスは現在の聖母教会を、「空襲の過去を継承する場ではない。むしろ、空襲を忘れる場と化した」と批判する。教会は現在、観光名所化して単にコンサートなど文化的な催し物を行うだけの場所になってしまった。

聖母教会が和解のシンボルとして注目されたのとは対照的に、一九六五年にイギリスのコヴェントリーからきた若者たちがイギリス空軍の空爆によって破壊された教会系病院の修復を手伝ったこと

復元された聖母教会の上には、イギリスで製造された金の十字架が載る（筆者撮影）

は、現在ほとんど忘れ去られてしまっている。

空爆を受けたドレスデンには戦争に対しても、自分たちがどうしていくべきなのか責任がある、とマティアスはいう。マティアスは、この「戦争」ということばを複数にした。これは、過去ばかりでなく、現在起こっている戦争と将来起こる可能性のある戦争に対しても、特別の責任があるということだ。空襲の体験を継承するだけではなく、戦争加害国の戦争被害者としてドイツの攻撃を受けた他国の戦争被害者と和解していく。それを土台に、もう二度と戦争が繰り返されないように平和を求め続ける。それが、ドレスデンとドレスデン市民に課せられた責任だ。「それは、広島と長崎にとっても同じことではないか」と、マティアスはいう。

空襲体験者と青少年を橋渡し

一九九五年の空襲五〇年を境に、マティアスや空襲体験者はドレスデン空襲の過去とどう関わり、どう伝えていくのか、たいへん考えさせられるようになった。それまでは、空襲体験者の個人体験を記録して一般公開してきた。しかし、それだけで十分なのか。マティアスらは、それでは不十分だと感じるようになる。

政治的に過去を伝えようとすると、空襲の歴史は政治の道具にされる。空襲被害者それぞれの声は伝わらない。イベントではなく、日常生活において体験者の声をどう伝えていくのか。そのためには、体験者自らが過去を伝える文化を築いていくしかない。単に被害者が体験を語って発言するのではなく、戦争被害者が思ったこと、感じていることを生活の中で実現する。二度と戦争を繰り返したくないという願いと、戦争加害国の市民として戦争を起こしてしまったという罪の意識。それは、戦争体験者の最も大切なメッセージのはずだ。そのメッセージを平和な現代に、戦争を知らない若い世代に伝えなければならない。それまでの戦争体験を語るだけの活動が平和運動へと変化していった、とマティアスはいった。

そのためには教育の現場に出ていくしかない、とマティアスらは思った。学校の授業の枠内であるいはプロジェクト学習の形で、空襲体験者が児童、生徒に体験を伝えて一緒に考える活動をはじめる。体験者は空襲を体験しているので、空襲に関して豊富な体験と知識がある。それに対して、青少年たちにはその知識も体験もない。それで体験を語るだけでは、一方通行で終わる。その差をどう埋めれば、空襲体験者と青少年をできるだけ同じレベルで引き合わせ、両者が一緒に考える環境ができるのだろうか。そうしないことには、戦争の過去を現代の問題として一緒に考えることができない。それが大きな課題だった。

空襲体験者と青少年が空襲をテーマに、一緒に創作劇を造ってみたことがある。青少年が過去の記録から空襲前のドレスデンの街を段ボールで再現し、それを現在の街並と比較しながら空襲体験者と青少年が一緒に過去を振り返って対話したこともある。こうした試みによって、空襲体験者と戦争を知らない若い世代が一緒に対話できる土台を造った。それは、空襲体験者にとってまったく新しい体験であり、苦い体験でもあった。当時戦争のことをどう思っていたのか、戦争になぜ反対しなかったのかなど、若い世代から厳しい質問が空襲体験者に突きつけられたからだ。

空襲体験者は考えざえるを得なかった。たとえ高齢であっても、考えることによってまだ変わっていけるのだということを示してくれた、とマティアスはいう。自分が苦しんだ体験について若い世代と対話することで、他の人の受けた運命に対しても同情する気持ちが育まれていった。被害者意識に苛まれ、戦争加害国の市民であることを忘れてしまっていたことに対する罪の意識も生まれてきた。そこではじめて、より強い平和への願いが生まれる。

表面的に戦争を語るだけでは、戦争を知らない若い世代には伝わらない。若い世代と対話しながら試行錯誤するプロセスは、自分の過去の戦争体験と真っ向から向き合い、戦争体験を真剣に捉えることでもあった。そうしたプロセスにおいて、戦争加害国の戦争体験者として罪の意識と和解の必要性を感じる気持ちが生まれていった。和解は、戦争を体験していない若い世代同士でできるものではない。実際に戦争を体験した当事者同士でなければできない。和解の意義を真剣に捉えることのできるのは、戦争の痛みを知っている戦争体験者だけだ。しかし高齢な戦争体験者には、もう時間が残されていない。戦争体験者が今和解しておかないと、和解しないまま過去を若い世代に残していくことになる。それでいいのだろうか。

空襲を体験したドレスデンがしなければならないのは、ドレスデンを空爆した英米との和解ではない。ポーランドやウクライナ、ベラルーシ、チェコなどドイツが攻撃して破壊してきた隣国との和解だ。英米とは、聖母教会が和解のシンボルになっただけで十分だ。マティアスや空襲体験者たちは、そう思っている。

それは、現在起こっていることに責任を持つことでもあった。空襲を体験した者には、現代に関しても特別の責任がある。ドイツ兵がアフガニスタンに派兵されていた。ドイツ兵が、さらにドイツ自体が戦争に巻き込まれる心配はなかったのか。社会的に落ちこぼれていく市民が増えて格差社会が拡大し、社会が右傾化している。その結果、外国人や物の考えの違う市民を迫害しようとする政党が勢力を伸ばしてきた。特にドレスデンでは、シリア人などイスラム系難民受け入れに反対する市民が増えている（ペギーダ）。それが、ナチスの台頭のように過激化する心配はないのだろうか。その可能性は、いつでもあるはずだ。ドイツが戦争を起こしたという過去の歴史がある以上、その可能性に敏感になって警戒心を持つ感覚を育てていかなければならない。今平和であっても、平和か戦争か、人権保護か人種差別かと、相反するものが将来いつでも生まれる可能性があるのだから。

空襲を体験した都市の市民として、今何ができるのか。その責任を現代にまで持ち込むのは、簡単なことではない。平和が当然な社会において、市民を平和運動に導くのは難しい。なかなか理解してもらえない。それでも、二度と戦争を繰り返さないためには、まだ活動しなければならない。ドレスデンの空襲体験者たちはこう使命感を抱いて、教育の現場で若い世代と対話を続けている。

マティアスはいう。

「最初は、ナチスの過去を真剣に受け止めようとする空襲体験者がどれだけのことができるのかわからなかった。予想もしていなかったことだが、何か少し変えることができたのではないかと思う。それを、政治権力と経済権力が巨大化する現代社会においてできたのは、たいへん貴重な体験だった」

若者の勇気と町の活性化

ドレスデンから電車で三〇分ほど南東に走ったところに、ピアナという小さな町がある。人口は三万八〇〇〇人。ドレスデンと同じくエルベ川沿いにあり、バロック様式の建物がこじんまりと並んでいる。ピアナのある地域は「ザクセンのスイス」といわれ、チェコ国境まで砂岩の山々が立ち並ぶ自然豊かな景勝地だ。国立公園に指定されている。ピアナは、ザクセンのスイスへの入口となる町だ。

ピアナのゾンネンシュタイン地区にあるゾンネンシュタイン城の一角はナチス時代、精神障害者と精神病者を収容して殺害する五大施設の一つとなっていた。ピアナの施設では、一九四〇年と四一年の二年間で一万四〇〇〇人近くの人がガス室で殺害された。ピアナは、暗い過去を背負っている。

ベルリンの壁が崩壊して東西ドイツが統一されると、ザクセンのスイス地方でネオナチやスキンヘッドが暴れはじめる。この地方全体で、極右派による負傷事件が激増した。極右政党「ドイツ国民民主党（NPD）」が台頭し、地方選挙で一〇％を超える二桁の得票率を獲得した。社会が急激に荒れはじめる。スキンヘッドによる暴力事件が急増して、市民の不安が増すばかりだった。不安から故郷を捨ててしまった市民もいる。でも市民は、誰もこの現実に目を向けようとはしなかった。行政も何もしなかった。

この状況に危機感を感じたのは、セバスチャンら二〇歳の若者四人だった。四人はまだ、学校に通っていた。四人は一番親しい間柄で、何でもオープンに話せる仲間同士。四人は互いに、地元の極右化問題に対する自分の不安を打ち明けた。四人は、市民が動くしかないと思った。そこでまず、友だちや同級生同士で話し合ってみた。みんなが同じように不安を抱いているのがわかった。このままではいけない。何とかしたいと思った。

まずみんなで話し合う場を持つため、円卓会議を企画した。円卓会議には、町、労働組合、警察、教会の代表のほか、市民有志が集まった。ただ問題について話し合っているだけでは、事態は解決できない。自助グループ以外の何ものでもないことに気づいた。

四人は、何か具体的に活動しなければならないと感じる。できるだけたくさんの市民に、社会が極右化している現実をはっきりと伝えたい。それに対抗するためには、市民が何かしなければならないというメッセージを発したい。四人は、市民デモを計画する。手作りのチラシを造って、友だちや知人にデモへの参加を呼びかけた。

デモ当日、三〇〇人程度の参加者を期待していた。実際には、八〇〇人の市民がデモに参加した。予想を遥かに上回った。ここではじめて、たくさんの市民が極右化に不安を抱き、市民が何かしなければならないと自覚していたことがわかった。不安を抱いていたのは自分たちだけではなかった。若者を中心に、市民の心が一つになった。

一九九八年のことだった。しかし町は、市民のこうした活動が風評被害を引き起こし、観光地のピアナにとって悪影響だと批判した。セバスチャンたちは「町の無法者だ」とされた。デモだけでは変わらないと思った。四人は頭を切り替えた。極右化を批判したり、極右化に抗議するのではなく、社会を刺激するポジティブなテーマで極右化に対抗する具体的な活動をしよう。

セバスチャンらは、民主主義や人権、市民の勇気、戦争と平和などをテーマとして市民参加の形で具体的にプロジェクトを実施することにする。若者たちは放課後に集まって、それぞれが具体的なアイディアを出し合った。たとえば、戦争体験者や東ドイツ独裁体制下の被害者などから体験を聞く会、反ユダヤ主義の映画試写会、民主主義や平和、人権などをテーマとしたセミナーや討論会、読書会、精神障害者と精神病者を殺害したピアナの施設をテーマとしたセミナー、ワークショップなど。強制収容所の見学ツアーやイスラエルの若者との交流会も企画した。スキンヘッドやネオナチに因縁をつけられた時にどう対応したらいいのか、そのためのトレーニング教室もはじめた。

学校の児童、生徒と一緒にプロジェクトを行うこともたいへん重要だと思った。でも、学校の校長は学校に校内暴力がないのだから必要ないと、その必要性を認めようとしなかった。それならと、現場の先生と直接対話を求めて、先生とともに授業の枠で子どもたちと一緒にできることを考えた。まず、民主主義やナチス・ドイツの過去などをテーマとして、読書コンクールや絵を描くコンクールなどをはじめた。

いつの間にか、年間六〇以上のプロジェクトを行うようになっていた。

若者たちは、自分の生活する環境を少しでもよくしたい、社会のために何か役立つことをしたい。そう思ったにすぎない。若者らの勇気と活動はすぐに町中で評判となり、ボランティアの協力者もたくさん集まるようになった。行政側も、次第に市民の活動する意義を理解するようになる。まもなく行政側から、活動に補助金を給付してもらえるようになった。

セバスチャンら若者のイニシアチブは、「アクション、市民の勇気」という公益団体にまで成長した。活動の中心になっているのは、一〇代後半から三〇代の若者たちだ。年間予算は現在、約二〇万ユーロ（約二七〇〇万円相当）。ほとんどが公的補助によるものだ。裁判所が罰金に代わって、公益性のあるセバスチャンらの団体に寄付するように判決を下すこともある。

セバスチャンらの活動は、顔見知りでも普段ほとんど対話のない田舎町の閉鎖社会を風通しよくすることにもなった。活動を実施するには、他のグループとも協力する必要がある。町や警察とも協力しなければならない。町では次第に、市民同士がオープンに対話する土壌ができていった。それが町の活性化、再生につながった。市民は町を誇りに思い、自分の故郷をいい町にしたいと思うようになった。市民は、故郷への絆を深めていった。セバスチャンらのグループが毎年主催する市民祭には、一万人以上の市民が参加する。

セバスチャンによると、グループの活動に参加した若者の中には、大学入学や就職で地元を去っていく者も多い。しかし、一旦活動に参加した若者の地元への絆は強い。何か催し物がある毎に、グループの先輩が誰か戻ってくる。若い人材が次々に大学入学や就職で町を離れていって、グループに後継者が出てくるのだろうか。セバスチャンは、次から次に若い人材が加入してくるので、まったく心配していないといった。

ザクセンのスイスのような外国人の少ない地方で極右化が進んだ要因、温床は何なのか。セバスチャンによると、一つに外国人の割合が増えることに対する不安だという。東ドイツ時代、ザクセンのスイスには外国人はほとんどいなかった。現在も、外国人の割合は一・九％にすぎない。それで、なぜ市民が外国人に不安を抱くのか。

セバスチャンは、一つの問題に対する小さな不安がいろいろな不安と重なって、不安を異常に拡大させていったのだという。実生活では、統一後東ドイツの企業、工場が閉鎖され、市民が失業している。市民の中には、旧所有者が出てきて土地や住居を引き渡さなければならなくなった市民もいる。こうした喪失感が、将来への不安を大きくした。統一で独裁体制から民主主義体制に変わって、自由になれたのではなかったのか。しかし、民主化された生活は厳しくなるばかり。民主主義体制では、自分の人生は自分で決めなければならない。それが自由でもあった。独裁体制下で人生を上から決められてきた市民にとって、それは新しいことだった。そのギャップを、統一後民主主義政党が埋めることができなかった。

ザクセンのスイスが隣国チェコに接していることも、市民を不安にさせる要因だった。統一後自動車の盗難が急増し、盗難車は東欧で売られていた。政治はその現実を認識せず、何も対策を講じないままだった。

その結果市民は、政治がいっていることは市民が感じている現実とかけ離れていると感じるようになった。極右政党が、外国人のせいで失業するぞと批判の矛先を外国人に向ける。一部の市民には、それが将来への不安、政治への不満に対して適切な回答、受け皿だと映る。市民の一部は、極右政党の主張を簡単に信じて支持するようになった。セバスチャンは、ザクセンのスイスにカリスマ性のある極右政治家が登場したことも市民を信じやすくさせた要因だろうという。

セバスチャンたちが活動を開始した時、町では週に最低一回の割合でスキンヘッドやネオナチによる暴力事件が起きていた。セバスチャンもはじめは、セバスチャンらの活動への仕返しにスキンヘッドやネオナチの暴力の標的にされるのではないかと、毎日不安な日々を送っていた。

しかし今、スキンヘッドやネオナチの暴力事件は年に三、四回程度にまで激減した。セバスチャンはそれでも、暴力事件がゼロにならなければならないといった。

5章　小さな革命

革命だった

ローラントは、東ドイツの民主化運動を主導したノイエス・フォールムで活動した一人だった。統一後メンバーが離れていく中、ノイエス・フォールムの一員として残って活動している数少ない一人だ。一九九四年、東ベルリンのあるカフェで、ベルリンの壁の崩壊、ドイツ統一についてローラントがどう思っているのか、話を聞くことができた。

――ノイエス・フォールムの結成されたいきさつは?

ローラント（R）：ノイエス・フォールムは一九八九年九月九日、東ドイツの反体制派グループによって結成された。当時、数千人の東ドイツ市民がハンガリーを経由して東ドイツを捨てて西ドイツに逃亡していた。東ドイツ政府に、この国の危機的な状態を解決できないのは明らかだった。市民と国のつながりはなくなり、単に独裁体制だけが一人歩きしていた。

（チェコスロバキアの）プラハの西ドイツ大使館では、数千人の東ドイツ市民が逃げ込み、西ドイツへの亡命を求めた。東西ドイツ政府が交渉した結果、大使館に逃げ込んだ市民は東ドイツ経由で西ドイツに出国できることになった。西ドイツへ出国する市民を載せた列車が（東ドイツの）ドレスデンを通過する時、ドレスデン中央駅周辺では出国できない市民の不満が爆発して大きな反体制デモが起こり、警官隊と衝突した。

こうした状況を目の当たりにして、たくさんの東ドイツ市民はこのままではいけないと思った。そう思う市民有志が集まって、ノイエス・フォールムのアピール文が作成された。アピール文には、短い間に東ドイツ全体で二〇万人以上の市民が署名した。

こうして、ノイエス・フォールムが生まれた。

――主なメンバーは何人くらいだったのか

R：三〇人くらいだった。

――その時、統一を考えていたのか

R：統一など、考えることはできなかった。（冷戦の）戦後体制が維持されていたからだ。すぐにドイツが一つになれるとも思っていなかった。全く違う二つの社会体制が、四〇年間も別々に発展してきた。社会主義の実験が失敗したからといって、すぐに資本主義の実験をすることは考えられなかった。だから、統一はまったく考えていなかった。

みんなが望んでいたのは、自分のことを自分で決定できる生活、市民が主権を持つ国家と社会を造ることだった。だから、すぐに統一することには反対していた。

一九九〇年以降にわれわれが体験しているのは、二つの同じものが統一されたということではない。強いものが弱いものを支配するということだ。

――メンバーの中心になっていたのは、どういう人たちだったのか

R：医師や芸術家、幼稚園の先生、労働者など。いろんな市民がいた。でも、インテリが中心だった。

――年齢層は、男女の比率はどうだったのか

R：男女は半々くらい。年齢は、三〇歳から五〇歳くらいだった。

――社会主義体制になって生まれた人たちということか

R：そうだ。みんながはじめから、反体制活動をしていたわけではない。むしろ、そうした市民はほとんどいなかった。

――東ドイツが祖国だった

R：祖国ということばは、慎重に使うべきだ。民主化運動に参加した市民は、東ドイツを祖国だとは感じていなかった。むしろ、地元とか、生活の場と感じていた。

ドイツ人として、祖国ということばは使いたい。でも、国家とアイデンティティがあるかということになると別問題だ。だから、(自分の生まれ育った)母国というならそうだ。しかし、祖国ではない。

――西ドイツでは、自由があって当然だった。それに対して、東ドイツでは自由がなかった。民主化のプロセスはその自由を獲得するプロセスであったわけだが、そこから統一のプロセスに変わっていった。ノイエス・フォールムのメンバーには、それに批判はなかったのか

R：統一のプロセスは、民主的なものでも、自分で決定できるものでもなかった。東ドイツの政治と経済は破綻していた。破産といったほうがいいかもしれない。この状況を利用して、西ドイツの政党が旧体制後に生まれたばかりの東ドイツの新政権を自分たちの思う通りに動かした。

東西ドイツの統一について、（西ドイツの憲法に相当する）基本法は、二つの可能性を規定していた。一つは、東ドイツが西ドイツに加入するということ。もう一つは、二つのドイツが同等に再統一されるというものだった。後者では、国民投票によって新しい憲法を制定することになっていた。最終的に、強い西ドイツが東ドイツの加入する条件をすべて規定して、統一することになった。ここでいう条件は、政治から司法、経済、社会まであらゆる面に及んだ。何から何まで、西ドイツが統一の条件をすべて決めたということだ。

東ドイツ市民の（統一への）願いが、それを可能にしてしまったということもできる。東ドイツ市民が、できるだけ早く西ドイツ市民と同じように生活したいと願っていたからだ。東ドイツ市民は、強い（西）ドイツマルクを手にできれば、すべてがよくなると思っていた。

もちろん、われわれはそう考えることが危険であると警告した。しかし東ドイツ市民は、それに耳を傾けることができなかった。

――いつから警告していたのか

R：一九九〇年のはじめ頃からだ。（壁崩壊後に）自由選挙の選挙運動がはじまった頃からだ。

――結局、その自由選挙でノイエス・フォールムの民主化運動は負けたということか。それは、西ドイツの影響があったからか

R：われわれノイエス・フォールムは、西ドイツの政党からの物質的、資金上の支援に対抗できなかった。われわれは東ドイツにおいて、ゼロからはじめた。支援してもらえるバックもなかった。

――しかし、東ドイツ市民はそうして自由を勝ち取ったのではないか

R：東ドイツ市民は自由を勝ち取った。同時に、われわれは負けたのだ。われわれは、自由を求めてデモに出た。そして一九九〇年七月一日、念願のドイツマルクを手にした。経済と通貨が統合された。実質的には、これが統一だ。

しかし市民はその後に、おかしいと気づきはじめる。ブレーチェン（小型のパン）一個が五ペニヒから二〇ペニヒ（約一五円に相当）に値上がりする。でも、給料の額は同じだ。統一によって、生活がよくなると信じていた。しかし、生活はよくならなかった。

先ほど話した憲法の話に戻りたい。

われわれは壁崩壊後、一九八九年一二月から翌年春まで円卓会議で東ドイツ政府と新しい国について討議していた。ここでは、新しい国（東ドイツ）のために新しい憲法を制定する話をしていた。その憲法草案では、二つのドイツを同等に統一する可能性を設けていた。

新しい東ドイツ。生まれたばかりの民主主義国家が新しい憲法を持って、西ドイツと対等となる。そして、統一を目指すということだった。

しかし、はじめての自由選挙に勝ち、西ドイツの政党の傀儡となった政党が東ドイツの政府と議会を牛耳る。われわれの願いは、ものの見事に破壊されてしまった。（東ドイツという）国を消滅させるのに、今さら憲法は必要ない。それが西ドイツ側のいい分だった。

憲法草案には、環境保護の権利、人間の平等な権利、男女平等、子どもの平等な権利など、現代の憲法に必要な要素がすべて盛り込まれていた。われわれは、それを市民の中に浸透させようとした。数十万人から憲法の草案を支持する署名も集めた。

しかし、一九八九年の民主化運動からベルリンの壁が崩壊するプロセスにおいて、もう結論が出ていたと思う。一般市民が求めていたのは、物質的な豊かさだった。国民投票によって新しい憲法を定め、民主的な新しい東ドイツを建国するということではなかった。

——でも、統一したらどうなるかは当時から結構予測できたのではないか

R：すべてが予測できたわけではない。たとえば、東ドイツの企業が世界の競争の中で生き残っていけないのは、当時から予想できた。それから、社会問題。企業が破綻すると、労働者が解雇され、失業者が急増するのはわかっていた。

それほど大きな問題になるとは予想していなかったのが、土地の問題だ。統一条約によって、土地の旧所有者が一九四五年前に所有していた所有権を取り戻すことができるようになった。四〇年間、土地のことで何もしてこなかった旧所有者が、多くは西ドイツで生活していた人たちだが、簡単に土地を取り戻した。それまで、土地を守ってきた東ドイツ市民の苦労は水の泡となって何も残らなかった。土地とその苦労は奪われた。

——土地や住居から追い出された東ドイツ市民には、代替の土地とか住居は与えられなったのか

R：二〇年、三〇年もの間その場で生活していた市民をどう救済するのか。本来であれば、それが優先されるべきだった。旧所有者に（土地の）損害補償を支払うこともできたはずだ。しかし、まず旧所有者に土地を返すことが優先された。返還を望まなければ、旧所有者に補償することになった。東ドイツ市民の居住権は無視されたということだ。本来なら、旧所有者への損害賠償を優先させるべきだった。

――旧所有者への損害賠償は国がしたのか

R：必要な場合は、国がした。

――土地が返還された場合、国はどうしたのか

R：何もしなかった。土地から追い出された東ドイツ市民は、自分で新しく住む場所を探すしかなかった。

――でも、土地から出たくないという人が多いはずだから、国はたくさん補償した

R：いや、そうではない。旧所有者が返還を求めなければ、損害賠償するということだった。しかし土地は転売できるので、旧所有者はまず返してほしいといった。都市部では統一後土地が急騰したので、誰もが返してほしいといった。そうなると、東ドイツ市民は出て行くしかなかった。

旧所有者が誰か、確定するのもたいへん難しかった。裁判で判決が出るまで、長い時間がかかった。裁判の判決が出るまで、土地に手をつけることはできない。そのため、都市部では再開発が遅れた。

利益目的の土地転がしも増えた。

――資本主義がすぐに流れ込んできたということか

R：わたしにとっては、東ドイツで民主主義がどう根付いていくかのほうが大切だった。しかし東ドイツでは、民主主義は根付かなかった。東ドイツで資本と市場を自分のものにしたいという西ドイツ側の欲求と、社会主義体制時代から残った官僚機構の利害関係が一致して、東ドイツでの利権を求めてすぐに両者が結び付いた。

東ドイツ時代に権力を握っていたエリート層が、統一後も(東ドイツで)権力を握っていく。(当時の)

国のトップということではない。その次のレベルのエリートたちだ。

――ということは、上層部がスライドしていった

R：その通りだ。当時、政党の役員や秘密警察の手先だった人たちが、社会の西ドイツ化において当時の政治的な力を利用して経済的に権力を握っていった。

――一九九三年五月に東ドイツ南部で、統一後はじめての金属ストライキがあったが、それは西ドイツから主導されていたということを聞いた。労組も同じということなのか

R：東ドイツの金属労組が西ドイツの金属労組のために、東ドイツでストライキをしたということだ。これは、経営者側が東ドイツで（西ドイツで制度化されている賃金を労使合意の下で決めるという）賃金の自主性を破棄してしまおうとしたからだ。そうなってしまうと、なし崩し的に西ドイツでも賃金の自主性がなくなる心配があった。

ストをするかしないかは地元の組合員が決めることなので、西ドイツ側が直接ストをしろと命令したわけではない。

東ドイツの金属労働者の賃金レベルは、平均で西ドイツ労働者の六〇％から六五％にすぎない。物価が東西で変わらないのだから、東ドイツの労働者はストをせざるを得なかったともいえる。

――西ドイツ経済の都合のいいように、東ドイツでの四〇年間の生活をゼロにしているのではないかと感じるが

R：確かに、そういうところがあると思う。

ただ、実際に失業してしまった人の状況が現在どうなっているのか、どれほど悲惨なものなのか、

これから先どうなるのかということになると、わたしにはよくわからない。

——ノイエス・フォールムは今、どういう活動をしようとしているのか

R：たくさんの分野でやらなければならないことがある。何が問題か、今根本的に考える時期にきたと思う。

（統一後）過去三年間で、新しい法体系ができ、新しい経済体制が入ってきた。毎週、毎週、新しいことが入ってくる。新しい法律ができると、生活に政治的な影響がでる。それに対して、影響を制限しなければならない。

そのためには、物事を根本的に考えなければならない。土地の問題についてはすでに話したが、土地がどう配分されるべきか、ということについて考えなければならない。

議会制民主主義が入ってきたわけだが、入ってきた（西ドイツの）制度では、小政党が議会で議席を取ることができない。議会内では議員団への締めつけが強く、議員が独自に判断して決定することもできない。しかし、それでいいのか。根本的に考えなければならない。市民の声が国民投票などによって、政治に反映させることも考えなければならない。

さらに、平和問題だ。われわれのグループは、ドイツ兵が国外で戦うことに強く反対している数少ないグループだ。統一ドイツが世界の平和を監視する警官のような役割を果たすのではなく、その前にまず軍縮と平和のために義務を果たすべきだと思う。軍備の禁止、武器輸出の禁止などについても考えなければならない。

武器を持つとは、暴力をより拡大させることになるからだ。

――個人的には、これまで起こったことについてどう思っているのか

R：一九八九年の秋は革命だった。革命は短い間に終わり、小さな革命となってしまった。それによって、二つのことが、破壊されたと思う。

一つは、東西の壁が崩壊したということだ。もう一つは、西ドイツの影響が大きくなって、東ドイツ市民の希望が破壊され、反映されなかったということだ。

（東ドイツの）旧体制の残党に対して、市民がどういう態度を取るべきなのか。民主化運動において、市民がそれに関して一致した考えを持っていなかった。それが、現在の状態を招いた結果だと思う。

（民主化運動で）一つ大切な点は、はじめから非暴力を望んでいたことだ。それだけは、実現できた。

個人的には、他の東ドイツ市民にとってもそうだと思うが、一九八九年秋から一九九〇年春にかけての時期は、自分の人生で一番大切な時期だったと思う。こういうことは、人生において何度も経験できることではない。（一九八九年秋のような）革命、自由のない社会から自由を獲得するということを体験できた世代は、ほとんどいないだろう。

実際に夢見た社会は、実現できなかったのだが。

――個人的に反体制運動に参加したきっかけは何か

R：個人的には、それまで表立って反体制派の活動をしたことはなかった。体制に従わないようにすることで、体制拒否の態度を示していたにすぎない。最初に反体制的な集会に参加したのは一九八八年一月だった。その後は、（民主化運動のはじまる）一九八九年九月からだ。机の前に座っているだけ

ではダメ。今社会が必要としている（民主化）運動に参加する時期がきたと思った。
ただ、一九八〇年代に出国申請を出して東ドイツを捨てようとしたことがある。ただ、後で撤回した。

――どうして出国申請を引っ込めたのか

R：一九八〇年代中頃に、東ドイツ社会は変わらなければならないと考えていた市民がたくさん出国申請を出した。三〇代半ばにもなると、こんな生活を送っていていいのかと考えるようになる。たくさんの市民がこの社会に埋もれてしまっていいのか、と考えてしまった。それで、東ドイツから出るしかないと考えた。
ただわたしは、東ドイツ社会がダメなら、西ドイツ社会もダメだ、どちらも同じではないかと気づいて、考え直したということだ。

――出国申請を出したことで、当局から圧力を受けたのではないか

R：いや、圧力はなかった。多分、フリーランサーとして働いていたからではないか。
わたしが何をしているのか、警察や秘密警察が近所の人たちによく聞いていたようだ。出国申請を出す前から秘密警察に監視されていたのを、（統一後に）秘密警察の文書を見て知った。

――なぜ監視されていたのか

R：（秘密警察の）文書を読んだ限りでは、わたしが国を捨てて亡命する疑いがあったからということだ。

――テレビなどで見ると、秘密警察の集めた文書はたいへんな量だった

R：わたし個人の文書はわずかだった。人によっては、たくさんの文書が残っていた人もいる。秘密警察が全能的な存在だということは当時からわかっていたが、これほどまで広く市民が監視されていたとは想像もしていなかった。

――莫大な労力とお金がかけられていた

R：そうだと思う。多分、世界の秘密警察はどこも同じだろう。

民主主義の下でも、秘密警察の活動を監視できないことが問題だ。われわれは（ノイエス・フォールムは）、世界のすべての秘密警察を廃止すべきだと思っている。

――西側資本主義の生活になって、こんなこともあるのかと驚いたことは？

R：想像していたことと、実際に体験したことに大きな違いがあることを知った。まあ、それは前から想像していたことだ。たとえば、物質的なことだけど、生活費のことだ。

西ドイツの友人が最低でも一〇〇〇から二〇〇〇ドイツマルク（八万円から一五万円相当）ないと生活できないと話していたが、生活費にそんなにたくさん必要だとは想像もできなかった。自分の場合、東ドイツでは六〇〇マルクもあれば十分生活ができた。

資本主義経済社会でそれなりに生きていくのに生活費がどれくらい必要なのか。それは、自分で体験してみないことにはわからなかった。

――その他には？　いいことでも、悪いことでも

R：今は、お金さえあればたくさんの可能性があるということだ。お金があれば、夜遅くまでカフェに座っていることも、毎晩好きなだけビールを飲むこともできる。でも、お金がないとできない。

確かに、現在は平和になった。でも、資本主義で世界が長く存続できるようになるかというと、たいへん疑問に思う。自然が破壊され、際限もなく経済成長だけが求められる。こういう状態が長く続

くとは思えない。資本主義の進む速度を落として、世界ができるだけ長く存続できるようにしなければならない。

そのためには、新しい道が開けるように、新しいビジョンを持って現在のシステムに抵抗する市民がたくさん出てこなければならないと思う。

——西ドイツでは、東ドイツの環境破壊はすごいといわれていたが

R：東ドイツでは、環境技術が開発されず、環境が破壊されていたのは事実だ。それは、技術水準の問題ではないだろうか。ただ、東ドイツを擁護しているわけではない。

環境問題では、世界全体の責任がますます大きくなっていることをいいたいのだ。たとえば西ドイツは、ゴミをアフリカなど第三国に輸出していた。

——東西ドイツ統一によって、東ドイツの存在意義のようなものはなくなってしまったのか

R：東ドイツの民主化運動で、われわれは自分たちで決定できる新しい国家ができることを望んでいた。東ドイツではない、別の名前にすることもできたと思う。

しかし、それは夢だった。歴史的には、それは不可能だったということだ。

——西ドイツやアメリカ、日本などの西側社会に比べると、東ドイツの市民と話すほうが文化や政治について深く話せるようにも感じるが

R：そう感じて当然かもしれない。

(西側社会ででは) レジャー産業、家電産業、メディアなどが、文化の基盤を破壊してきたからだ。その結果、精神文化において産業化の副作用が現れているということだ。

工業化が進まないこと、技術が発達しないこと。それが、（東ドイツの）社会において文化に対する意識を維持、強化させていた。それはある意味で、発展途上国と東欧諸国の数少ないいいところだったと思う。

（ベルリン@対話工房（www.taiwakobo.de）から引用）

東ドイツ市民への失望

ローラントの話を聞いてから数日後、ぼくはセバスチャンを訪ねた。セバスチャンとは一九九二年に知り合い、二年ぶりの再会だった。セバスチャンの居間兼書斎には、たくさんの本とファイルが並んでいる。いたる所に新聞の切り抜きが散らばっていた。

セバスチャンは東ドイツの民主化を主導したノイエス・フォールムの設立者の一人。小柄で、結構老けて見える。四〇代後半には見えない。白髪まじりの長いあご髭がインテリを印象づける。セバスチャンは当時、ノイエス・フォールムから離れてベルリン市の市議会議員を務めながら、チェルノブイリの子供たちを支援する運動に携わっていた。

居間に置かれた丸テーブル。このテーブルを囲んでノイエス・フォールムの仲間や市民たちが民主化運動について話し合っていた。居間は道路側に面し、向かいの家の窓からは秘密警察シュタージの職員がセバスチャンたちを監視していたという。

ぼくはセバスチャンに、ベルリンの壁崩壊から東西ドイツ統一についてどう思っているのかについて聞きにきていた。セバスチャンはまず、統一ドイツの法律を西ドイツから移入された「侵略者の法」だと評した。東ドイツ市民が夢みていた統一された法治国家では、社会正義、平等、自由が保障されているはずだった。

しかし現実は、そうではない。東ドイツの独裁体制下では、独裁体制の弾圧から身を護ることができれば、自分のしたいことのできる社会だった、とセバスチャンはいう。統一後は、ドイツマルク（当時のドイツの通貨）さえあれば自由を享受できる。でも、ドイツマルクを持っていないと自由はない。お金がすべての社会。セバスチャンは、「西ドイツについて東ドイツの教科書に書かれていたことは、正しかった」といった。

民主化を主導したインテリ市民は、ドイツの統一を考えてはいなかった。東ドイツを社会主義の下で民主化して、自分たちの生活する社会を自分たちの手で健全にしようとしただけだった。ベルリンの壁が崩壊するとは、誰も予想も期待もしていなかった。西ドイツの制度を取り入れることもまったく考えていなかった。一般市民も、自分たちの考えについてくるものと信じていた。

一九八九年一一月九日、ベルリンの壁が崩壊した。同時に、東ドイツを改革したいというインテリ層の思惑とは裏腹に、一般市民の心は西ドイツの物質的な豊かさに向かっていく。ベルリンの壁が崩壊すると、たくさんの市民が稲妻が走るように西ベルリンへと走った。西ベルリンでは、タバコやバナナなどの差し入れをもらう。市民はつかの間の西ベルリンを味わい、歓喜が冷めないまま東ベルリンの自宅に戻った。東ドイツ市民は、長年抱いていた夢が現実になると錯覚する。これで、西ドイツ市民と同じように生活できるようになる。東ドイツを改革しようというインテリ層のビジョンは、市民の中で現実の壁とともに崩壊してしまった。

東ドイツ市民は純粋で、西ドイツで行われていることはすべてすばらしいと思い込み、西ドイツのことに対して免疫性を持っていなかった。政治家のいうことも信じることのできる時代がくると思い込んでいた、とセバスチャンは分析する。東ドイツ市民は、これからくる現実を見ようとしなかった。セバスチャンにいわせると、その結果、東ドイツは西ドイツの政治家の思うままに「植民地化」されたのだった。

民主化運動を主導したインテリ層はインテリ層で、市民の中の心の変化を見ようとしなかった。壁の崩壊とともに、東ドイツを民主化することに対して市民から賛同と支持を得る基盤を失っていた。それにも関わらず、依然として東ドイツの改革に向けて市民運動を続けていくことに固執し続ける。民主化を主導したインテリ層と西ドイツの生活を夢見る一般市民の間には、すでに深い溝ができていた。

セバスチャンは、東ドイツ市民はナイーブだったという。それは、仕方のないことだったとわかっている。けれどもセバスチャンは、東ドイツ市民に裏切られたとも感じている。一般市民に失望した、とセバスチャンはいった。

セバスチャンに会ってから数日後、ぼくは東ベルリンにある行きつけの飲み屋で中年の男性と知り合った。男性は、緑色のブレザーに卵色のズボンをはいていた。カウンターのぼくの横の席が空くと、横に座ってきた。

もの柔らかそうな紳士。話しかけてみると、男性は西ベルリンからきているという。ドイツの大手製薬会社に勤めている。男性には、ぼくが統一後も東ベルリンで生活していることが不思議であるらしい。ぼくは少し挑発するように、東ベルリンのほうが気に入っている、西ベルリンには住みたくないといった。すると、男性は信じられないという顔つきで、どうしてかと聞いた。

ぼくは、説明した。

もう一〇年近くも東ドイツに生活しているし、友人もいる。何といっても、東ドイツの市民のほうが素朴で温か味がある。物を非常に大切にするし、お互いに助け合って生活している。確かに、統一後はそういう人間味が失われてきているのは事実だが、といいかけたところで、男性はぼくを遮った。

男性は、ぼくが今いったことはすべて東ドイツ市民が「バカ」だからだという。単に愚鈍で、ナイーブでしかないからだと。一瞬、男性は周りを見渡して、「バカ」ということばを「経験のなさ」というういい方に変えた。

われわれは、東ベルリンにいるのだった。ぼくは、セバスチャンに失望され、西ベルリンの男性に侮蔑される東ドイツ市民のことを思わずにはおれなかった。

法治国家

西ドイツ市民は、東ドイツにおいて市民が社会主義独裁体制によって監視、弾圧されていたことをよく知っていた。言論の自由がない。行きたいところにいける移動の自由がない。西ドイツ市民にとって、これが東ドイツ像のすべてだった。それだけでは、東ドイツのすべてを語ったことにはならない。でもそれ以上は、考えようとも、見ようともしなかった。

飲み屋で知り合った西ベルリンの男性には、「東ドイツ体験」がなかった。実際に東ドイツで暮らしたことがなければ、わからないことがたくさんある。それに対して、東ドイツで生活したことのある者同士であれば、「あれ、よかったね」で済むことが多い。多くを語らなくても、その良さが共有できるのだ。でも、東ドイツ生活の経験のない人には、いくら話してもその良さが通じないことがよくある。

統一後のドイツ社会では、西ドイツの価値観がそのまま東ドイツに移入された。社会主義独裁体制からいきなり資本主義体制へ、民主主義体制に組み込まれた東ドイツ市民。東ドイツ市民にとって、何もかもが新しいことだった。

西ドイツ市民はよく、「ベッサー・ヴェッシー（Besser Wessi）」といわれた。西ドイツ市民は東ドイツ市民よりも何でもよく知っていて、何でもうまくできるという意味だ。これは、統一後の東西ドイツ市民の隔たりを皮肉った表現でもある。飲み屋で知り合った西ベルリンの男性のように、西ドイツ市民が「先生気取り」をしているということでもある。

東ドイツと統一ドイツの両方を体験しているぼくにとって、統一されてドイツがすべてにおいてよくなったとは思えない。西ドイツ市民のほうがすべての面で優れているとも思えない。東ドイツ時代よりもよくなったところもあれば、悪くなったところもある。統一ドイツにおいても、民主的でも、法治国家的でもないところもある。

でも東ドイツ出身のガウク大統領とメルケル首相にとって、統一前の東ドイツは「非法治国家」だった。それは、司法が独裁体制に支配され、独立していなかったからだという。

東ドイツは法治国家だったのか、非法治国家だったのか。それが、二〇〇七年からはじまった世界金融危機を機に活発に議論されるようになった。東ドイツは法治国家ではなかった、非法治国家だったという主張が、ガンガン発信されはじめる。

なぜ、金融危機を機に東ドイツの非法治国家論が出てくるのか。それは、偶然ではないと思う。金融危機が資本主義の根幹を揺るがし、破産状態の大手銀行や企業を税金を投入して救済しなければならなくなった。東西ドイツ統一後に切り捨てられて、消滅していった東ドイツの企業とは対照的だった。賭博に近い資金運用で破産状態になった銀行の経営責任は問われず、金融システムにとって重要だからという理由で納税者負担で救済された銀行。資本主義の論理ではなく、社会主義体制下の計画経済が復活したといってもいい。この時、保守系政治家などが盛んに東ドイツの非法治国家論を展開していった。資本主義を正当化し、東ドイツの社会主義体制を批判しなければならないかのように、東ドイツは法治国家ではなかったとパッシングされる。統一ドイツでは、「ベッサー・ヴェッシー（Besser Wessi）」の論理が崩壊してはならないかのようだった。

東ドイツが法治国家だったかどうかの議論では、ぼくは神学者で東ドイツの反体制家だったフリードリヒ・ショアレマーの警告が一番的を得ていると思う。フリードリヒは、東ドイツを非法治国家だったと悪魔視するのは、東ドイツで実際に生きてきた東ドイツ市民の実生活を侮蔑することになるといった。

ドイツの政府機関であるドイツ政治教育センターが委託して二〇〇九年四月に行われたアンケート調査によると、東ドイツ市民の五七％が統一ドイツよりも東ドイツのほうがいいところがあったと評価した。それに対して、実際に東ドイツで生活したことのない西ドイツ市民の七八％が東ドイツのほうが悪かったと答える。よく考えると、東ドイツで生活したことのない西ドイツ市民に、東ドイツと統一ドイツでどちらがよかったかと質問すること自体がおかしい。

その二年前に東ドイツのザクセン・アンハルト州で東ドイツ市民に行われたアンケート調査によると、東ドイツ市民の多くは、東ドイツ時代よりよくなったのは生活水準と政治制度だけだとした。個人の能力評価、社会正義、社会保障、託児所や幼稚園の整備、保健制度は、東ドイツ時代よりも悪くなったと答えている。実生活に密着するものについて、東ドイツ市民が統一ドイツよりも東ドイツ時代のほうがよかったと感じていることがわかる。

東ドイツ時代のほうが実生活はよかったと評価する東ドイツ市民。その東ドイツ市民の過去を非法治国家だったとレッテルをはるのは、フリードリヒがいうように、東ドイツ市民の当時の生活、人生を侮辱して否定することになるのではないか。東ドイツ市民にとって、東ドイツで生活したことのない西ドイツ市民に先生気取りで東ドイツは非法治国家だったとはいわれたくないはずだ。それが本音だと思う。でも、東ドイツ市民がその本音をはっきりといえないのも現実だ。

東ドイツ市民が実際に法治国家問題についてどう思っているのか。二〇〇九年三月に行われたアンケート調査では、東ドイツ市民の四一%が東ドイツは非法治国家だったというのは間違っていると答えた。非法治国家だったと答えたのは、二八%にすぎない。二五%が法治国家ではなかったところもあるし、法治国家だったところもあると答えている。

一九八九年に起こった東ドイツの民主化運動は、社会正義を求めて起こったものだった。ノイエス・フォールムのセバスチャンは、統一しても社会正義はどこにもなかったといった。セバスチャンにとって、統一後に東ドイツ市民がたどり着いたのは「いわゆる法治国家」だった。セバスチャンは、現実の法治国家は自分たちが考えていた法治国家ではなかったともいう。社会正義がないからだ。

それに対して、ライプツィヒの市民委員会にいたトビアスは、当時の民主化運動家は社会正義に対して敏感すぎるという。法治国家は社会正義を保証するものではない。できるだけ社会正義を成り立たせようと努力しているにすぎない。絶対的な社会正義は存在しないという。トビアスは、市民に絶対的な社会正義を「約束できる」のは独裁体制しかないとも皮肉った。

ひじ鉄社会

東西ドイツ統一から月日が経つにつれ、東ドイツ市民の中に起こっているのは東ドイツ時代に対するノスタルジーとロマンチックな記憶だ。誰も、昔の独裁体制に戻りたいとは思わない。でも東ドイツ時代は、何がそんなに悪かったのか。職は安定していた。家賃は安く、住宅の心配をする必要もなかった。物価も安かった。定年退職しても、年金で十分豊かに生活することができた。東ドイツ時代には、大切なこと、いいことがたくさんあったのではないか。でも、もう後戻りはできない。そういう気持ちを、よく「オスタルジー」といった。これは、「オスト（東）」と「ノスタルジー」の合成語だ。

東ドイツ時代は、物もサービスもない時代だった。それを補ったのは、市民同士の助け合いだった。住宅の壁を直すにも、壁紙は長い時間をかけて買い集めた。壁紙を貼る時は、友人や知人の手を借りて壁紙を貼った。専門の職人に頼むと、順番がくるまで何年も待たされたからだ。東ドイツで生活するには、いい友だちをたくさんもって、お互いに協力して生きていく。それが東ドイツの社会で生きていくコツであり、市民に人間的な味わいや温かさを残している源だった。

東ドイツでは、市民が秘密警察シュタージの手先となって、市民同士が監視し合っていた。でもそれは、東ドイツ社会の一面しか現していない。東ドイツの社会は、市民同士が助け合う共同体社会だった。

ベルリンの壁の崩壊から東西ドイツ統一を経て、東ドイツの共同体社会が崩壊していく。職場で友人となった市民同士が、同じ職場で競争しなければならない。失業して再就職するためには、友人や知人とも競争しなければならない。生存競争がはじまった。

東ドイツ市民が統一後特に苦しんだのは、こうした競争社会に生きることだ。これは、東ドイツ市民にとってはじめての体験だった。ノイエス・フォールムのセバスチャンはいう。競争社会では自分を売り込み、自分を現実以上によく見せなければならない。就職するためには、競争相手を追い落とさなければならない。こういう競争は、東ドイツ市民にとって「気持ちの悪いこと」だった。すぐにできることではなかった。学校でも、そういう教育は受けてこなかったという。

東ドイツで民主化運動をしてきた市民の多くは、統一ドイツの社会を「ひじ鉄社会」と呼んでいる。相手にひじ鉄をくらわせながら、自分だけが生き延びていく社会。東ドイツの共同体社会では、想像もできなかった社会だ。共同体社会では、市民として社会に責任感を感じていた。しかし、ひじ鉄社会では自分のことで手一杯。相手を蹴落として生きるしかない。勝ち組も、負け組も生まれる。

勝ち組となってエリートになっても、競争社会で生きていくには自分のことで精一杯となる。社会のことまでは考えられない。負け組となって失業すると、三〇代後半ではもう再就職できるチャンスはあまりない。社会から落ちこぼれ、最低限に生きていくしかない。その状態では、社会に対して責任を持つことはできない。

市民は今、東ドイツ時代のように仕事とお金に依存しない生活スタイルを求めることができない。セバスチャンには、この現実は「経済の独裁」だと映る。セバスチャンは、東ドイツで市民が独裁体制を倒すことができたのは、政治的な独裁体制下だからできたのだという。市民が抵抗しなければならなかったのは、その独裁体制一つだった。しかし現在のように経済が市民を支配している社会では、抵抗すべき相手がはっきりしない。市民は、考えることを放棄させられ、未熟なまま経済に奉仕しなければならなくなる。

セバスチャンは、「(一九八九年秋のように)市民が社会を変えるのは難しくなった」といった。

心の壁

ぼくはベルリンの壁崩壊五年を前に、「東ドイツ市民の精神状態は「もう東ドイツはごめん」という気持ちと、「まだ統一ドイツに入り込めない」という思いの間をさまよっている」と書いていた。それは、政治的、経済的に東西ドイツが統一されても、社会が実際に統一されるまでには時間がかかるからだ。その時は、そのプロセスの過程なのだろうと感じていた。

それから七年後の壁崩壊一二年には、「統一ドイツは、日常化してきているのだと思う。確かに、統一後のベルリンの変化は凄まじいものがある。でも社会は、ノーマル化してきているというべきだ」と書いていた。ただ、一二年経ってもまだ越えることのできない壁がある。それは、壁のどちら側にいたかという過去の事実だ。西側か、東側か。この事実は、たいへん重いと感じていた。

壁が崩壊して二〇年となる二〇〇九年一一月九日を前に、ぼくは東ベルリンの繁華街で街頭インタビューをした。まず、東ベルリンとはいえ、西ドイツから引っ越してきて東ベルリンで生活している若者が多いのに驚かされた。若者たちは、東ベルリンで暮らすことにまったく違和感を感じないといった。心理的にも統一されたのか、と感じられた。西ベルリンから遊びにきているという中年女性は、今も東西ベルリンを区別し、東ベルリンには観光気分できているという感じだといった。元々東ベルリンで長年暮らしている市民は、もう若くはない。高齢者となった東ベルリン市民は、誰もが壁がなくなってよかったといった。

でも、壁は本当になくなったのか。マイクを向けると、誰もが壁はなくなったという。でも、どことなく外交辞令のように聞こえてしようがない。マイクを向けると、本音は出てこないのだろうか。それとも、市民はもう壁の存在を感じていないのだろうか。

失業者協会会長のマリオンは、「壁はまだある」とはっきりといった。物理的には、壁は撤去され、なくなってしまった。でも、東ドイツ市民に老後の蓄えがないなど、まだたくさんの問題がある。統一後にまだ東西ドイツの格差などいろいろな問題がある限り、東西の間には壁が残り続けている。心理的にも壁がなくなるまでには、まだ何世代もかかるだろうという。四〇年間存在した東ドイツ。そう簡単に忘れられるものではない。マリオンは、実際の壁がなくなっても、見えない心の壁がまだ存在し続けると強調した。

壁が崩壊して五年後に、西ベルリンに住むドイツ人の友人と話した時のことだ。友人は、「東ドイツ市民は、まだ東ドイツ出身だとわかるよね。服装からはもうほとんど区別がつかないけれど、話しをしてみるとすぐにわかる」といった。

同じドイツ語とはいえ、東西ドイツでことば使いや話し方に少し違いがあったのは確か。ぼくの頭の中には、東ドイツ特有の単語が思い浮かんできた。「ブロイラ（Broiler）」は鳥の丸揚げのこと。「ブラウゼ（Brause）」はレモナードのようなジュースのこと。「プラステ（Plaste）」はプラスチックのこと。東ドイツ特有のことばは、もう聞かなくなった。でもぼくも、その話しぶりからこの人は東ドイツ出身だとわかることがある。壁が崩壊して二五年経った今も、それは変わらない。

友人はさらに、「彼らとは親しく付き合いにくいよ。一緒に話しをしても、何か隠しているような感じがしてしようがない。秘密警察シュタージのことが怖くて自分の思うこともろくに話せなかったのだから。そういう習慣のようなものが、染み付いてしまっているのだろうね」と付け加えた。

ぼくにはそういう感情は、西ドイツの政治やメディアに洗脳された先入観のようにしか見えない。でも壁崩壊から二五年経っても、バイエルン州など西ドイツの南部にいくと思考が止まったかのように、東ドイツに対して壁崩壊前と同じ先入観があるのも事実だ。東ドイツと東ドイツ市民のことについては、ほとんど知識も、関心もない。先入観だけが残っている。

同じ壁崩壊五年後に、西ベルリンで働く別の女性の友人は、「ここのところ、東ドイツ出身の人と付き合う機会が多くなってきたのよ。わたしは、壁の向こうで起こっていたことは全く知らなかったから、東ドイツの一般市民が当時どういう生活をしていたのか知りたいわ。東ドイツ市民がどのように生活していたのか、政治やメディアの宣伝に惑わされないで知りたい。今が、いいチャンスだと思うのよ」といった。

ベルリンの壁崩壊二五年後の二〇一四年一一月九日、ベルリンを流れるシュプレー川の畔には当時の壁をイメージした白い風船が設置された（左の写真）。風船は暗くなるにつれて白い光を発し、夜になると壁崩壊を象徴するように解き放たれた（上の写真、いずれも筆者撮影）

今から二〇年前に友人二人が示した東ドイツ市民に対する見方の違い。それは、決して特殊なものではない。それで普通なのだと思う。東ドイツ市民と西ドイツ市民とがどういう出会いをしてきたのか。その体験によって、それぞれの感じ方が違うのは当然だ。一般化することはできない。

あれほど、世界中をわかせたベルリンの壁の崩壊。あの日はもう、歴史の一つの通過点と化してしまった。

市民一人一人の抱く感情も、すべてがそれぞれの体験の歴史の流れの中にある。

ベルリンには、「シュプレー」という川が流れている。シュプレー川は狭くて、ドス黒い水がどんよりと流れている。川というよりは運河を思わせる。流れの遅いシュプレー川の底には、どんなものが堆積しているのだろうか。ヘドロのようにドロドロとしたものが、幾重にも重なっているに違いない。

ベルリンの壁崩壊後、東西ドイツ統一のプロセスも、市民の心の底ではシュプレー川のようにゆっくりと流れているのではないだろうか。そして、一つ一つの新しい体験が心の底にゆっくりと堆積されていっているのであろう。

シュプレー川の遊覧は今、ベルリンの観光名所の一つになっている。

小さな革命

一九九〇年代中頃に、ノイエス・フォールムのローラントとセバスチャンから話を聞いた。そのことはすでに書いた。その時二人はともに、一九八九年秋に東ドイツで起こったことを「革命」だったといった。でも、二人にとってそれは「小さな革命」だった。ぼくには、そのことが今だに頭から離れない。

当時の民主化運動は、インテリ層を中心に東ドイツの独裁体制から抜け出して東ドイツを民主化する目的ではじまった。しかしその思惑は、ベルリンの壁の崩壊で破壊される。セバスチァンは「壁を崩壊させることは想定していなかった」といった。でも壁崩壊とともに、東ドイツのインテリ層が模索していた新しい民主国家の建設は幻に終わる。インテリ層には、東ドイツの大衆が西ドイツの豊かな生活に目がくらんでしまった、お金に誘惑されて急速なテンポで統一に走ってしまったと映る。

ローラントは、「西ドイツの影響が大きくなって、東ドイツ市民の希望が破壊され、反映されなかった」といった。ここには、二つの意味があると思う。一つは、東ドイツの一般市民が西ドイツ化で夢みていた豊かな生活は実現されず、市民がお金中心の社会に放り出されてお金がないと自由がない現実にさらされているということ。もう一つは、ローラントら民主化運動家が描いた社会主義の下で国家を民主化するという構想が夢に終わってしまったということだ。ローラントははっきりとはいわなかった。でも、壁の崩壊とともに一般市民から見放されてしまったことに落胆しているのが感じられた。

インテリ層は、大衆がついてくるものと信じていた。しかし、現実はそうではなかった。インテリ層は大衆に幻滅する。ぼくは、セバスチャンとローラントが一九八九年秋の革命を「小さな革命」と表現するところに、大衆に裏切られ、自分たちの夢を実現できなかったことに対する失望感を感じていた。民主化を主導した活動家たちは大衆の支持を得られず、活動の基盤を失っていった。大きな政治勢力となることもできなかった。当時民主化運動を主導した市民のほとんどは、統一された社会の中に埋もれていった。

ライプツィヒの市民委員会にいたトビアスは当時を振り返って、「それは、当然の成り行きだった」という。インテリ層が大衆の心の変化、統一への願いを真剣につかんでいなかった。だから、大衆の支持を得られなかったのは当然だ。トビアスはそういった。

セバスチャンは、今から思うと、セバスチャンらインテリ層は自分たちの民主化への願いを過信していたという。同時に、西ドイツ市民と同じ生活をしたいという東ドイツ市民の願いを過小評価していたともいう。

ぼくはセバスチャンの中で、一九八九年秋を「小さな革命」だとした当時の見方が変化しているのを感じていた。それは一つに、統一から月日を経て、セバスチャンにとって統一ドイツの生活が日常化していたからであった。ぼくはベルリンの壁崩壊から二五年経った今、セバスチャンが「小さな革命」についてどう思っているのか聞きたくなった。


——一九九〇年代中頃、民主化運動したインテリ層は当時のことを「小さな革命」だったと評価していたセバスチャン（S）：その通りだ。（独裁体制の）政府が倒れた。次の（旧体制派から生まれた）新政府は、どうしようもない政府だった。東ドイツがワルシャワ条約機構から脱退した。秘密警察シュタージが解体された。（東ドイツ）首脳が権力を失った。当時起こったことすべてを見ると、革命以上のものだった。それも、数週間の間に、無血で終わった。それだけでも、すばらしいことだ。そんなことは、歴史上これまで起こったことがない。

だから、過小評価したくない。

革命を導いた人々が、政治勢力になれないことはわかっていた。歴史は、われわれが夢見ていたのとは違った方向に進んでしまった。

しかし、革命とはそういうものだ。

——でも、自分たちの夢を実現できなかったこと、ベルリンの壁崩壊後、一般市民から支持されなくなったことには失望したのではないか

S：失望したのは確かだ。でもそれは、普通の革命だったからだ。だから、興奮するほどのものでも、特別なことでもなかった。

西ドイツが（革命の）横で待ち構え、機を見て干渉してきたというのが、特殊な事情だった。現実には、東ドイツが（壁崩壊後に）自己決定できる可能性はまったくなかった。

過去の革命では、そういうことはなかったはずだ。革命では、たくさんの血が流され、たくさんの死者が出た。それがなかったことは幸いだった。しかし、短期間の間に東ドイツが西ドイツの政治と大手企業に占領されるというプロセスは、これまでどこにもなかったことだ。それは、われわれも望んでいなかった。（ベルリンの壁が崩壊して）歓喜した人々は、それがどういう意味を持っていたのか、統一後それぞれ自身で体験したはずだ。

一九八九年に一緒に活動した仲間の中には、躊躇なくすぐに西ドイツの政界に入っていった者もいる。そういう仲間たちとは、もうコンタクトはない。彼らは、西ドイツのシステムの中に吸収され、埋没していった。

われわれが一九八九年に核にしていた政治的な見方は、今も正しいと思っている。その見方で、現在の政治の問題も見るべきだ。しかし、そう思っている者はほとんどいなくなった。当時の見方というのは、現在のドイツではもう歓迎されない。

当時、幼稚園や学校で軍事教育が行われていることに反対した。兵士と子どもの写真が子どもの雑誌に掲載されることにも反対した。当時それに反対した市民は今、ドイツ兵の国外派兵には反対しない。（東ドイツの）秘密警察シュタージに反対した市民は、（アメリカの諜報機関）国家安全保障局（N

SA）がドイツで盗聴していた事実が発覚しても黙っている。シュタージとNSAを比べると、シュタージがしていたことは「ままごと」だ。

当時、敵は一つだった。独裁政党、シュタージ、枯渇した政治。それに対して、みんな一緒に戦った。われわれの目的は何か、夢は何か、話す必要もなかった。みんなわかっていたからだ。

——NSAの問題などを見ると、起こっていることは当時とそんなに変わらない

S：当時は、国家首脳の腐敗した政治や破綻した経済の問題など、東ドイツの抱えていた問題は四つか、五つだった。今抱える問題はもっとたくさんある。問題は、今のほうがもっと深刻だ。それを見ると、当時よりは今のほうが革命を起こす正当な理由があるはずだ。個人に対する圧力も、東ドイツ時代に比べると、今のほうがとてつもなく大きくなっている。

——当時は「革命」が起こった

S：今、一九八九年秋の数週間を振り返ってみても、当時は市民が社会を変えることができると信じていた。実際、われわれは社会を少し変えることができた。でも今は、みんなが（社会を変えることを）諦めている。東ドイツ時代も諦めがあった。でも今は、諦めが東ドイツ時代よりももっと奥深く浸透してしまっている。それを思うと、ゾッとする。

今、民主主義だと思わせられている、法治国家だと思わせられている。今こう騙されていることには、東ドイツ時代以上に我慢ができない。当時は、国家が意図的にそうプロパガンダしていたにすぎない。市民はそれを知っていた。

今、（ドイツは）ひどい国だと批判される。でも批判されるだけで、何も起こらない。

――東ドイツが非法治国家だったという議論もあった

S：すべて、内容のない無駄なおしゃべりにすぎない。米国やイスラエル、中国が非法治国家かどうかは、議論されない。

統一後、東ドイツのウラン鉱山で被曝した作業員のために提訴したことがある。その時、（西）ドイツの法文化は一体どうなっているのかと目を疑った。裁判官から弁護士、中立的な立場であるはずの鑑定人まで、すべてが訴えた人をつぶしてしまうことしか考えていなかった。一般市民として自分の権利を守るために訴えても、勝つチャンスはない。

一九八九年に一緒に戦った仲間たちも、西ドイツのシステムに入って学術界や教会組織、政治財団などで立派な地位に就いてしまうと、問題があることには気がつかなくなっている。わたしが統一ドイツの法制度が機能していないことを体験したと話をすると、彼らは攻撃的になって、東ドイツとは比較できないと否定して、現在のシステムを擁護する。もう議論にならない。

――法治国家というのは表向きだけで、現実は違うということか

S：そうだ。

こういう現実を見ると、間違った方向に進んでいると思う。市民は自分の権利や主張を抑えるしかなくなっている。

ごく少数の人が政治権力を握って、政治を決定している。その裏で、政治は銀行や大手企業に操作されていくばかりだ。

――米国との自由貿易協定ＴＴＩＰ（日本の場合はＴＰＰ）などもそうだ

S：その通りだ。事態は悪くなるばかりだ。EUでは遺伝子組み換え食品の表示義務が厳しい。市民が遺伝子組み換え食品を拒否しているからだ。しかし、米国がそれを解除しろといっている。協定の交渉が秘密に行われているのはまったくおかしい。東ドイツの時代は、ソ連が友人だといわれた。当時、それは笑いの種だったのではないのか。今は、米国が友人だといわれる。当時も今も、占領されているだけだ。

当時と今は、比較してはならないとよくいわれる。そういうのは天真爛漫なだけだ。ドイツにおける米国のスパイ活動で、現実がわかったのではないのか。

それでも、今は革命が起きない。東ドイツでは、「（われわれのような）バカ者」にでも革命を起こすことができた。今、革命を起こすだけの理由はたくさんある。でも、革命は起きない。

――もう何回も日本を訪問しているが、今の日本にいうことはないか

S：われわれは当時、勇気を持って独裁体制に恐怖を抱いてはならないと思った。そして、みんなで対話することからはじめた。これは、今の日本にとっても非常に大切なことだと思う。やろうと思えば、できるのだ。上からそうしなければならないといわれるのではなく、市民それぞれがそうしなければならないと決断することだ。

一九八九年秋に奇跡が起こったのは、たくさんの市民がその決断を同じ時期にしたからだ。それが、現実問題として独裁体制を倒すことになった。火炎瓶を投げる、暴力を使うなど暴力で騒動が起きていたら、何も変わっていなかっただろう。

当時、仕事を終えた後まったく知らない人たちを自宅に入れ、お茶を飲みながら議論した。三〇人、

四〇人と市民が集まってきた。みんな対話したかったのだ。みんなにとって、知らない人の自宅で知らない人同士で対話するのは、はじめての体験だった。でも、みんなオープンに対話した。すばらしい体験だった。今何かしければ社会は変わらないと、みんなが勇気を持った。それは、もう忘れられない体験だ。それが、誰かによってそうさせられたのではなく、自然にそうなったことがすばらしかった。

政治が変わってほしいと祈るだけでは、政治は変わらない。一度こういう体験をしてしまうと、またそういうことが起こるのではないかと信じたくなる。現在の状況がそういう状況でないことは確かだ。でも、また「革命」が起こるのではないかと思うのは、ばかげた夢だとは思いたくない。日本では今、（革命が起こる）希望はない。でも、日本にも同じことがいえると思う。

セバスチャンは最後に、この本をドイツでも発表しないのかとぼくに聞いた。ぼくは、日本で出版するだけで、ドイツ語にする予定はないと答えた。すると、どうして東ドイツのことについて書くのかという。ぼくは、市民が社会を変えることができることを日本の市民にも知ってもらいたいからだといった。

するとセバスチャンは、「そうだ。ぼくたちは市民同士で対話することからはじめた。そして、独裁体制を倒した。（秘密警察）シュタージを解体させた。原発も廃止させた」といった。

しばらく沈黙が続いた。

「（一九八九年秋のあの時のことは）忘れられない。最終的には、思っていたようにはならなかった。でも、やってよかった」

セバスチャンは、目頭にたまった涙を拭っていた。

東ドイツ市民のみんさん、ありがとう
ぼくはみなさんから話を聞いて、いっぱいの元気と勇気をもらいました
ぼくはその元気と勇気を、日本にも伝えることができたらと思います

まさお

あとがき

この本は、ぼく自身が東ドイツで暮らした体験と、三〇人余りの東ドイツ市民にインタビューした内容からまとめた。最初は、社会主義独裁体制だとしか見られない東ドイツ社会で市民がどう生きてきたのか、その後統一されたドイツにおいて東ドイツ市民が資本主義体制への社会の変化をどう体験してきたのかを、生活の中から書くつもりでいた。

ぼく自身、東ドイツに生活して、日本が経済成長をする過程で忘れていったもの、失っていったものが東ドイツ社会に残っているのを感じていた。簡単にいえば、物のないこと、お金のないことの良さとでもいえるだろうか。その良さを東ドイツで教えてもらった。物がなくても、お金がなくても生活はある。それに代わるものを市民は持っていなければならない。東ドイツ市民は、お互いに助け合って協力して生きていた。いや、協力し合わないことには生きていけなかった。そこに、お金のないことの自由、経済に束縛されない自由があった。

今回インタビューを通して、東ドイツ市民の中に今も、共生することの大切さ、格差のない社会への願いが浸透していることがよくわかった。社会に対して一市民として責任を持つ意識がしっかりしているとも感じた。そこに、物の溢れる社会、お金に支配された資本主義社会にはない人間性、人間らしさを感じた。ぼくがインタビューした東ドイツ市民は、現在お金の権力が増し、物を消費するだけの社会になっていることに危険を感じている。

ぼくは東ドイツ市民にインタビューを続けていくうちに、社会主義体制と資本主義体制の二つの違った体制を体験している東ドイツ市民が、現在の社会や資本主義体制、民主主義体制をどう見ているのか、たいへん興味を持つようになった。そこから、ドイツばかりでなく、日本の現代社会、戦後社会の抱える問題が見えるように感じた。ぼくはその点を非常に大切だと思い、原稿を書く段階でその点を意識して書くようにした。

ベルリンの壁の崩壊、東西ドイツ統一と続き、社会と歴史が進展しているように見える。しかし、それは本当に進展なのだろうか。医学の進歩とともに新薬や新しい治療法が開発されている。しかし同時に、それによる副作用が複雑になって問題になっているのも事実だ。それと同じことが、社会についてもいえるのではないか。

ぼくは東ドイツ市民の体験を聞く毎に、ぼくのほうが元気や勇気をもらっているのを感じていた。二つの体制を生き延びてきた市民の人生。それぞれの人生には、力強さがあった。ぼくは、それを感じ取っていたのだと思う。

東ドイツで「革命」が起こってから二〇年余り経って、北アフリカのアラブ諸国で、市民が大規模な反政府デモを起こした。長い間続いた独裁政治が崩壊する。しかし、多数の犠牲者も出た。今も、まだ政治的にとても不安定な状況が続いている。ウクライナでは、二〇一四年にEU派市民が立ち上がった。ウクライナ国内は内戦状態となり、ロシアも介入してロシア派との間で分裂に近い状態になっている。その結果、ベルリンの壁崩壊から二五年経って、ウクライナ問題を機に再びヨーロッパで新しい冷戦状態がはじまろうとしている。ベルリンの壁崩壊で冷戦が終結し、冷戦最前線のヨーロッパにようやく平和が訪れたと思っていた。それは、つかの間の夢に過ぎなかったのだろうか。二五年前市民が立ち上がって冷戦から勝ち取ったヨーロッパの平和。もう二度とそれを崩壊させてはならない。しかし今、一市民として何ができるのか。

そう思うと、二五年前に東ドイツで起こった「革命」のことが思い出される。セバスチャンがインタビューで語ったことが頭の片隅をよぎる。「現在の状況がそういう状況でないことは確かだ。でも、また「革命」が起こるのではないかと思うのは、ばかげた夢だとは思いたくない」。

香港では二〇一四年九月に、学生が中国による行政長官選挙への介入に抗議して一部幹線道路などを占拠。反政府デモを展開していた。そこには、二五年前に東ドイツ市民がデモ中にシュプレヒコールした「Wir sind das Volk（われわれはこの国の国民だ）」と書かれた横断幕があったという。しかし「雨傘革命」とも呼ばれた反政府デモは、二カ月余り経った後に司法手続きによって強制撤去され、完全排除されてしまった。その間、デモ隊と警官隊が衝突するなどして逮捕者や負傷者が出た。

これらの事態を見ると、東ドイツの「革命」が流血せずに終わったのは奇跡といってもいい。その後も、東ドイツで騒乱状態にならなかったのは西ドイツの経済力に支えられていたからだといえる。しかし、それは西ドイツの権力に屈することでもあった。それに対し、ポーランドやチェコなどの東欧諸国は民主化後に自力で経済、社会を再建してきた。そのほうが再建に時間がかかったのはいうまでもない。でも東ドイツで民主化運動をしてきた市民は、東欧諸国での民主化のほうが健全だったともいう。

しかしそれは、結果論にすぎない。生活はどこでもどんな状況にあっても続き、それぞれの生活の場にはそれぞれの問題があるのだから。

自分の生活している場から一方的に自分の価値観と論理からしか見ていないと、それ以外のところでも市民が独自に生活していることを忘れがちとなる。それによって、体制の違ったところに生活する市民や文化や宗教の違う民族などに対する偏見や差別が生まれる。資本主義体制の日本で生まれ育ったぼくは、体制の違う社会主義国家東ドイツで生活して見てそのことに気づいた。東側の市民ばかりでなく、西側の市民もそれぞれの価値観で洗脳されている。「洗脳」ということばは適切ではないかもしれない。でも東側市民に対してそういわれることが多いのだから、西側市民に対しても同じことばを使うべきだと思う。

人間、どの星の下、どこに生まれるかは、誰に責任があるわけでもない。偶然の話だ。だから、体制の違い、文化の違い、宗教の違い、人種の違い、性別の違いによって人間を差別するのはおかしい。どの体制、どの文化の下で生活しようが、市民はそれぞれ個人の人生を歩んでいる。それを尊重すべきだ。そして、価値観が多様な社会においてそれぞれの価値観をお互いに尊重していくことが平和の基盤になると思う。これをぼくの「平和の祈り」としたい。

ドイツ統一のプロセスはまた、東ドイツ市民が資本主義社会において経済権力に支配されていくプロセスでもあった。東ドイツ市民はそれによって、独裁体制から解放された自由を経済権力に奪われ、資本主義社会に同化されていく。同じようなことは世界中で起こり、経済権力の強いほうが社会と市民を支配している。市民はそこからも解放され、自由を獲得できるのだろうか。

ぼくはセバスチャンと同じように、それが夢だとは思いたくない。

この本を作るに当っては、ぼくの友人、知人をはじめとして東ドイツの市民の方々に快くインタビューに応じていただいた。この市民たちの協力なしには、この本は成り立たなかった。また、この本を出版していただく言叢社の編集同人五十嵐芳子さんと島亨さんには、前の本に続いて今回もたいへんお世話になった。みなさんに心からありがとう（Herzlichen Dank!）とお礼をいいたい。

ふくもとまさお

二〇一五年七月、ベルリンから

ふくもと まさお

1985年東ドイツに渡り、現在フリー・ジャーナリスト、ライター。

ドイツ・ベルリン在住。

著書：『ドイツ・低線量被曝から28年―チェルノブイリはおわっていない』（言叢社、2014年）
＊ベルリン@対話工房 www.taiwakobo.de

小さな革命・東ドイツ市民の体験
――統一のプロセスと戦後の二つの和解

著者 **ふくもと まさお**

2015年8月3日 第一刷発行

発行者 **言叢社同人**

発行所 有限会社 **言叢社**

〒101-0065 東京都千代田区西神田2-4-1 東方学会本館
Tel.03-3262-4827 ／ Fax.03-3288-3640
郵便振替・00160-0-51824

印刷・製本 シナノ印刷株式会社

ISBN978-4-86209-056-0 C1022

装丁 小林しおり

人名さくいん

ま

み

め

も

や

ゆ

よ

ら

り

る

れ

ろ

参考文献

世界経済のネタ帳、ドイツマルク／円の為替レートの推移（年次）
http://ecodb.net/exchange/dem_jpy.html#index02

ドイツ連邦共和国大使館・総領事館、ドイツ連邦共和国国歌
http://www.japan.diplo.de/Vertretung/japan/ja/01-Willkommen-in-Deutschland/03-bundeslaender/Hymne.html

Wolfgang Schuller: *Die DEUTSCHE REVOLTION 1989*, Rowolt–Berlin Verlag GmbH, Berlin Juli 2009

Ehrhart Neubert: *UNSERE REVOLUTION Die Geschichte der Jahre 1989/90*, Piper Verlag GmbH, München 2008

Christian Führer unter Mitarbeit von Anne Ascher und Patricia Holland-Moritz: *Und wir sind dabei gewesen, Die Revolution, die aus der Kirche kam*, Ullstein Buchverlage GmbH, Berlin 2009

Hans-Jürgen Sievers: *Stundenbuch einer deutschen Revolution*, Die dritte, überarbeitete und erweiterte Auflage in Verantwortung des Autors, Leipzig 2009

Zentrum für Zeithistorische Forschung Potsdam, Stiftung Berliner Mauer: *Die Todesopfer an der Berliner Mauer 1961-1989*, Ch. Links Verlag 2009

15 Jahre danach "Wer zu spät kommt, den bestraft das Leben", Frankfurter Allgemeine, 03.10.2004

Stefan Aust: *Deutschland, Deutschland, Expedition durch Wendezeit*, Hoffmann und Campe Verlag, Hamburg 2009

Gerhard Haase-Hindenberg: *Der Mann, der die Mauer öffnete*, Wilhelm Heyne Verlag, München 2007

Chronik der Wende, herausgegeben vom Rundfunk Berlin-Brandenburg RBB, www.chronikderwende.de

Tobias Hollitzer: *Die Bürgerkomitees—Besetzung und Auflösung der Stasi-Zentralen*, Horch und Guck, Heft 29/2000, Besetzung der Stasi-Zentralen, Seite 1–10

Uwe Thaysen (Hrsg.): *DER ZENTRALE RUNDE TISCH DER DDR, Wortprotokoll und Dokumente*, Band I bis V, Westdeutscher Verlag 2000

Helmut Kohl: *Vom Mauerfall zur Wiedervereinigung, Meine Erinnerungen*, Verlag Droemer/Knaur 2009

"Warum dies Helmut Kohls wichtigste Rede war", Bild vom 23.09.2010, http://www.bild.de/politik/2009/dresdner-frauenkirche/vor-dresdner-frauenkirche-1989-vor-zwanzig-jahren-10870252.bild.html

Arbeitsgruppe "Neue Verfassung der DDR" des Runden Tisches: Entwurf Verfassung der Deutschen Demokratischen Republik, Berlin, April 1990

Deutscher Bundestag–Verwaltung–Referat Öffentlichkeitsarbeit "Grundgesetz für die

Bundesrepublik Deutschland" Textausgabe-Stand: Juli 1998, Bonn 1998

Uwe Wesel: *Ein Staat vor Gericht, Der Honecker-Prozeß*, Vito von Eichborn GmbH & Co. Verlag KG, Frankfurt am Main, 1994

Solveig Grothe: *Aufstand der Nackten, FKK in der DDR*, Der Spiegel vom 10.06.2008, http://www.spiegel.de/einestages/fkk-in-der-ddr-aufstand-der-nackten-a-947073.html

Lutz Thormann:" *Schont die Augen der Nation!" Zum Verhältnis von Nacktheit und Öffentlichkeit in der DDR*, Magisterarbeit an der Friedrich-Schiller-Universität Jena, 2007

Edgar Most: *Fünfzig Jahre im Auftrag des Kapitals Gibt es einen dritten Weg?*, Verlag Das Neue Berlin, 2009

Lydia Leipert: *Berlins bekannteste Imbissbudenbesitzerin*, Deutsche Welle, 28. April 2011, http://www.dw.de/berlins-bekannteste-imbissbudenbesitzerin/a-3257617

Bundesministerium für Wirtschaft und Energie: *Jahresbericht der Bundesregierung zum Stand der Deutschen Einheit 2014*, September 2014

Verpackungsverordnung, Bundesministerium für Umwelt, Naturschutz und Reaktorsicherheit

Bundesministerium des Innern: Verfassungsschutzbericht 2013, Bundesamt für Verfassungsschutz

Bundesministerium des Innern: Verfassungsschutzbericht 2013, Fakten und Tendenzen-Kurzzusammenfassung, Bundesamt für Verfassungsschutz

http://www.friedensbibliothek.de/

http://www.dresden-1945.de/index.html

Nora Lang: *Erinnern und handeln*, Landeshauptstadt Dresden, Pressekonferenz zur Initiative «Erinnern und handeln»: Rede, Januar 2013

Weiße Rosen, http://www.dresden.de/de/02/110/03/c_022.php

GEH DENKEN: *Die Nazi-Gedenkmärsche sind nicht in unserem Namen!* - Interview mit Nora Lang

Dresden – Das Jahr 1945, DRESDNER HEFTE, 13. Jahrgang, Heft 41, 1/95, 2. Veränderte Auflage, Dezember 2004, herausgegeben vom Dresdner Geschichtsverein e.V.

Stefan Klemp: *Rücksichtslos ausgemerzt. Die Ordnungspolizei und das Massaker von Lidice* (= Villa ten Hompel aktuell. Bd. 17). Geschichtsort Villa ten Hompel, Münster 2012

Joachim Trenkner: *Ziel vernichtet, Wielun, 1. September 1939: Mit der Zerstörung des polnischen Städtchens durch die deutsche Luftwaffe begann der totale Bombenterror des Zweiten Weltkriegs*, Zeit-Online, Aktualisiert 1. September 2009 15:34 Uhr, http://www.zeit.de/2003/07/A-Wielun

Ludger Kazmierczak: *Kriegsbeginn vor 70 Jahren Es begann mit einem Massaker in Wielun*, tagesschau.de, Stand: 30.08.2009 07:43 Uhr, http://www.tagesschau.de/ausland/wielun100.html

https://www.stsg.de/cms/pirna/startseite

Tiergartenstraße 4, Gedenk-Ort und Informations-Ort für die Opfer der national-sozialistischen" Euthanasie"-Morde, Texte in Leichter Sprache, DFG-Erkenntnistransferprojekt "Erinnern heißt gedenken und informieren" an der Technischen Universität München: Christof Beyer, Petra Fuchs, Annette Hinz-Wessels, Gerrit Hohendorf, Maike Rotzoll, Jens Thiel, 1. Auflage 2014

Miriam Gebhardt: *Als die Soldaten kamen—Die Vergewaltigung deutscher Frauen am Ende des Zweiten Weltkrieges*, Deutsche Verlags-Anstalt München in der Verlagsgruppe Randam House GmbH, 2015

Everhard Holtmann: *Die DDR—ein Unrechtsstaat?*, Bundeszentrale für politische Bildung, 2010

Hermann Weber: *DDR Grundriß der Geschichte 1945-1990*, Fackelträger 1991

Hartwig Bögeholz: *Die Deutschen nach dem Krieg eine Chronik*, Rowohlt Taschenbuch Verlag GmbH, April 1995

その他、雑誌、新聞等

Der Spiegel

Frankfurter Allgemeine Zeitung

Süddeutsche Zeitung

Berliner Zeitung

Der Tagesspiegel

Neues Deutschland

東西ドイツ統一と本書の内容に係わる年表

1945年

2月13日～15日　**ドレスデン空襲**

5月8日　**ドイツ無条件降伏**

8月2日　米英ソ、ドイツの戦後分割統治を確定するポツダム協定に調印

＜東ドイツ＞	＜西ドイツ＞
1948年	
	6月20日　米国など連合軍、ドイツ西部地域で（西）ドイツマルク発行
6月24日　**ソ連、西ベルリンへの陸路を封鎖（ベルリン封鎖）**	**米軍、空路による西ベルリンへの空輸を開始**
7月24日　ソ連、ドイツ東部地域で（東ドイツ）マルク発行	
1949年	
	5月12日　西ベルリンの封鎖解除される
	5月23日　**ドイツ連邦共和国（西ドイツ）発足**
10月7日　**ドイツ民主共和国（東ドイツ）発足**	
1950年	
7月6日　東ドイツ、ポーランドとの間で国境としてオーデル・ナイセ線を確定	
1953年	
6月17日　ソ連軍、ベルリンで反ソ暴動を鎮圧	
1955年	
6月4日　ワルシャワ条約機構発足、東ドイツは設立加盟国	5月9日　西ドイツ、北大西洋条約機構（NATO）に加盟
1956年	
10月23日　**ハンガリー動乱はじまる**	

1958年 11月27日　ソ連のフルシチョフ書記長、ベルリンの自由都市化を求めるメモを米英仏に提示	**ベルリン危機はじまる**
1961年 6月3日　ヴィーンでフルシチョフ書記長／ケネディ大統領会談。人材流出で困る東ドイツ政府の求めに応じて、ベルリンの自由都市化を再要求 8月13日　**東西ドイツの国境封鎖、東西ベルリンの国境では、鉄条網などで往来を遮断** **これが、壁のはじまりとなる** 8月22日　東西ベルリン国境で、東ベルリンから逃亡しようとして建物から飛び降りたイーダ・ジークマン死亡 8月24日　東西ベルリン国境で、東ベルリンから逃亡しようとしたギュンター・リトフィーン射殺	
1962年 8月17日　東西ベルリン国境で、東ベルリンから逃亡しようとしたペーター・フェヒター射殺	
1963年	6月26日　米国ケネディ大統領、西ベルリンで演説。「イッヒ・ビン・アイン・ベルリーナー（Ich bin ein Berliner）」（ベルリン市民と気持ちは一緒という意）と発言。今も語り継がれる
1968年 **プラハの春とソ連主導の軍事介入**	この頃、西ドイツで学生運動が激化
1969年 東ドイツのロックバンド、プーディス（Puhdys）、フライベアクで初公演（東	

ドイツ時代最も人気のあったロックバンド。1980年代には反体制的な面も出てくる）	10月21日　社民党のヴィリー・ブラント首相となり、東側諸国との関係正常化を図る東方外交を開始
1970年	
3月19日　東ドイツのエアフルトで、東西ドイツ首相（シュトフ／ブラント）初会談	東ドイツから出国してきた東ドイツ市民に給付する歓迎金を導入
1972年	
12月21日　**東西ドイツ基本条約調印**	**互いを主権国家として承認**
1973年	
5月15日　東ドイツと日本、国交樹立 7月3日　東ドイツ、第一回欧州安全保障協力会議（後の欧州安全保障協力機構（OSCE））に参加。東ドイツが国際的な承認を得る 9月18日　東ドイツ、国連加盟	9月18日　西ドイツ、国連加盟
1974年	
5月2日　東ドイツ、常駐の代表部を西ドイツのボンに設置	5月2日　西ドイツ、常駐の代表部を東ベルリンに設置
1980年	
ポーランドで、独立自主管理労働組合「連帯」結成。民主化運動が活発化	
1981年	
5月26日　東ドイツのホーネッカー議長日本訪問、マツダの小型車1万台の東ドイツへの納入で合意	
1982年	
9月20日　ライプツィヒ・ニコライ教会の「平和の祈り」がはじまる	

1985年
3月11日　ゴルバチョフ、ソビエト連邦共産党書記長に就任
ペレストロイカ（改革）とグラスノスチ（情報公開）を実施

1986年
4月26日　チェルノブイリ原発事故

1987年
6月6日　デヴィット·ボウイらミュージシャンのオープンコンサートで、東ベルリンでは、若者数千人が国境沿いのブランデンブルク門にコンサートを聞きに集まり、治安部隊と衝突
12月18日　東ドイツ人民議会、死刑の撤廃を決議

6月6日　デヴィット・ボウイらのミュージシャン、ブランデンブルク門近くにある西ベルリンの帝国議会前でオープンコンサート。スピーカを東ベルリンに向ける

1988年
東ドイツから西ドイツへの出国申請者、逃亡者が増加
2月8日　東ドイツからの出国申請者をケアする目的で東ベルリンに設置された教会系の事務所が出国申請者の多さに対応しきれず閉鎖

1989年
1月15日　ライプツィヒで、言論の自由、集会の自由、報道の自由を求めた民主化運動家約80人拘束
2月6日　東ベルリンから西ベルリンに逃亡しようとしたクリス・グェフロイ射殺
5月2日　ハンガリー、オーストリア国境の国境警備を緩和しはじめる
5月7日　東ドイツで地方選挙、選挙管理委員会は投票率97.78%、得票率98.85%（！）と発表。反体制派は選

挙結果改ざんと主張	
6月4日　**北京天安門事件、民主化を求めた学生デモを武力鎮圧**	
6月7日　東ベルリンで地方選挙結果改ざんに対する抗議デモ、120人拘束	
6月25日　ハンガリーとオーストリアの外相、国境線の鉄条網を切断	
8月1日　**ハンガリー、オーストリアへの国境開放**	
8月8日　東ベルリンの西ドイツ代表部、東ドイツ市民130人が庇護を求めて侵入	
	8月13日　ブダペスト（ハンガリー）の西ドイツ大使館、東ドイツ市民約100人が庇護を求めて侵入
9月4日　ライプツィヒ・ニコライ教会の「平和の祈り」後、民主化を求める横断幕が秘密警察シュタージ職員に引きずり降ろされる。	その映像を西ドイツのテレビニュースで放映
9月9日　**民主化を求める市民グループ「ノイエス・フォールム」誕生**	
	9月10日　ハンガリー、西ドイツへの逃亡を目的にハンガリーに滞在する東ドイツ市民を西ドイツに向け出国させる
9月11日　ライプツィヒ・ニコライ教会の「平和の祈り」後、たくさんの市民を拘束	
9月12日　**民主化グループ「民主主義を今」誕生**	
	9月30日　プラハ(チェコスロバキア)の西ドイツ大使館に庇護を求めて滞在していた東ドイツ市民約5,500人、西ドイツへの出国が認められる ワルシャワ（ポーランド）の西ドイツ大使館に庇護を求めて滞在していた東ドイツ市民約800人、西ドイツへの出国が求められる
10月2日　ライプツィヒ・ニコライ教会の「平和の祈り」後、約2万人が月曜デモに参加。約500人拘束 **保守系政治グループ「民主主義の出発」誕生**	

10月3日　東ドイツ政府、チェコスロバキアへの出国にビザの取得を義務化	
10月4日　プラハから西ドイツへ向かう東ドイツ市民を乗せた特別列車が東ドイツを通過。列車に飛び乗ろうとする市民を排除するため、治安当局が通過駅周辺を厳重警備	
10月6日　ゴルバチョフ書記長、東ベルリンに到着	
反体制派グループ、東ベルリンで合同会合、東ドイツの民主化と自由選挙を要求	
東ドイツ社会民主党（SDP）誕生	
10月7日　東ベルリンで東ドイツ建国40年式典	
東ドイツ各地で民主化デモ、治安当局と衝突	
10月9日　**ライプツィヒ・ニコライ教会の「平和の祈り」後、約7万人がデモ。治安当局は武力鎮圧せず**	10月10日　朝、ライプツィヒのデモの様子が西ドイツのニュースで報道される
10月18日　**ホーネッカー国家評議会議長辞任、後任にエゴン・クレンツを指名**	
10月23日　新国家評議会議長の選出を前に、各地で約50万人が反対デモ	
10月24日　エゴン・クレンツ、国家評議会議長に選出	
10月27日　国家評議会、逃亡、逃亡未遂、デモでの犯罪行為で拘束されている市民の恩赦を決定	
11月4日　**東ベルリンで、公式に許可された民主化デモ集会**	
11月7日　東ドイツ内閣総辞職	
11月8日　中央委員会政治局員総辞職、新政治局員選出	
11月9日　**新旅行法案決議**	
ベルリンの壁崩壊	世界各国のメディア、ベルリンの壁崩壊を速報

11月10日　東西ベルリン以外でも国境検問所が次第に開放されはじめる
11月12日　東ドイツ、国境での発砲命令廃止
東西ドイツ国境のすべての検問所開放
ハンス・モドロウ、首相に選出
12月6日　エゴン・クレンツ国家評議会議長辞任、マンフレード・ゲアラッハを後任に選出
12月7日　**第1回円卓会議開催**、人民議会の自由選挙を翌年5月6日に決定
12月8日　ドイツ社会主義統一党、新党首に弁護士のグレゴーア・ギージーを選出
12月17日　ドイツ社会主義統一党、ドイツ社会主義統一党・民主社会党と改名
12月19日　西ドイツ首相ヘルムート・コール、東ドイツのドレスデンで東ドイツのモドロウ首相と会談
12月20日　ミッテラン仏大統領、東ドイツを訪問
12月22日　東西ドイツ首相、東西ドイツ分割の象徴ブランデンブルク門を開放

1990年
1月15日　モドロウ首相、円卓会議で民主化グループに挙国一致内閣の設置を提案
1月28日　円卓会議、人民議会選挙を3月18日に前倒しすることを決定
1月29日　ホーネッカー元国家評議会議長拘束、しかし健康上の理由から翌日釈放
2月4日　ドイツ社会主義統一党・民主社会党、民主社会党に改名
2月5日　民主化グループの代表、無

任所大臣に任命

2月7日　民主化グループ、選挙に向け90年同盟を設立

3月18日　**人民議会選挙、東ドイツではじめての自由選挙。**保守系のキリスト教民主同盟が第一党に

4月5日　東ドイツ各地で2対1の交換レートでの通貨統一を求めて、約10万人がデモ

4月12日　人民議会、キリスト教民主同盟党首ロータア・デメジエアを首相に選出

4月19日　デメジエア首相、東西ドイツ統一が目標と声明

4月27日　東ベルリンで通貨統合に向けた第一回交渉

5月5日　西ドイツのボンで2プラス4外相会談

5月18日　ボンで通貨統合条約調印

6月7日　東ドイツの人民議会、秘密警察シュタージ解体を管理する特別委員会を設置

6月13日　ベルリンの壁の解体はじまる（11月に解体終了）

6月21日　**東ドイツ国会、通貨統合条約を批准**

6月21日　**西ドイツ国会、通貨統合条約を批准**

7月1日　**経済・通貨・社会福祉統合**

7月6日　東ベルリンで東西ドイツ統一に向けた第1回交渉

7月14日～16日　**コール首相、ソ連でゴルバチョフ書記長と会談。ゴルバチョフ書記長から統一ドイツのNATO加盟の承諾を得る**

8月24日　東ドイツの人民議会、秘密警察シュタージ文書の保管、管理を規定する法律を決議

8月25日　東ドイツの人民議会、10月3日の東西ドイツ統一を決議

8月31日　**東ドイツ、統一条約調印**

8月31日　**西ドイツ、統一条約調印**

9月5日　民主派グループ、統一条約に東ドイツで決議されたシュタージ文書の保管、管理規定がないことに抗議してシュタージ本部を占拠	9月12日　**モスクワでドイツ最終規定条約（2プラス4条約）調印**

<統一ドイツ>

1990年

10月3日　**東西ドイツ統一**

10月4日　統一内閣発足、東ドイツの内閣からデメジエア前首相ら5人を大臣に任命

10月15日　ソ連のゴルバチョフ書記長、ノーベル平和賞受賞発表

11月25日　東ドイツで統一後はじめて極右派グループが外国人を殺害

12月17日　東ドイツ出身のデメジエア大臣、秘密警察シュタージ協力の過去で辞任

1991年

3月13日　ホーネッカー元議長、ソ連軍の支援でベルリン近郊からソ連へ逃亡、モスクワのチリ大使館に滞在

5月16日　ソ連にウランを供給していた東ドイツのウラン鉱山ヴィスムートの閉山を決定

5月21日　東西国境での発砲命令問題で、シュトフ元首相など東ドイツ首脳を拘束

6月20日　**連邦議会、首都のベルリン移転を決議**

9月17日～23日　ホイアースヴェアダで極右派グループによる外国人、難民施設襲撃

11月14日　連邦議会、東ドイツの秘密警察シュタージの文書の保管、管理を規定する法律を決議

1992年

1月20日　ベルリンの壁で最後に射殺されたクリス・グェフロイに発砲した兵士に対する判決が下る

2月8日　アルベールビル冬季オリンピック開催、1960年以来はじめてドイツ統一チームが参加

7月29日　ホーネッカー元議長、モスクワのチリ大使館からベルリンへ移動し、その後すぐに拘束

8月22日～26日　ロストックで極右派グループによる難民施設襲撃

11月12日　ベルリン地方裁判所で、ホーネッカー元議長ら東ドイツ元首脳の裁判はじまる

11月23日　ドイツ北西部のモェアンでトルコ系移民の住む住宅2軒が放火され、

3人死亡、9人が重軽傷を負う。ネオナチの若者2人による犯行

1993年

1月13日　ホーネッカー元議長、健康上の理由から釈放。翌日、妻と子どものいるチリへ渡航

3月13日　連邦（国）と州、東ドイツの財政支援を目的として1995年から連帯税を導入することで合意

5月3日　東ドイツではじめての金属労働者ストライキ

5月29日　ドイツ西部のゾーリンゲンでトルコ系移民の住む住宅が放火され、家族5人が死亡したほか、幼児を含む17人が重軽傷を負う。犯人は地元のネオナチ・シーンに属する若者4人

1994年

8月31日　**ソ連軍、東ドイツから撤兵**

12月31日　東ドイツ企業の民営化を進めてきた信託公社、その業務を終了し閉鎖

1995年

2月13日　ドレスデンで空襲50周年式典、空襲体験者は招待されず

2010年

2月13日　ドレスデン空襲の日に「人の鎖」

11月5日～7日　**ドレスデンで和解シンポジウム**

2011年

11月　国家社会主義地下組織（ＮＳＵ）のメンバー2人の自殺を契機に、ＮＳＵの3人が2000年から2006年の間に移民9人と警察官1人を殺害していた極右派グループによる連続殺人事件が発覚

2014年

10月9日　ライプツィヒでデモ25年を記念する式典とデモ

11月9日　ベルリンで壁崩壊25年を記念する式典と壁をイメージした光の風船

2015年

2月13日　ドレスデンで空襲70年式典

東ドイツの新しい憲法草案

ドイツ民主共和国憲法草案
円卓会議ドイツ民主共和国新憲法部会
1990年4月、ベルリン

憲法草案は円卓会議の委託を受け、憲法専門家の協力を得て円卓会議に参加するすべての政党と政治運動団体の代表によって作成された。

本草案について議論するため、公衆に託すものとする。

ドイツ民主共和国憲法草案

(訳者:第1章の基本的人権に関する条項だけを抜粋して翻訳する。条文中、カッコ内で追記したものは主に訳者による)

前文

われわれ国民のあらゆる層の最高の女性たちと最高の男性たちがもたらした人道的な伝統を出発点として、

ドイツ人すべてのその歴史と結末に対する責任を肝に銘じて、

ドイツ国民もその過程において国家を統一することになるであろうヨーロッパの統合プロセスに参加しながら、平和を望む、同じ権利を持ったパートナとして各国の国民とともに形成される共同体で生きていくことを望み、

自分で決める責任のある行動ができることが最高の自由であると信じて、

革命的な再出発を基盤にして、

個人の尊厳と自由を保障し、
すべての市民に同じ権利を保障し、
男女平等を保障し、
われわれの自然環境を保護する
民主的で連帯性のある公共の共同体を築くことを心に決めて、

ドイツ民主共和国の市民は、その市民にこの憲法を授ける。

第1章　人権と市民権

第1部　尊厳、平等、自由、連帯

第1条

⑴ 人の尊厳は侵すことができない。これを尊重し、保護するのは、国の最高の義務である。

⑵ 何人も、何人に対して平等だと認める義務を負う。何人も、その人種、血筋、国籍、言語、性別、性的指向、社会的身分、年齢、障害、宗教的、世界観的、政治的信条から差別されてはならない。

第2条

公的権力の前では、すべての人は平等である。いかなる横暴も、公正でないいかなる不平等な行為も禁じる。

第3条

⑴ 女性と男性は、平等である。

⑵ 国には、職業、公的な生活、教育、職業訓練、家庭、社会保障の分野において女性を同等に扱うようにする義務がある。

第4条

⑴ 何人であろうと、生きる権利、からだを傷つけられない権利、死に際して尊厳を尊重される権利がある。からだを傷つけられない権利は、法律以外で侵してはならない。

⑵ 何人も、残酷で、非人間的で、屈辱的な行為と罰則、さらに自由で、はっきりとした同意がないまま医学または科学的な実験にさらされてはならない。

⑶ 女性には、妊娠するかしないかを自分で決める権利がある。国は、社会的補助を提供することでまだ生まれてこない生命を保護する。

第5条

一般的な活動の自由を、法律の条件つきで保障する。

第6条

⑴ （東ドイツの）市民、外国人、無国籍者であっても定住地を有する者には、自由に移動する権利と出入国する権利がある。

⑵ この権利は、伝染病と災害に対策を講じるために法律によって制限することができる。十分な生活基盤を確保するに及んで公衆に特別な負担がかからないようにするために自由に移動する権利と、裁判所の決定を執行して法的な義務を実施するために出入国の権利を法律によって制限することができる。

第7条

⑴ （東ドイツの）市民からは、国籍を剥奪することはできず、市民を強制出国さ

せたり、引き渡すこともできない。
⑵ 外国人は、その人の尊厳が侵されたり、死刑が宣告される心配のある国には引き渡すことも、強制出国させることもできない。
⑶ 政治的に迫害されている者は、庇護する。

第8条
⑴ 何人にも、人格と個人の自由を尊重し、保護するよう求める権利がある。
⑵ 何人にも、個人情報を保護する権利があり、自分に関する文書とファイルを閲覧するよう求める権利がある。この権限を有する者が任意にはっきりと同意しなければ、個人情報を集めることも、記録することも、利用することも、手を加えることも、引き渡すこともできない。

第9条
⑴ 住居は、侵害してはならない。
⑵ 家宅捜査は、法律でしか認めることができない。これは、裁判官しか命令することができない。法律はただ、その時点で大きな危険があり、起こったばかりの犯行を追跡する場合、他の当局が家宅捜査を命令し、実施することができるようにしておくことができる。ただしその場合、裁判所の承認を必要とする。
⑶ 所有者の承諾なく住居に侵入することは、法律を根拠にしても、公共または個人の身体と生命を危険から守る目的以外では認めない。
⑷ 職務行為を実行するために、所有者の承諾なく事業と取引のために使用される部屋に侵入して検分するには、法律によってその権限を与えるか、その基盤となる法律がなければならない。

第10条
⑴ 手紙と郵便物、電気通信の秘密は、侵すことができない。
⑵ これを侵害することは、裁判所の命令を経て法律によってしか認めず、組織化された重大な犯罪行為と戦う目的以外では認めない。

第11条
⑴ 良心の自由を保障する。
⑵ 良心が公民または市民としての義務と対立する場合、市民がこの義務を果たしたくなければ、それに代わる行動を実行すると申し出るものとし、国は、それに代わる同等の義務を果たす方法を設けなければならない。

第12条
⑴ 何人にも、人としての自由と安全の権利がある。自由は、これが法的に規定され、避けられない場合以外は、制限してはならない。

(2) 自由が制限される者には、すぐに自由を制限する根拠を伝えなければならない。自由が剥奪される者はすぐに、遅くとも二四時間以内に、裁判官の元に連行しなければならない。裁判官は、根拠が述べられた文書で法律によって認められている自由剥奪を決定するか、または釈放を命令する。自由を剥奪された者は適切な間隔で、この後さらに自由を剥奪する期間を裁判官に検討するよう要求することができる。自由の剥奪に関しては、裁判官がこれを命令するか、またはその後の期間を検討する前に、自由を剥奪される者が信頼している者に、青少年の場合はこれを教育する権限のある者にも、これを報告する。自由を剥奪される者には、これが選んだ弁護人に連絡する機会を与える。
(3) 拘束された者を、肉体的にも精神的にも虐待してはならず、嫌がらせをしてもならない。
(4) 禁固刑と刑の執行は、とりわけ社会復帰に役立つものでなければならない。刑の執行においては、作業義務を課すことを認める。
(5) 死刑と無期懲役を廃止する。
(6) 自由が不法に制限された者には、損害賠償を請求する権利がある。

第13条
(1) 法的に定められた裁判官に会うのを妨害してはならない。何人にも、公平で、迅速かつ公的な裁判を求める権利がある。法律にしたがった裁判所の判断がない限り、公衆を裁判から閉め出してはならない。
(2) 刑事責任は、法律によって規定する。刑法には、遡及的効力はない。確定判決が出るまでは、何人も有罪ではないと見なす。
(3) 同じ行為で何回も刑事責任を負わしてはならない。有罪をいい渡された者には、いい渡された判決が上級審によって審議されることを求める法律上の権利がある。
(4) 刑事訴追の裁判においては、何人にも以下の保障を求める法律上の権利があることを適切な方法で教授しなければならない
1) 何人にも理解できる言語で、迅速に提起された告発の内容について伝える
2) 何人にも公判に出席するとともに、自分自身または自分で選んだ弁護人によって弁護する機会を与える。事件が必要とすれば、弁護人があてがわれる。必要があれば、これは無償である。弁護するのに適切な準備期間が保障される
3) 何人も公訴と同じ条件で鑑定人と証人の出頭と証拠の提示を求めるほか、証人と鑑定人を尋問することができる。

第14条
(1) 他人が犯した犯罪行為、または犯罪ではないかと思われる犯罪行為で他人を告発するよう義務付けてはならない。重罪ではないかと思われる重罪行為に対しては、法律が例外を設けることができる。

⑵ 自分自身または法律によって規定された親密な人に対して、不利なことをいうことを強制してはならない。
⑶ 治療に関わる職業、法律相談に関わる職業、社会福祉サービスを行う者と牧会者については、法律によって証言を拒否する権利を設ける。これによって保護される情報の秘密は、いかなる方法でも侵害してはならない。

第15条
⑴ 何人にも、いかなる形式ででも情報と意見を自由に発信して普及させ、一般にアクセスできるか、またはその他正当にアクセスできる情報源から情報を得る権利がある。この権利が雇用・労使関係において有効なことは、法律によって、または法律を根拠にしてしか制限してはならない。
⑵ 新聞雑誌、放送、その他のマスメディアの自由を保障する。これに関する法律は手続き上の規則によって、社会にある意見の多様性が新聞雑誌、ラジオ、テレビで伝えられることを保障する。
⑶ これらの権利は法律で制限されるが、その法律が意見をいう自由と情報を伝える自由をその精神的な内容または精神的な効果から制限してはならない。青少年を保護するほか栄誉を保護するために、法的な制限を設けることを認める。戦争のプロパガンダと人の尊厳を傷つける差別を公共で発言することは、法律によって禁止する。
⑷ 既存のラジオ放送局、テレビ放送局は、独立した公共放送局とする。公共放送局には、多様な番組を提供することによって公共の意見を形成していく役割がある。その内部規制は、法律によって定める。民間のラジオ放送局、テレビ放送局は法律によって、これによって公共放送局の役割を遂行する邪魔とならない限り、認可することができる。
⑸ 正当な記者活動は、証言義務、差し押え、家宅捜索によって妨害してはならない。
⑹ 検閲を禁止する。

第16条
⑴ 何人にも、届け出または許可もなく平和に集会を開く権利がある。
⑵ 屋外での集会と行進に関しては、この権利は公共の治安上緊急に必要であれば、法律によって制限してもよい。

第17条
　何人にも、団体を結成し、これに加入し、これにおいて団体の目的にしたがって活動する権利がある。

第18条
⑴ 何人にも、宗教または世界観を信仰し、これを自分でまたは他の人とともに公共

にまたは個人的に公言する権利がある。公共施設では、礼拝と司牧の必要性を認める。宗教または世界観を選択してこれを営む自由は、決して強制してはならない。
⑵ 親権者（保護者）は、自分の信念に応じて子どもを宗教的、世界観的に教育することを保障することに対して自由である。

第19条
⑴ 科学は自由である。国は、研究と教えの自由を営むことを保障する。
⑵ 法律によって、研究の手段と方法の受け入れを制限することができる。特に危険の伴う研究に関しては、情報公開義務を設けることができる。
⑶ 国が補助する大学は、研究、学説の教え、専門教育の分野において科学を育む。この大学は公法上の法人で、法律の枠内ですべての学術上の問題において自己管理権を有する。
⑷ 精神活動、著作者と発見者の権利は、国によって保護する。

第20条
⑴ 芸術は自由である。
⑵ 文化的な生活および文化遺産の保存と継承を進める。連邦と州、自治体の予算の中に、これに必要な予算を計上する。

第21条
⑴ 市民は、政治に関与することに関して同じ権利を有する。憲法と法律は、この権利がどう直接または自由選挙で選ばれた代表によって行使されるのかを規定する。
⑵ 市民は一九歳になると、人民議会、州議会、地方議会の一般、平等、自由、秘密、直接選挙で投票するほか、それに選出される権利を有する。定住地のある外国人と無国籍者は、地方レベルで選挙権を有する。
⑶ 市民は、公職に就くことができる。同じ権利を地方自治体レベルでは第２項第２文に挙げた者も有する。統治権限を有する公職者（公務員）の家族の法的地位は、市民の立場に立った行政の機能に対する要求にしたがって法律によって規定する。
⑷ 特に交通路、交通施設、エネルギー施設、工場、大規模建造物などの公共プロジェクト計画によって権利と利益が侵害される者には、そのための手続きに参加する権利がある。同様な権利を、この被害者団体も有する。
⑸ 何人にも、個人でまたは他の人と共同で国の機関に提案や批判、異議を申し出る権利がある。適切な期間までに聴聞を行うほか、根拠のある通知を出すよう求める権利がある。

第22条
⑴ 家族は、国によって保護し、補助する。

⑵ 長期的な関係を目的とした他の同棲関係には、差別から保護することを求める権利がある。
⑶ 親には、子どもを育てる権利と義務がある。子どもを育てる者には、適切な国の援助と社会の配慮を求める権利がある。国は、特に労働時間を規制することによって育児する者が就業でき、職業教育を受けることができるようにする。
⑷ 子どもには法律によって、自立性の進展を認めることによって成長する分別力に応じて公平な法的地位を認める。
⑸ 国は、子どもが肉体的、精神的に放置されたり、暴力にさらされたりされることから保護する。子どもの労働を禁止する。

第23条
⑴ 公共団体は高齢者を尊敬する。公共団体は障害者を尊敬する。
⑵ 市民には、病気、事故、働けないこと、障害、介護の必要性、高齢、失業の結果に対して社会保障を求める権利がある。
⑶ この権利は、何人も加入する権利を有し、加入を義務づける公法上の保険制度によって保障する。保険制度は最低限、何人にも適用される失業保険と年金保険で構成される。
⑷ 特別に緊急な状況がある場合、社会扶助を求める権利がある。
⑸ 社会保障と社会扶助は、平等に自己責任で生活設計できるようにすることを目的とする。社会福祉施設では、この住民は共同責任権と共同決定権を有する。

第24条
⑴ 市民には、公共の教育施設と職業教育施設で同じように無償で教育を受ける権利がある。この権利は、法律によってか、法律を根拠にしてしか侵すことができない。
⑵ 一般の教育義務期間は、最低一〇年間である。学校は、学童の才能と天分を促進しなければならない。学校制度は、教育過程の開放性と透明性を保障しなければならない。
⑶ 国は、保育園、幼稚園、学校の放課後に学童の滞在する保育所の施設と維持を助成する。
⑷ 法律によって規定された最低の基準を満たす国立の学校以外の学校に、通学することができる。私立の学校を設置することで、親の収入によって学童が区別されることになってはならない。私立の学校には、公立学校を優先する制度が危険にさらされない限り、公共の資金援助を求める権利がある。
⑸ 学童と学生には、法律にしたがって国の教育補助を求める権利がある。

第25条
⑴ 市民には、適切な居住空間を得る権利がある。法的な解約保護を設ける。住居の利用者と所有者の利益の均衡を保つ場合、人の尊厳にふさわしい生活をする

ために委ねられている住居の意義に重きを置く。住居からの立ち退きは、その代わりの住居が用意されていない限り、執行してはならない。
(2) 社会住宅の建設と維持は、国が補助する。国には、特に高齢者と障害者に適した居住空間の建設を補助するよう義務付ける。

第2部　労働、経済、環境

第26条
　職業を自由に選択して、これを行う権利がある。この自由は、法律によってか、または法律を根拠としてしか侵害することができない。

第27条
(1) 市民には、労働と雇用助成を求める権利がある。
(2) 自分の労働力を自由に使い、職場を自由に選択する市民の権利を保障する。公共の労働義務と服務義務は、特別な法律によって規定された目的以外では認めない。この義務は、すべての人に同じでなければならない。女性には、当面の緊急事態を避ける目的以外で公共の服務を義務づけてはならない。兵役義務を廃止する。
(3) 国は、労働の安全と労働の衛生、労働時間の制限を規制することで労働力を保護する。国は、人の尊厳にふさわしい生活を行うために自分の労働力を使う個人の権利を促進する。国は、その経済政策において原則として完全雇用を優先目標とする。市民には、失業した場合または失業する恐れがある場合、雇用を助成する公共の助成措置を受ける権利がある。その場合、職業上の再教育または転職のための再教育を失業保険金と失業救済金の給付よりも優先させる。
(4) 同じ労働には、同じ賃金を求める権利がある。
(5) 職業訓練生、妊娠中の女性、一人で子どもを育てる親、病人、就労する障害者、中高年就労者には、手厚い解雇保護を設ける。

第28条
　事業所または企業内で働く就労者には、事業所または企業が従業員数または市場での地位、その他の特徴から公共団体にとって特別の意味がある場合、事業所と企業の経済上、社会上、人事上の案件において代表組織によって共同決定する権利がある。詳細は、法律によって規定する。

第29条
(1) 所有権と相続権を保障する。この形態と内容、範囲は法律によって規定される。所有権は、社会的義務を伴う。
(2) 個人的に利用する所有権と組合の所有権、および自身の仕事から得た年金請求権と継承権を、憲法の特別な保護の下に置く。住居と居住するための土地を個人で所有をすること、組合形式で所有することを促進する。

(3) 公益の理由から、所有または所有権それぞれを高権的に移転すること（公用徴収）を認める。個人で利用する所有の公用徴収は、緊急な公益の理由がない限り認めない。公用徴収は、損害賠償の種類と範囲を規定する法律によって、またはそういう法律を根拠にしてしか行ってはならない。既存の所有権が法律によって、または法律を根拠として変更され、これによって所有者に大きな財産価値の損失が起こる場合（特別犠牲）、犠牲調整を行う。損害賠償と犠牲調整は、公共と関係者の利益を公平に判断して決めるが、個人で利用する所有が被害を受ける場合に限り、損失はすべて補償する。組合の所有は、個人で利用する所有と同等である。

第30条
　カルテルと市場を支配する企業をつくることを認めない。危険にさらされる雇用を維持するため、産業化の遅れた地域を促進するため、国際競争力を維持するためであれば、法的な基盤の下で例外は可能である。

第31条
(1) 土地と経済企業は公営化する目的で、損害賠償の種類と範囲を規定する法律によって公共経済の独立企業に移行させることができる。損害賠償に関しては、第29条第3項第5文が準用される。
(2) 国と自治体には、この任務を満たすために経済生活に参加する権限がある。
(3) 全住民に物資とサービスを確実かつ十分に供給する理由から、および重要な秩序政策上の理由から、法律によってまたは法律を根拠として公共団体の独占権を確立することができる。

第32条
(1) 土地と水域の利用では、特別に公共と次の世代の利益を守ることを義務付ける。土地と水域を交通路として利用することは、法律によって制限することができる。土地の利用は、土地利用計画の枠内以外では認めない。100ヘクタールを超える農地と林業地の所有と利用は、組合と公共機関、教会に留保する。外国人に土地を譲渡したり、利用権を移譲するには、認可が必要である。
(2) 計画上建設用地に変更されたことで土地の価値が高騰した場合、この価値上昇分は自治体に供与する。この計画上の価値調整は通常、建設が計画される土地の一部を補償することなく引き渡すことによって行う。この割合は価値上昇分に準じるものとするが、土地の半分を超えてはならない。
(3) 地下資源の採掘には、国の認可が必要である。その場合、土地をやさしく使うことに対する公共の利益に特別の重きを置く。

第33条
(1) 現在と将来の世代の生活基盤として自然環境を保護するのは、国とすべての

市民の義務である。国の環境政策は、環境への悪影響が発生するのを予防するとともに、再生できない資源の利用を抑制して再利用を促進するほか、エネルギーの利用を抑制しなければならない。
(2) 自然環境をひどく破壊するのと危険にさらすのは、これが公共の格別に重要な利益を保護するために必要不可欠な範囲でしか認めない。
(3) 自然の生活基盤を不利に変えることによって、人の健康を害したり、不当に危険にさらしてはならない。自然環境を不利に変えることによって生きる権利と肉体的に無傷でいる権利が危険にさらされていたり、侵害されていると主張することによって、自分の生活領域の環境の状況に関する情報の開示を要求することができる。団体が提訴することも認める。
(4) 環境被害を引き起こした者は、これに責任を負い、これを補償する措置に対して責任がある。
(5) 国と自治体には、公共が山や森、野原、湖、川に出入りできるようにし、必要があれば所有権を制限することによってこれを実現する義務がある。

第3部　ソルブ人*の権利

第34条
(1) 国は、ソルブ人の利益を尊重し、後援する。国は、この言語、文化、伝統を使用し、維持していく権利を保障し、保護する。国は、特に社会と教育の分野においてそのために必要な施設を運用するか、あるいは支援する。ソルブ人には、行政機関と裁判所において母国語を使用する権利がある。州と地域の開発計画では、ソルブ人の生活に必要なものを特に配慮する。
(2) 法律によって、自治権を認めることができる。

＊訳者註
ドイツ南東部のラウジッツ地方に居住するスラブ系民族で、ドイツにおける少数民族。全体で6万人いると見られる。現在、ラウジッツ地方はブランデンブルク州とザクセン州に分かれる。東西ドイツ統一条約で、ソルブ人の文化と伝統の保護と継承が保障され、ブランデンブルク州とザクセン州の憲法は、ソルブ人の民族意識、言語、宗教、文化を維持する権利を認めており、同地方では道路標識などがドイツ語とソルブ語で併記してある。なお、ザクセン州の現州首相スタニスラフ・ティリヒはソルブ人である。

第4部　社会グループと団体

第35条
(1) 公共の任務に貢献し、その際に公共の意見形成に影響を与える（市民運動）団体は、自由な社会形成と自由な社会批判と管理を行う担い手として憲法の特別な保護を受ける。

⑵ 活動が州または連邦の領域に広がる市民運動には、人民議会または州議会の関連委員会にその要件を申し立て、委員会で事実に関して論述する権利がある。市民運動には、第三者の個人と秘密が侵害されない限り、対立する公共利益を配慮して公共行政機関が保有するこの要件に関する情報を求める権利がある。

第36条

⑴ 団体の自由を保障する。団体には、内部規定を自由かつ独自に定める権利がある。

⑵ 団体の内部規定は、これが主として公衆における会員の利益を代表するか、国の任務または主に国によって資金援助される公共の任務に影響を与える限り、民主主義の原則にしたがわなければならない。同じことが、活動範囲において根本的な競争にさらされていない団体についても適用される。団体の目的の枠内で会員には、妨害されることなく自由に意見を述べ、自由に集会を開き、自由にグループをつくる権利がある。団体内の意見形成に同じ権限で参加できることを保障する。

⑶ 第２項第２文の意味での団体は、不当な理由から会員になることを妨げてはならない。

⑷ 法律によって、その目的または活動からして刑法に反する団体に制限を与えたり、禁止することができる。

第37条

⑴ 同じ権限で、社会における政治の意見形成に影響を与える政党の自由を保障する。

⑵ 政党の内部規定は、民主主義の原則にしたがわなければならない。党員には、政党の基本政策の枠内で妨害されることなく自由に意見を述べ、自由に集会を開くほか、同じ権限で政党内の意見形成に参加する権利がある。

⑶ 政党は、その資金収支を公共に開示しなければならない。選挙運動経費は償還されるが、これは有権者の別の判断に制約される（市民ボーナス）。この規則は、市民運動が人民議会または州議会の選挙に候補者を立てる場合、市民運動にも適用される。

⑷ 政治的な意思形成過程の危険を他に回避することができない場合、組織的かつ持続的にその政治政策で人の尊厳に対して攻撃するか、またはこの手法でその活動によって開放された非暴力の政治的な意思形成過程の原則に反する政党を選挙から追放するか、または禁止することができる。この判断は、憲法裁判所に留保されるが、これを実施するのは時間的に制限する。憲法裁判所が判断する前には、政党または党員を不利に扱うのは認めない。党員の市民権と公民権は、憲法裁判所の判断によっても影響を受けない。

第38条
(1) 教会と宗教団体の自由を保障する。教会と宗教団体は、すべての人に有効な法律の制限内でその要件を独自に規定し、管理する。教会の被雇用者の社会保護は、一般労働法と社会法を基盤とした保障と同価値であることを保障する。
(2) 教会と宗教団体には、申請があれば、公法上の法人の法的地位を認める。
(3) 国は同意があることを条件に、特に社会活動を行う場合とその文化遺産を維持する場合に、教会と宗教団体を助成し、支援する。
(4) 国は、教会と宗教団体のための同意に基づいて、管理経費を償還する代わりに会員費の集金を請け負うことができる。

第39条
(1) 何人も、労働組合を組織し、これに加入し、これにおいて労働組合の目的に応じて活動する権利がある。この権利を制限するかまたは妨害しようとする取り決めは無効であり、それにしたがった措置は違法であり、これに対しては法律によって制裁を課す。職能階級的な公法上の団体を設立するのは、認めない。
(2) 労働組合の自由と独立性を保障する。労働組合には、事業所に立ち入る権利がある。事業所内の労働組合の活動の詳細に関しては、法律によって規制する。
(3) 労働組合は労働協約法上、交渉相手から金銭的にも人材的にも独立していなければならない。労働組合の内部規定は、民主主義の原則にしたがわなければならない。組合員には、妨害されることなく自由に意見を述べ、自由に集会を開くほか、同じ権限で労働組合内の意見形成に参加する権利を保障する。
(4) 労働組合には、就労者の労働条件と生活条件に関係するすべての要件に関して労働協約を締結する権利がある。労働協約の交渉相手は、労働組合とこの上部団体、あらゆる所有形態の企業と企業団体、連邦、州、自治体である。
(5) 労働組合のストライキ権を保障する。労働争議においては、損害賠償は請求できないが、裁判所の決定を執行するための強制賦課金の徴収を迫ること、これを徴収することはその限りではない。労働争議によって直接生産が中断した場合の賃金の代償は社会上の自主性の共通の負担であり、法的な規則にしたがって事業所に弁済する。
(6) 労働関係を終了することになるロックアウトを禁止する。ストライキが行われていない事業所においては、いかなるロックアウトも禁止する。

第5部　適用

第40条
(1) この憲法の人権と市民権は、立法権と執行権、裁判権、さらに憲法がこれを考慮している限り、第三者も直接拘束する。
(2) 人権と市民権が法律によって、または法律を根拠として制限できる場合、釣り合いの原則を維持しなければならない。制限は決して、人権と市民権の本質的

内容を侵害してはならない。
(3) 人権と市民権は、その本質からしてこれに適用できる限り、国内の民法と公法上の法人にも適用される。
(4) 人権と市民権が侵害された場合、法的手段によって告訴してこの権利を請求することができる。

草案はさらに以下のように、第136条までで構成される。本書では、以下の翻訳を省略する。

第2章　国の原則と組織
第1部　原則　第41条から第45条
第2部　国の賠償責任　第46条
第3部　連邦、州、自治体　第47条から第50条
第4部　人民議会　第51条から第65条
第5部　州議会　第66条から第68条
第6部　政府　第69条から第77条
第7部　共和国大統領　第78条から第88条
第3章　国の機能
第1部　立法　第89条から第100条
第2部　行政　第101条から第106条
第3部　裁判　第107条から第113条
第4章　国の財政　第114条から第126条
第5章　経過規定と終末規定　第127条から第136条

〈原文出典〉
Arbeitsgruppe “Neue Verfassung der DDR” des Runden Tisches: Entwurf Verfassung der Deutschen Demokratischen Republik, BasisDruck Verlagsgesellschaft mbH, Staatsverlag der DDR, Berlin April 1990
（訳者：ふくもとまさお）

東ドイツの政党と市民グループの変遷

■東ドイツの独裁体制下の政党

ドイツ社会主義統一党（SED）

1946年4月21日、22日に東ベルリンでドイツ共産党(KPD)と社会民主党(SPD)の一部が共同で党大会を開催し、両党が強制的に合併する形で成立。東ドイツの独裁政党となる

1989年秋の民主化の過程で、1989年12月1日、人民議会がSEDの一党独裁制を憲法から削除

1989年12月8／9日、16／17日の臨時党大会で、ドイツ社会主義統一党・民主社会党（SED－PDS）に改名

1990年2月9日、民主社会党（PDS）に改名

1990年3月18日の東ドイツ初の自由選挙となる人民議会選挙で、16.4％しか得票できず、東ドイツの政権政党から脱落

2005年7月15日、左翼党・民主社会党と改名

2007年6月11日、西ドイツを中心に社会民主党（SPD）左派と一部の労働組合員で結成されたWASG(労働と社会正義､新しい生活の選挙による選択)と合併、左翼党となる

ドイツキリスト教民主同盟（CDU）

1945年6月26日、結党

1946年10年20日のソ連占領地域での選挙で第三党となる

1947年12月20日、在独ソ連軍政府が党首を辞任させ、独立性を失う。その後、西側に移住した党員らが亡命CDUも設立し、亡命CDUは東西ドイツ統一まで存続

1989年11月10日、ロータア・デメジエアを新党首に選出。その後、衛星政党の連合である国民戦線から離脱し、市場経済化を決議

1990年3月18日の人民議会選挙で、保守連合の「ドイツ連合」に所属。単独でも40.8％の得票率で163議席を獲得、第一党となる。その結果、デメジエア党首が東ドイツで最初で最後の自由選挙で選出された首相に就任

1990年10月1日、2日、西ドイツのCDUとの統合を決定

ドイツ自由民主党（LDPD）

1945年7月5日、自由民主党（LDP）の結党アピールを公表

1945年7月10日、在独ソ連軍政府から衛星政党としてのライセンスを取得

1946年後半、西側の連合国占領地域の自由民主党と全ドイツ自由民主党の設立を模索

1946年10年20日のソ連占領地域での選挙でSEDに次いで第二党となる。その後、

SEDの対抗政党として粛正を受ける
1948年、東西の自由民主党で対立
1951年10月27日、ドイツ自由民主党（LDPD）に改名
1989年9月17日、SEDの政治を支持しないと表明
1989年12月4日、衛星政党の連合である国民戦線から離脱
1989年12月6日、エゴン・クレンツの後任として党首のマンフレート・ゲアラッハが国家元首の国家評議会議長に就任
1990年2月10日、自由民主党（LDP）に改名
1990年2月12日、3月の人民議会選挙に向けて新しいリベラル政党ドイツフォーラム党（FDP）と連合して自由民主連合（BFD）を結成
1990年3月18日の人民議会選挙で、BFDは5.3%の得票率で21議席を獲得
1990年8月11日、西ドイツの自由民主党（FDP）と統合

ドイツ民主農民党（DBD）
1948年4月29日、1946年10月の選挙で勢力を伸ばしたCDU、LDPの中産階級勢力が強くなりすぎないようにするため、SEDの衛星政党として設立
1989年／90年の民主化運動時に環境農民政党へ改革を図るが、1990年3月18日の人民議会選挙では2.2%の得票率で9議席を獲得するにとどまる
1990年6月、CDUとの合併を決定

ドイツ国民民主党（NDPD）
1948年5月25日、1946年10月の選挙で勢力を伸ばしたCDU、LDPの中産階級勢力が強くなりすぎないようにするため、SEDの衛星政党として設立
1989年12月4日、衛星政党の連合である国民戦線から離脱
1990年3月18日の人民議会選挙では社会市場経済をスローガンに掲げるが、0.4%の得票率で2議席を獲得するにとどまる
1990年8月12日、自由民主党（FDP）に吸収される

■円卓会議に参加した市民団体と新しい政党
平和人権イニシアチブ
1986年1月24日結成
1990年3月18日の人民議会選挙で90年同盟として連合し、全体で12議席獲得。その後、院内会派として東ドイツ緑の党と連合して90年同盟／緑の党を結成
1990年12月2日の統一後はじめての総選挙（連邦議会選挙）で（東ドイツ）90年同盟／緑の党として連合し、全体で8議席を獲得
1991年9月、90年同盟として統合される
1993年3月、1990年12月の総選挙で議席を獲得できなかった（西ドイツ）緑の党と合併し、90年同盟／緑の党となる

ノイエス・フォールム（新フォーラム）

1989年9月9日結成

1989年9月19日、11の県で東ドイツの憲法に基づく市民団体の結成を申請

1989年9月25日、申請棄却

1990年1月27日、28日、約4分の1が新しいリベラル政党ドイツフォーラム党（FDP）として分裂（FDPは、最終的に西ドイツの自由民主党（FDP）と統合）

1990年2月6日、一部が「民主主義を今」と「平和人権イニシアチブ」とともに90年同盟として連合

1990年3月18日、90年同盟は人民議会選挙で2.9%の得票率で、全体で12議席獲得。院内会派として東ドイツ緑の党と連合して90年同盟／緑の党を結成

1990年12月2日の統一後はじめての総選挙（連邦議会選挙）でも（東ドイツ）90年同盟／緑の党として連合し、全体で8議席を獲得

1991年9月、90年同盟として統合される

1993年3月、（西ドイツ）緑の党と合併し、90年同盟／緑の党となる

なお、ノイエス・フォールムは現在も公益の市民団体として存続しており、90年代には州議会選挙や欧州議会選挙などで比例区で立候補者を立てた。現在も、わずかだか地方議会選挙では当選議員を出している

民主主義を今

1989年9月12日、新教徒系のグループを母体に結成

1990年3月18日の人民議会選挙で市民グループの連合「90年同盟」に所属し、全体で12議席を獲得。議会内では東ドイツ緑の党と連合して、院内会派90年同盟／緑の党を結成

1990年12月2日の統一後はじめての総選挙（連邦議会選挙）で（東ドイツ）90年同盟／緑の党として連合し、全体で8議席を獲得

1991年9月、90年同盟として統合される

1993年3月、（西ドイツ）緑の党と合併し、90年同盟／緑の党となる

左派連合

1989年10月2日結成

1990年3月18日の人民議会選挙で0.2%の得票率で、1議席獲得

統一後、1990年12月2日の総選挙（連邦議会選挙）で市民グループの90年同盟として連合するも、独自候補は民主社会党（PDS）の比例区で一人当選するだけにとどまる。その議席は、1992年まで確保する

1990年以降、党員が民主社会党（PDS）や90年同盟／緑の党へ離散

2013年10月19日、解散。ただし、地方組織の一部はまだ存続

社会民主党（SPD）

1989年8月26日、結党アピールを公開
1989年10月7日結党。ただし、党の略称はSDP
1990年1月、略称を西ドイツの社会民主党と同じSPDに改名
1990年3月18日の人民議会選挙で21.9%の得票率で88議席を獲得するにとどまる。その後、東ドイツ最後の民主政権で保守連合と連立して大連立政権入り
1990年8月20日、大連立政権から離脱
統一直前の1990年9月26日、西ドイツの社会民主党（SPD）と統合

民主主義の出発

1989年8月、教会の代表等が市民グループの結成を立案
1989年9月26日、設立案を公開
1989年10月1日、設立声明を発表
1989年10月29日、グループ設立
1989年12月16／17日、正式結党
1990年2月5日、保守連合の「ドイツ連合」に加入
1990年3月18日の人民議会選挙で保守連合として勝利するものの、自身の得票率は0.9%で、独自候補は4議席を獲得するにとどまる
1990年8月4日、東ドイツのキリスト教民主同盟と合併

緑のリーグ

1989年11月18日、東ドイツの教会系環境運動のネットワークとして設立を決議
1990年2月4日、正式に結成
政党化をきらい、地方分散型のネットワークとして現在も存続

東ドイツ緑の党

1989年11月24日結成で合意。1988年1月に設立された環境ネットワーク「アルヒェ（箱形の船の意）」をベースとする
1990年2月9日、正式に結党
1990年3月18日の人民議会選挙で独立女性連盟と連合して、8議席獲得。8議席全体を東ドイツ緑の党で占める
1990年12月2日の統一後最初の総選挙（連邦議会選挙）で（東ドイツ）90年同盟と連合し、全体で8議席を獲得
1990年12月3日、東ドイツのザクセン州緑の党を除いて（西ドイツ）緑の党と合併
1993年3月、（東ドイツ）90年同盟と合併し、最終的に西ドイツの緑の党とも合併して90年同盟／緑の党となる

独立女性連盟

1989年12月3日、円卓会議に参加する目的で東ドイツの女性団体が連合する結成決議文を作成

1990年2月17日、正式結成

1990年3月18日の人民議会選挙で東ドイツ緑の党と連合して8議席獲得。ただし、議席はすべて東ドイツ緑の党が占める

1990年12月2日の統一後のはじめての総選挙（連邦議会選挙）で90年同盟として連合するも、独自の議席は獲得できないで終わる

1991年9月、90年同盟から離れて公益団体化を決議

1998年夏、公益団体解散

■円卓会議に参加していない新しい政党

ドイツ社会同盟（DSU）

1990年1月20日、東ドイツの保守系野党グループの連合として西ドイツのキリスト教社会同盟（CSU）を手本に結党

1990年3月18日の人民議会選挙で保守連合のドイツ連合に加入して勝利するものの、自身の得票率は6.3%で、独自候補は25議席を獲得するにとどまる。特に東ドイツ南部で二桁の得票率だったが、北部で数%しか獲得できなかった。選挙後、大連立政権で副首相と内務相を出す

1990年10月3日の統一後、約半分の議員が離党してCDUに移る

1990年12月2日の統一後のはじめての総選挙（連邦議会選挙）で、東ドイツだけでも1%の得票率しか得ることができなかった。その後さらに4回総選挙で立候補者を立てたが、議席は獲得できない

統一後右傾化が顕著となり、地方レベルで他の右翼政党などと協力し、現在も存続